浙江省高职院校"十四五"重点立项建设教材
高等职业教育（本科）机电类专业系列教材
高等职业教育"互联网+"新形态一体化教材：工业设计专业

产品结构设计与实践

主　编　王丽霞　裘旭东　田平风
副主编　龚奇珍　许慧珍　苏一畅
参　编　钱慧娜　陈龙　李擎　李潇静

机械工业出版社
CHINA MACHINE PRESS

产品结构设计主要包括产品零件的结构设计、各零件之间的连接和装配结构设计。本书包含四个项目，分别为空调遥控器结构设计、课桌结构设计、球阀结构设计、果盘一体化结构设计，涵盖了常见的四类产品。本书采用融媒体形式，配有各项目的三维建模源文件、相应的微课视频以及习题，并将微课视频以二维码链接形式列于附录中，方便学生扫码学习，有助于学生技能的螺旋式提升。

本书可作为职业技术大学、高等职业院校和应用型本科院校中的工业设计、数字化设计与制造技术等专业的教学用书，也可供产品设计从业人员参考。

本书配有电子课件、习题解答、三维建模源文件和微课视频等资源，凡使用本书作为授课教材的教师可登录机械工业出版社教育服务网 www.cmpedu.com，注册后免费下载。咨询电话：010-88379375。

图书在版编目（CIP）数据

产品结构设计与实践 / 王丽霞，裘旭东，田平风主编． -- 北京：机械工业出版社，2025. 8. --（高等职业教育（本科）机电类专业系列教材）． -- ISBN 978-7-111-78755-6

Ⅰ.TB472

中国国家版本馆 CIP 数据核字第 20259E2N58 号

机械工业出版社（北京市百万庄大街22号　邮政编码100037）
策划编辑：刘良超　　　　　　责任编辑：刘良超
责任校对：李　杉　薄萌钰　　封面设计：马若濛
责任印制：张　博
北京机工印刷厂有限公司印刷
2025年9月第1版第1次印刷
184mm×260mm · 11.5 印张 · 288 千字
标准书号：ISBN 978-7-111-78755-6
定价：55.80 元

电话服务　　　　　　　　网络服务
客服电话：010-88361066　机 工 官 网：www.cmpbook.com
　　　　　010-88379833　机 工 官 博：weibo.com/cmp1952
　　　　　010-68326294　金 书 网：www.golden-book.com
封底无防伪标均为盗版　　机工教育服务网：www.cmpedu.com

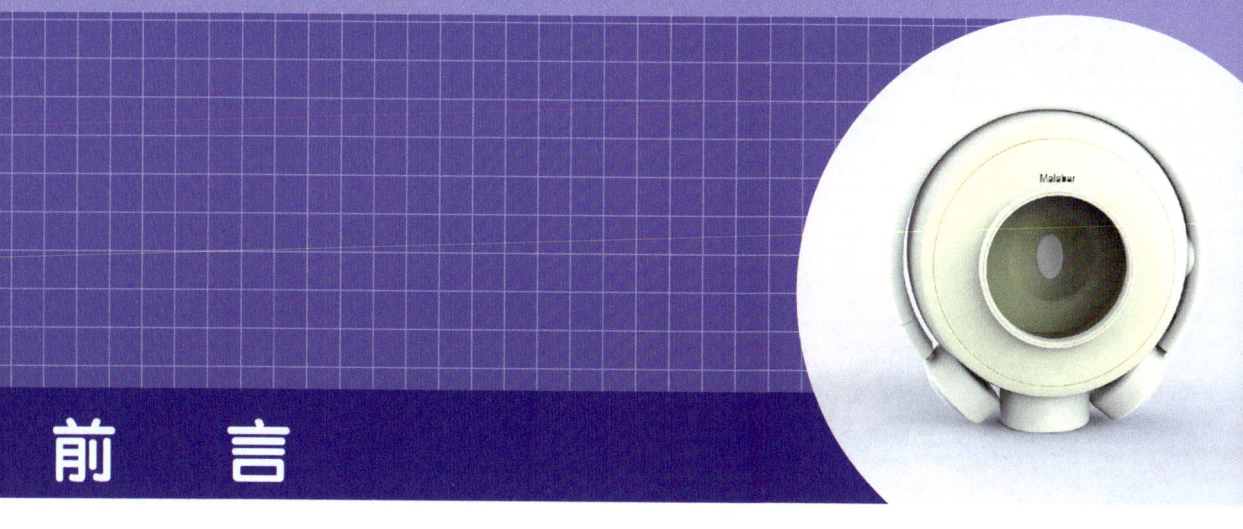

前　言

目前，我国正在从制造大国向制造强国迈进，文化创意产业是在我国经济转型和产业结构调整升级的背景下发展起来的新兴"智慧产业"，工业设计则是这一新兴产业中的主力军。工业设计是具有高科技含量的生产型服务业，是综合运用科技、艺术和经济等知识对工业产品的造型、功能、结构、包装和品牌进行提升和优化的集成创新活动。工业设计的核心工作是新产品开发，一件新产品从无到有的过程可以划分为六个阶段：前期调研，产品创意和功能设计，产品造型设计，产品结构设计，手板或样机制作，生产、上市。产品结构设计是产品设计过程中不可或缺的重要部分。

本书是以杭州职业技术大学工业设计教学团队多年教学经验为基础，吸收了浙江西子势必锐航空工业有限公司等企业的优秀案例和研究成果，由多位一线教师和企业工程师合作编写的，体现了"产教融合、理实一体"的编写理念。

产品结构设计主要包括产品零件的结构设计、各零件之间的连接和装配结构设计。本书包含四个项目，分别为空调遥控器结构设计、课桌结构设计、球阀结构设计、果盘一体化结构设计，涵盖了常见的四类产品。本书采用融媒体形式，配有各项目的三维建模源文件、相应的微课视频以及习题，并将微课视频以二维码链接形式列于附录中，方便学生扫码学习，有助于学生技能的螺旋式提升。

本书由杭州职业技术大学王丽霞、裘旭东和浙江西子势必锐航空工业有限公司田平风任主编，浙江西子势必锐航空工业有限公司龚奇珍和杭州职业技术大学许慧珍、苏一畅任副主编，杭州职业技术大学钱慧娜、常州机电职业技术学院陈龙、浙江经济职业技术学院李擎、浙江工业大学永康五金学院李潇静参与了本书编写。本书在编写过程中得到了浙江西子势必锐航空工业有限公司、杭州科捷模型有限公司的帮助，在此表示衷心感谢。

由于编者水平有限，书中疏漏之处在所难免，肯请广大读者批评指正。

编　者

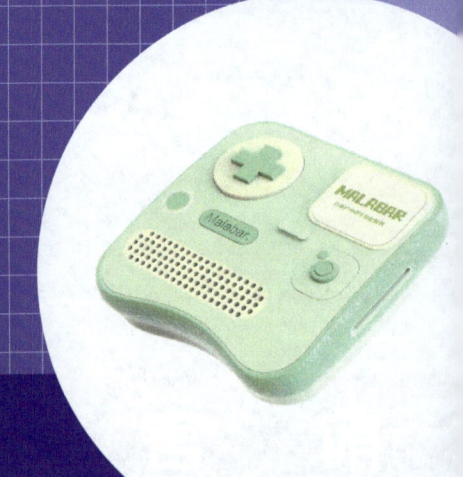

目　录

前言

绪论 ··· 1

项目一　空调遥控器结构设计 ········· 4

　　一、项目任务书 ···························· 4
　　二、知识链接 ······························· 5
　　三、项目实施 ····························· 25
　　四、知识拓展 ····························· 36
　　五、思考与联想 ························· 39
　　六、课后思考 ····························· 41

项目二　课桌结构设计 ················ 43

　　一、项目任务书 ·························· 43
　　二、知识链接 ····························· 44
　　三、项目实施 ····························· 50
　　四、知识拓展 ····························· 98
　　五、思考与联想 ······················· 100
　　六、课后思考 ··························· 101

项目三　球阀结构设计 ·············· 102

　　一、项目任务书 ······················· 102
　　二、知识链接 ··························· 103
　　三、项目实施 ··························· 136
　　四、知识拓展 ··························· 144
　　五、思考与联想 ······················· 148
　　六、课后思考 ··························· 149

项目四　果盘一体化结构设计 ······· 150

　　一、项目任务书 ······················· 150
　　二、知识链接 ··························· 151
　　三、项目实施 ··························· 153
　　四、知识拓展 ··························· 164
　　五、思考与联想 ······················· 167
　　六、课后思考 ··························· 168

附录 ·· 169

　　附录A　综合练习题 ················· 169
　　附录B　综合练习题答案 ·········· 174
　　附录C　二维码资源列表 ·········· 175

参考文献 ···································· 178

绪　　论

　　产品的结构是指产品各组成元素之间的连接方式和各元素本身的几何构成形式。结构设计就是确定连接方式和构成形式。结构设计的基本要求是用简洁的形状、合适的材料、精巧的连接、合理的元素布局实现产品的功能。

　　产品结构设计是指在产品（比如小家电等）外观设计后，对其进行实物实现的设计过程。是衔接外观设计与生产实现之间的设计，一般过程是在产品外观（造型、颜色等）设计完成后，再进行产品结构设计，通过3D建模的方式，把电动机、线路、开关之类内部器件装进去，然后对产品外壳进行分件、抽壳等，使之符合注塑开模、机械加工等工艺的要求，然后设计壳体零件与其他零件之间的固定和配合、壳体与内部器件的固定等，考虑零件的生产工艺和组装要求，将产品的内部结构设计出来。

　　设计产品结构时应遵循下列设计原则：

1. 实现预期功能的设计原则

　　产品结构设计的主要目的是保证功能的实现，使产品达到要求的性能。设计产品结构时，应根据具体情况，确定参数尺寸和结构形状，以保证零件或部件之间的相对位置或运动轨迹等。各部分结构之间应具有合理、协调的连接关系，以实现产品预期的功能要求。

　　对于大多数产品还应该设计防水、防尘、防静电结构和散热结构。

　　常见的防水、防尘、防静电结构有硅胶密封圈、灌胶、防雨角度等。

　　采用IP（Ingress Protection）防尘防水等级表示设备外壳对于固体异物和水侵入的防护强度，IP后面有两位数字，第1个数字表示电气设备防尘、防止外物侵入的等级，第2个数字表示设备防湿气、防水侵入的密闭程度，数字越大表示其防护等级越高。比如IP65，指的是产品能完全防尘和防雨淋，即需要对产品内部零件做好密封结构。

　　散热结构：散热也是产品结构设计中经常需要考虑的内容。很多元器件（比如发热体、电动机、电路板等）工作时会产生比较大的热量，如果无法将热量散出，会对产品零件造成伤害乃至损坏。常用的散热方式有使用散热风扇、散热块、导热硅胶、石墨烯散热材料等。

2. 满足强度要求的设计原则

　　为保证产品在使用期限内正常地实现其功能，并保证其寿命，必须使其具有足够的强度。

3. 考虑零件的结构工艺性的设计原则

零件的结构工艺性是指在保证零件使用性能的前提下，制造该零件的可行性和经济性。所谓好的结构工艺性是指产品的结构易于加工制造。在结构设计中应力求使产品具有良好的加工工艺性。因此，设计者必须熟悉各种加工方法的特点，以便在设计结构时尽可能扬长避短。实际生产中，产品结构工艺性受到诸多因素的制约，如生产批量的大小、生产条件等。此外，造型、精度、成本等也会影响产品的结构工艺性。因此，结构设计中应充分考虑上述因素对工艺性的影响。

4. 考虑装配工艺的设计原则

（1）防止装配错误　设计结构时应考虑装配工艺问题，防止装配错误。如图0-1所示的轴承座，采用两个销钉定位。图0-1a中两销钉反向布置，且到螺栓孔的距离相等，装配时很可能将支座旋转180°安装，导致轴承座孔中心线与轴的轴线位置偏差增大。因此，应将两定位销布置在同一侧，或使两定位销到螺栓孔的距离不等，如图0-1b所示。

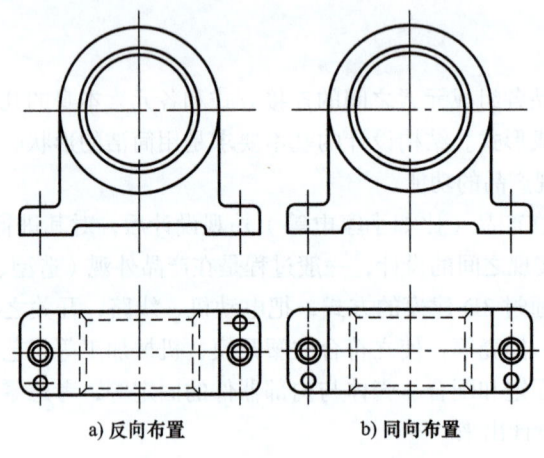

a) 反向布置　　　　b) 同向布置

图0-1　防止装配错误的结构

（2）便于装卸　结构设计中，应保证有足够的装配空间，如扳手的运动空间。应避免过长配合增加的装配难度，如为防止配合面擦伤的阶梯轴的设计。为便于拆卸零件，应给出拆卸工具的工作空间，如为了便于轴承的拆卸，轴承内圈的高度应大于轴肩的高度，如图0-2所示。

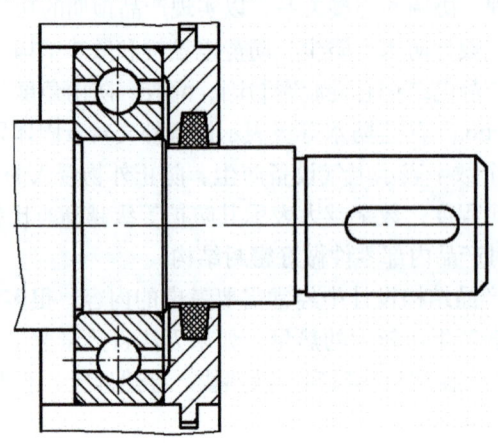

图0-2　轴承的安装结构

（3）保证装配精度　为了保证装配精度，在同一方向两个零件只能有一个面接触，如图 0-3 所示。

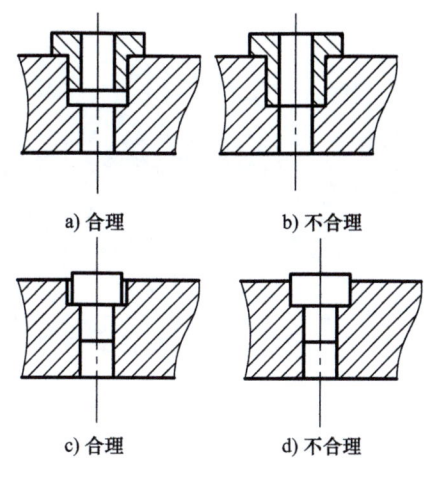

图 0-3　同一方向只能有一个面接触

5. 贯彻标准化、统一化的设计原则

产品结构设计中贯彻标准化是重要原则之一。贯彻标准化、统一化原则应注意下列几个方面：

1）最大限度地采用标准件。
2）确定产品结构的参数时，应最大限度地采用标准值和优先数据系列的规定值。
3）尽量统一相近零件的材料牌号、标准件的品种、规格、型号尺寸系列。

总之，结构设计的过程是从内到外、从重要到次要、从局部到总体、从粗略到精细，权衡利弊，反复检查，逐步改进和完善的过程。

项目一

空调遥控器结构设计

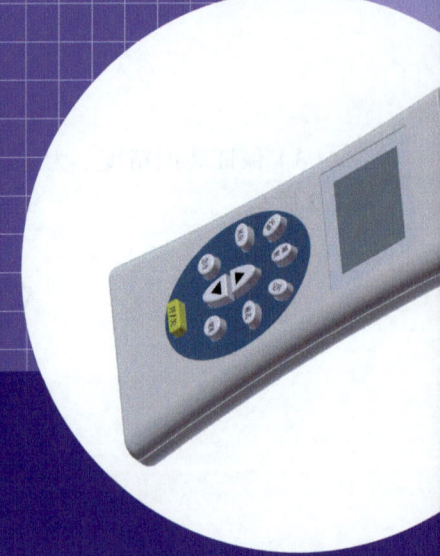

【知识目标】
1) 掌握产品结构设计的基本原则。
2) 掌握塑料件的形状结构特点。
3) 掌握塑料件的装配结构特点。

【技能目标】
1) 具有丰富的空间设计思维能力。
2) 具有认真制订工作计划、并认真执行的能力。
3) 会设计塑料件的形状结构和装配结构。

【素质目标】
1) 具有团队协作、勇于创新的精神。
2) 具有爱岗敬业、实事求是、精益求精的工作作风。
3) 具有良好的表达和沟通能力。

一、项目任务书

【设计任务】

空调遥控器是用来远程控制空调的装置,主要由液晶显示屏、电路板和按钮组成。根据给定的电路板,设计遥控器的造型及结构。建立上壳、下壳、电池门、按钮的三维模型,生成效果图、爆炸图。

掌握卡扣、按钮、美工槽、电池仓和电池门的结构要点和设计方法;掌握液晶屏的安装与固定方式。

【设计要求】

1）壳体材料采用ABS。

2）产品符合人体工学原理，造型简洁时尚。

3）产品结构合理。

① 两塑料件的结合处设置美工槽。

② 使用按键时，按压和弹起顺利。

③ 上壳、下壳、电池门连接牢固。

④ 电路板用6个螺钉固定在上壳上。

⑤ 遥控器底面设计4个防磨损凸点。

⑥ 设置显示信息数据的液晶显示屏，液晶显示屏尺寸为26mm×31mm×2.70mm。

【已知条件】

遥控器电路板的实物图与尺寸分别如图1-1、图1-2所示，电源采用2节5号电池。

图1-1 电路板实物图

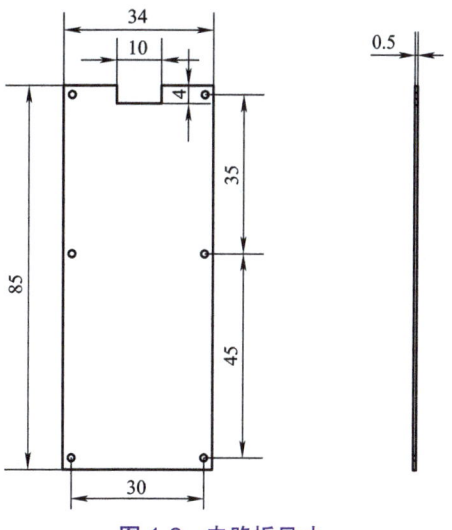

图1-2 电路板尺寸

二、知识链接

（一）塑料件的形状结构

1. 塑料件的整体结构

好的塑料产品既要美观大方、好用，又要有良好的结构工艺性。设计塑料产品的结构时，主要注意事项如下：

（1）应尽量避免与脱模方向不平行的倒扣结构　沿着脱模方向看塑料件时，看不见的面即是倒扣。为了简化模具结构，避免与脱模方向不平行的倒扣结构，应避免采用瓣合式（也称哈夫式）或侧抽芯等复杂的模具结构。如图1-3所示的注塑件，如果以上下方向为脱模方向，图1-3a所示的侧垂孔需要采用侧抽芯模具结构，倒扣结构（内部的侧凹）需要用瓣合式模具。改为图1-3b所示的形式即可避免瓣合式的复杂模具结构，故图1-3a结构不合理、图1-3b结构合理。

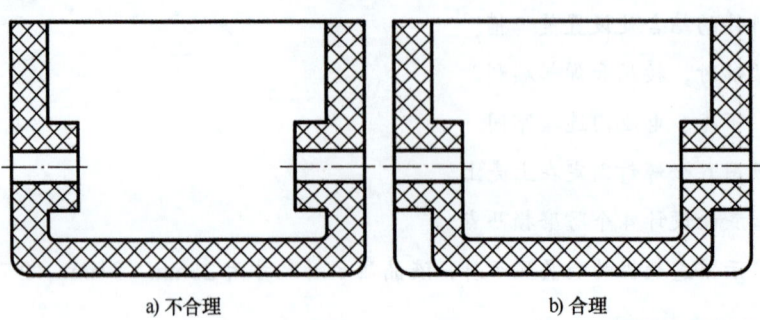

a) 不合理　　　　　　　b) 合理

图1-3　注塑件

（2）强行脱模方式　对于较浅的内侧凹槽并带有圆角或斜面过渡结构的塑料件，同时成型件的材料为聚乙烯、聚丙烯、聚甲醛等具有足够弹性的塑料，可利用塑料在脱模温度下具有足够弹性的特性，以强行脱模的方式脱模，而不必采用组合型芯的方法。如图1-4所示的防滑凹槽。为避免强制脱模时的脱模阻力过大，引起塑料件损坏和变形，塑料件侧凹深度必须在合理范围内，并应有避位空间。

（3）塑料产品的形状应有利于提高塑料件的强度　为了提高注塑产品结构的强度，减少变形，应尽量避免大面积平板结构，合理设置翻边和凹凸结构；或把薄壳状的塑料产品设计成球面或拱形曲面，如图1-5所示。对于薄壁容器的边缘，可按图1-6所示的设计来增加强度和减少变形。

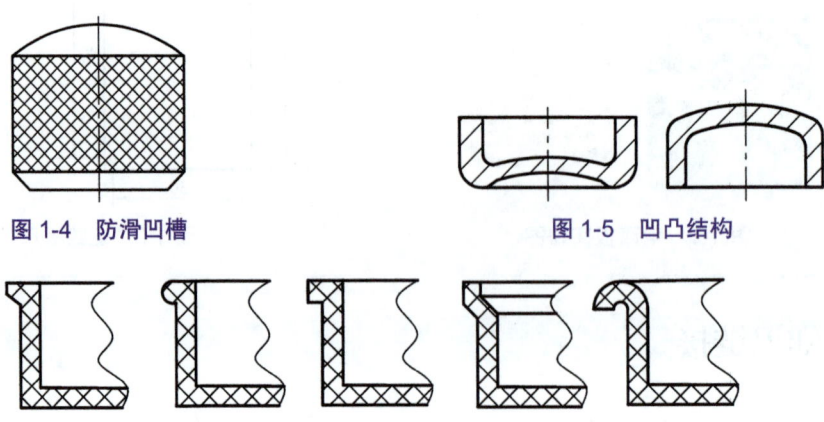

图1-4　防滑凹槽　　　　　图1-5　凹凸结构

图1-6　翻边结构

（4）紧固用的凸耳或台阶应有足够的强度　紧固用的凸耳或台阶用来承受连接时的作用力，应避免台阶的尺寸突变和尺寸过小。图1-7所示是塑料件连接常采用的凸耳和台阶结构。

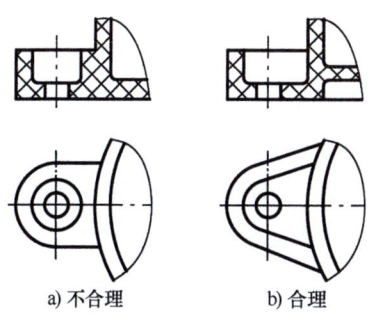

图 1-7　凸耳和台阶

（5）孔做大、轴做小　设计时应注意"加胶容易、减胶难"的问题。因一般"加胶"在改模时只要用铜公再打一次火花即可，"减胶"则要烧焊，工艺复杂。对一些需要进行过盈配合的产品，一般可先行做松一点，然后进行适当的加胶。

（6）尽量做穿插结构，避免行位结构　为了使模具结构简单，塑料件应尽量做成穿插结构，避免做成行位结构。图 1-8a 所示的猫砂铲在挂钩结构对应的手柄处挖出相应的孔；图 1-8b 所示的扩音器壳体在插夹紧柄的凹槽对应处挖出相应的孔，使得行位结构变为穿插结构，简化了模具结构。

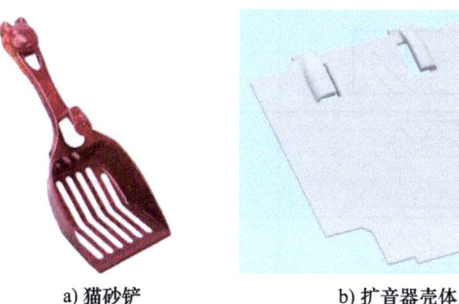

图 1-8　猫砂铲和扩音器壳体

（7）尽量减少凸凹结构，简化造型　如图 1-9 所示的凸台结构，图 1-9a 结构不合理，图 1-9b 结构合理。

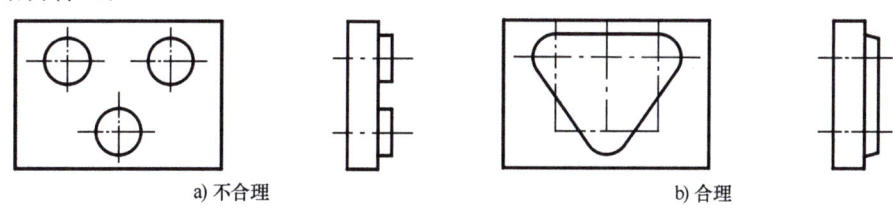

图 1-9　凸台结构

2. 塑料件的壁厚

任何塑料件均需要有一定的壁厚，这是因为塑料在注塑成型时要有良好的流动性，并保证产品有足够的强度和刚度，也便于从模具里顶出塑料件。

利用注塑工艺生产塑料件时，由于塑料在模腔中的不均匀冷却和不均匀收缩以及产品结构设计不合理等因素，容易引起产品的各种缺陷，如缩印、熔接痕、气孔、变形、拉毛、顶伤、飞边等。

塑料件的外壳壁厚取决于塑料产品的使用条件，即强度、结构、电性能、尺寸稳定性以及装配等各项要求。

合理选择塑料件壁厚很重要。壁厚过大，不仅浪费原料，增加塑料制件的成本，而且增加成型时间和冷却时间，降低生产率，还容易产生气泡、缩孔等缺陷；壁厚过小，成型时流动阻力大，大型复杂塑料件难以充满型腔，而且不能保证塑料件的强度。

塑料件的壁厚应尽量均匀，厚薄适当，壁厚理论上取产品长度的 1/10，一般取 1.2mm、1.5mm、2mm、2.2mm、2.5mm、3mm 等。热塑性塑料件壁厚一般取 0.5~4mm，常用的数值为 2~3mm；如果强度不够，应采用加强筋结构。根据塑料种类、塑料件大小及成型工艺条件，大型塑料件的壁厚也可超过 6mm。

为了减少应力，壁厚差应尽量控制在基本壁厚的 25% 以内。壁厚差过大时，易形成"沉陷点"或产生翘曲。为此，常将厚的部分挖空，采用适当的修饰半径以缓慢过渡。壁厚设计对比如图 1-10 所示。

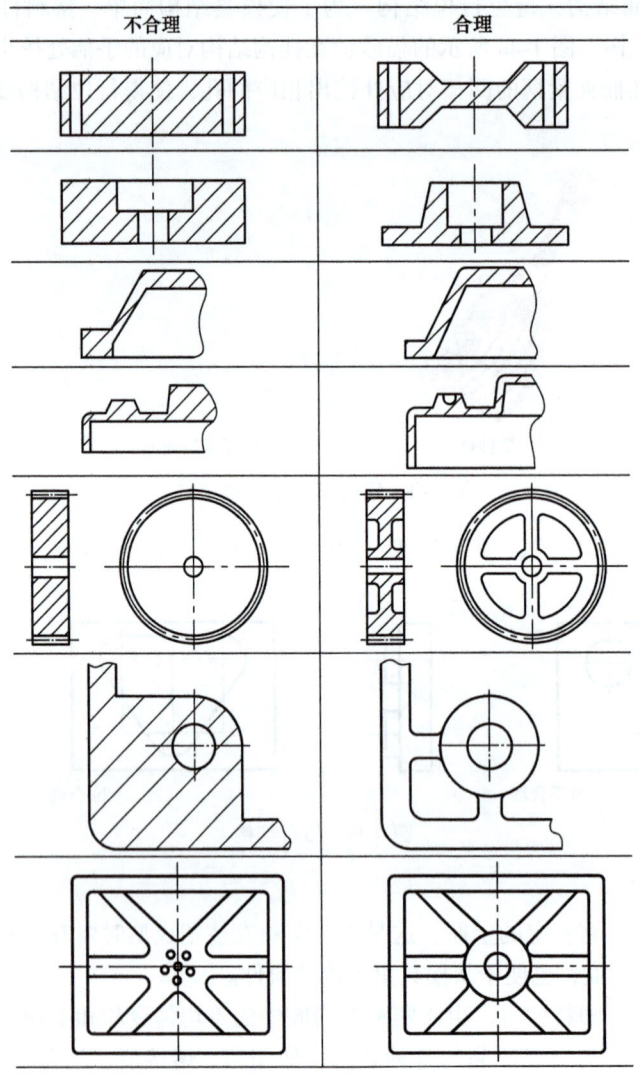

图 1-10　壁厚设计对比

一般情况下：

1）平均壳体厚度 ≥ 1.2mm。
2）周边壳体厚度 ≥ 1.4mm。
3）壁厚突变不能超过 1.6 倍。
4）筋条厚度与壁厚的比例不大于 0.75。
5）可接触的外观面不允许出现尖角，应做成圆角，半径 R ≥ 0.3mm。

塑料件的最小壁厚推荐值见表 1-1。

表 1-1 塑料件的最小壁厚推荐值　　　　　　　　　　（单位：mm）

工程塑料	最小壁厚	小型件壁厚	中型件壁厚	大型件壁厚
尼龙（PA）	0.45	0.76	1.50	2.40~3.20
聚乙烯（PE）	0.60	1.25	1.60	2.40~3.20
聚苯乙烯（PS）	0.75	1.25	1.60	3.20~5.40
有机玻璃（PMMA）	0.80	1.50	2.20	4.00~6.50
聚丙烯（PP）	0.85	1.45	1.75	2.40~3.20
聚碳酸酯（PC）	0.95	1.80	2.30	3.00~4.50
聚甲醛（POM）	0.45	1.40	1.60	2.40~3.20
聚砜（PSU）	0.95	1.80	2.30	3.00~4.50
ABS	0.80	1.50	2.20	2.40~3.20
PC+ABS	0.75	1.50	2.20	2.40~3.20

3. 塑料件的脱模斜度

注塑成型后塑料件紧紧抱住模具型芯或型腔中凸出部位，给取出塑料件带来困难。为便于从模具内取出塑料件或从塑料件内抽出型芯，设计塑料件结构时，必须考虑足够的脱模斜度，如图 1-11 所示。塑料件的内表面、外表面沿脱模方向均应有脱模斜度，必须限制在制造公差范围内。脱模斜度按经验确定，一般为 1°~2°，最小为 0.5°。

塑料件的凸起或筋，单边应有 4°~5° 的脱模斜度。

厚壁塑料件会因壁厚使成型收缩增大，故脱模斜度应放大。若脱模斜度不妨碍塑料件的使用，则可将脱模斜度值取大些。

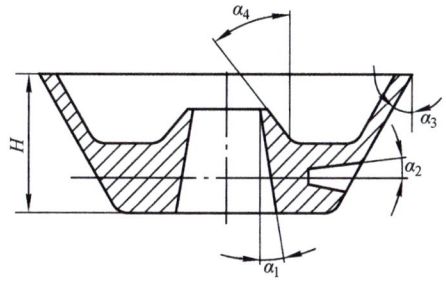

图 1-11 脱模斜度

热固性塑料较热塑性塑料收缩小些，脱模斜度也可相应小些。复杂及不规则形状塑料件的脱模斜度应大些。

内表面脱模斜度比外表面脱模斜度应大些。不通孔深度小于10mm,外形高度不大于20mm时,允许不设计脱模斜度。若为了在开模后让塑料件留在凸模上,则可将凸模的脱模斜度减小,而将凹模的脱模斜度放大,反之亦然。总之,在满足塑料件尺寸公差要求的前提下,脱模斜度可以取大些。

4. 塑料件的加强筋

加强筋不仅可以提高塑料件的强度和刚度,减少扭歪现象,而且可以使塑料成型时容易充满型腔,如图 1-12 所示。

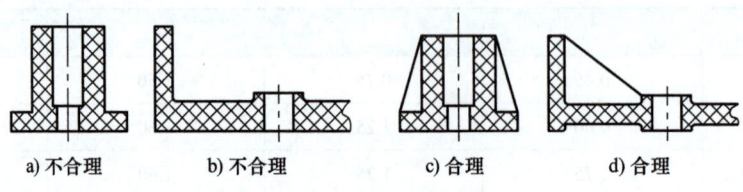

图 1-12　加强筋

设计加强筋时应注意以下问题:

1)加强筋的厚度应小于被加强的塑料件壁厚,防止连接处产生凹陷。如图 1-13 所示,图 1-13a 所示的加强筋底部厚度等于壁厚,高度较高,易在交汇处产生缩印。图 1-13b 所示的加强筋底部厚度为壁厚的一半,高度较低,不易产生缩印。

可以通过设计掩盖缩印,例如,设计 U 形槽(图 1-13c)、咬花(图 1-13d)、表面断差(图 1-13e)、火山口(图 1-13f)等结构。

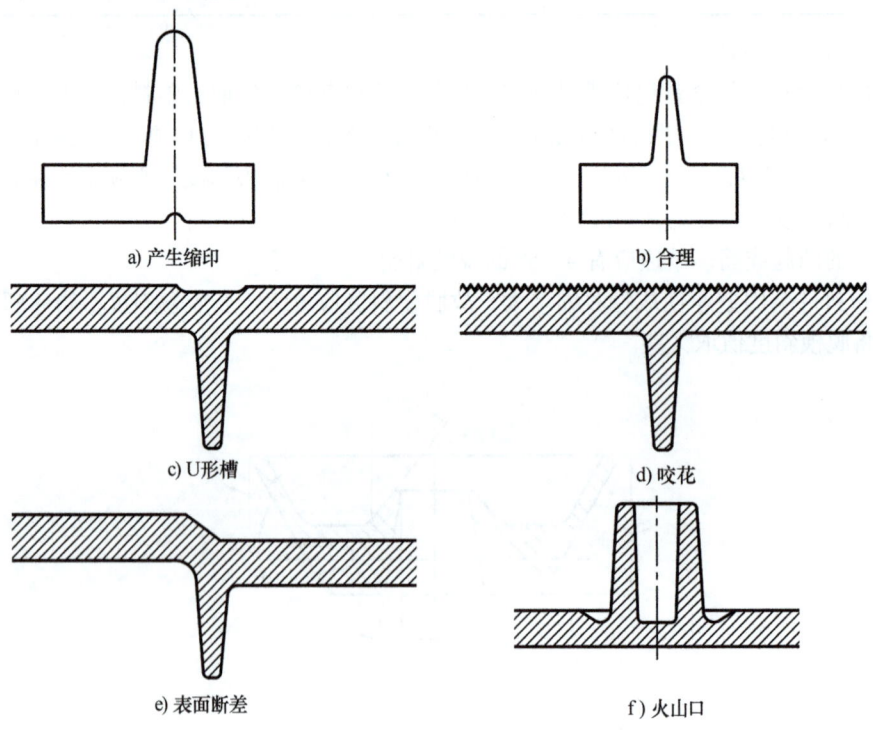

图 1-13　缩印

2）加强筋的高度不宜过高，否则会使筋部受力破坏，降低自身刚性。图 1-14 所示为加强筋的设计尺寸图。

3）使多数加强筋的方向与型腔塑料的流向一致，避免改变塑料流向而损害塑件的质量。

4）通过增加加强筋的数量，而不是增加加强筋的厚度来提高零件强度；多条加强筋应分布得当，排列相互错开，以减少收缩不均匀。图 1-15 所示为熨衣架的加强筋。为保证塑料件平整，加强筋的端面不应与支承面相平，至少低于支承面 0.5mm。

5）一般加强筋都加斜骨，目的是避免困气，有利于注塑。

6）加强筋的方向需考虑载荷的方向。

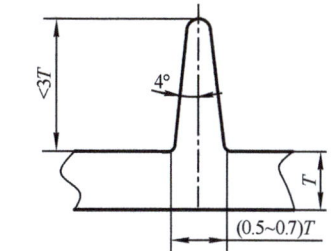
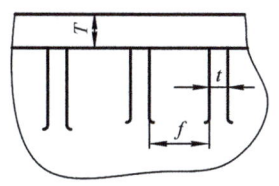
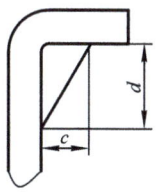

图 1-14 加强筋的设计尺寸图

5. 塑料件的底部支承面

因为塑料件的平面越大越不易保证平面度，要使整个平面达到绝对平直是做不到的，所以塑料件的底部支承面不能设计成整平面结构，宜采用凸台结构。凸台以 3 个为好，高度应高出平面 0.5mm 以上，位置应均匀设置在塑料件的边角，有足够的强度、适宜的脱模斜度和过渡连接。图 1-16 所示为底部支承面的几种形式。

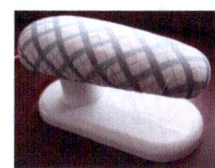
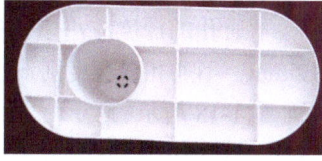

图 1-15 熨衣架的加强筋

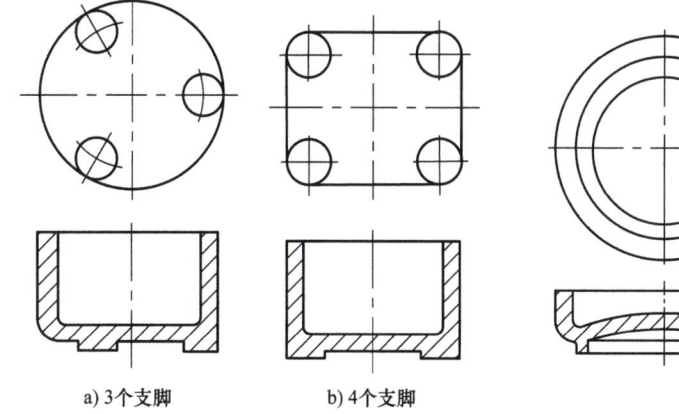
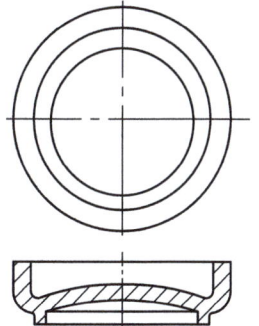

a）3 个支脚　　　b）4 个支脚　　　c）环形支脚

图 1-16 底部支承面

6. 塑料件上的孔

在实际生产中，经常需要在塑料件上开孔，使其和其他部件结合或增加产品功能上的组合。以下是在设计孔时需要考虑的几个因素。

（1）孔应尽量做成圆孔　因圆孔易加工，一般采用车削或钻削加工。

（2）通孔　孔的位置应尽可能设置在最不易削弱塑料件强度的地方，在相邻孔之间，以及孔和零件边缘之间，均应留出适当的距离。如图 1-17 所示，相邻孔的距离 a 或孔与相邻直边结构之间的距离 b、c、d 不可小于孔的直径。孔的壁厚应尽量大，否则通孔位置容易产生断裂。如果孔内有螺纹，设计上的要求就会变得复杂，因为螺纹的位置容易形成应力集中。螺纹孔边缘与塑料件边缘的距离须大于螺纹孔直径的三倍。

从装配的角度来看，通孔的应用较不通孔为多，而且较不通孔容易生产。

从模具设计的角度来看，通孔的设计在结构上也较好，因为用来通孔成型的边钉的两端均可受到支承。可以靠单一边钉两端同时固定在模具上，也可以两只边钉相接而各有一端固定在模具上。一般情况下，第一种方法较好；应用第二种方法时，两条边钉的直径应有不同，以避免因为

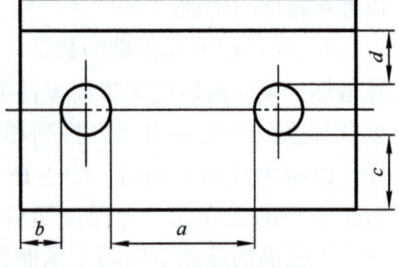

图 1-17　通孔的位置

两条边钉轴线有偏差而导致产品出现倒扣现象，而且边钉相接的两个端面必须磨平。

（3）不通孔　不通孔是靠模具上的镶针形成的，而镶针只能单边支承在模具上，熔融的塑料很容易使其弯曲变形，造成不通孔出现椭圆的形状，所以镶针的长度不能过长。一般情况下，不通孔的深度应小于直径的两倍，不通孔的长径比一般不应超过 4。如果不通孔的直径 ≤ 1.5mm，不通孔的深度则不应大于直径的尺寸。不通孔底的壁厚不应小于孔径的 1/6，否则易出现如图 1-18 所示的变形，图 1-18a 为理论设计的形状，图 1-18b 为实际可能出现的变形情况。

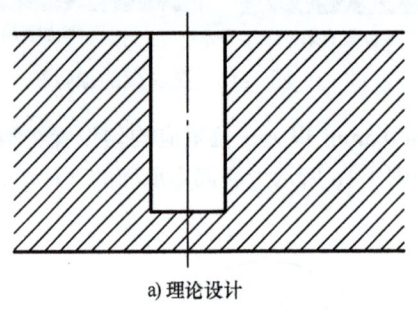

a) 理论设计　　　　　　　　b) 实际变形

图 1-18　不通孔

（4）台阶孔　台阶孔是多个不同直径同轴相连的孔，孔的深度比单一直径的孔长。台阶孔结构如图 1-19 所示。

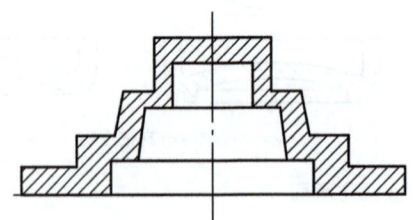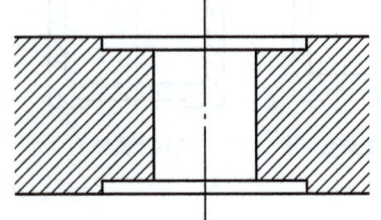

图 1-19　台阶孔结构

（5）斜孔　孔的轴向和开模方向一致，可以避免侧抽型芯。对于斜孔与形状复杂孔的成型方法，可采用拼合型芯来完成，以避免抽侧型芯结构。在不影响使用功能的情况下，可将

图 1-20a 所示的侧抽孔优化为图 1-20b 所示的沿开模方向的孔。

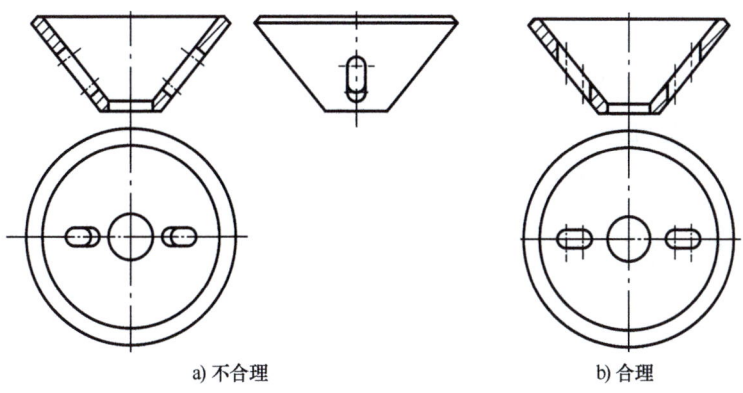

图 1-20 斜孔

（6）侧孔及侧凹　塑料件上出现侧孔及侧凹时，为便于脱模，必须设置滑块或侧抽型芯机构，从而使模具结构复杂，成本增加。在不影响使用功能的情况下，建议将图 1-21a 所示的带侧孔容器优化为图 1-21b 所示的侧凹。细长孔建议设计成图 1-21c 所示的分段半孔结构。

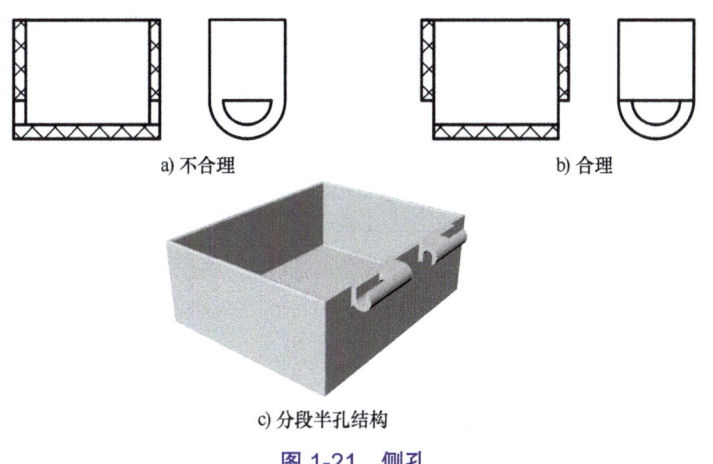

图 1-21 侧孔

（7）孔的边缘结构　在孔边缘设计一个完整的倒角或圆角是不合理的，孔的边缘应预留至少 0.4mm 的直身位结构，如图 1-22 所示。

（8）脱模斜度　当孔的长径比大于 2 时，应设置脱模斜度。

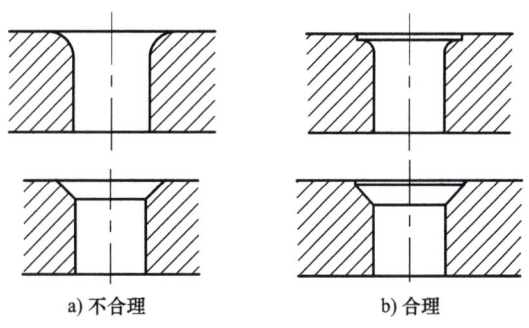

图 1-22 孔边缘结构

7. 塑料件的圆角

在塑料件的拐角处设置圆角，可增加塑料件的强度，改善成型时材料的流动性，也有利于塑料件的脱模。因此，在设计塑料件结构时，应尽可能采用圆角，如图 1-23 所示。在两部位交接处的内、外角上采用圆弧过渡，以减小应力集中，避免模具型腔开裂。设置合理的圆角，还可以改善模具的加工工艺，如型腔可直接进行铣削加工，而避免低效率的电加工。为使塑料件壁厚一致，外圆弧半径应是壁厚的 1.5 倍，内圆弧半径是壁厚的 0.5 倍。

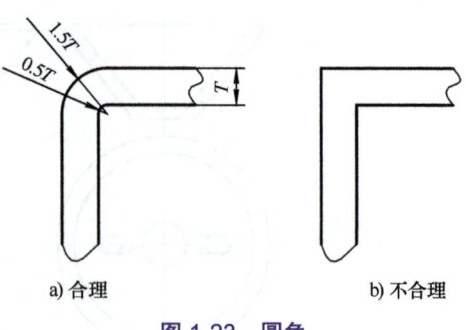

图 1-23 圆角

8. 塑料件的标志和花纹

根据装饰或某种使用上的要求，塑料件上常需要直接制出花纹、标记、符号及文字。为了工艺上的要求及方便模具制造，塑料件侧壁的花纹或文字等是依靠侧壁斜度保证脱模的。

塑料件上的标记、符号或文字可以设计成三种不同的形式，如图 1-24 所示。第一种为凸字，它在模具制造时比较方便，可用机械或手工将字雕刻在模具上，但使用过程中凸字容易损坏。第二种为凹坑凸字，在凸字的周围设计凹入的装饰框。制造这种结构形式的模具可以采用镶块，镶入模具体中。这种形式如用机械加工模具则较麻烦，现在多采用电铸、冷挤压或电火花方法来制造模具。第三种为凹字，凹陷处可以填上各种颜色的油漆，使字迹更为鲜明，制造比较方便，在使用时也可避免碰坏及磨损。

图 1-24 标志形式

产品标识一般设置在产品内表面较平坦处，并采用凸起形式，选择其所在面的法向方向与开模方向尽可能一致的面处设置标识，可以避免拉伤。

对于花纹，还应注意其凸凹纹方向与脱模方向的一致性，如图 1-25 所示的防滑花纹。

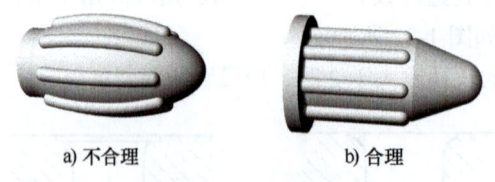

图 1-25 防滑花纹

（二）塑料件的装配结构

1. 支柱结构

支柱通常是用作连接两零件，其外径应是内孔径的两倍，高度不应超过外径的两倍。当支柱离零件边壁较远时，应尽量避免无任何支承的独立支柱。应设置加强筋加强支柱的强度，

图 1-26 所示为支柱远离边壁时的支柱结构。当支柱离零件边壁较近时,应以加强筋将柱和边连接在一起,图 1-27 所示为支柱靠近边壁时的支柱结构。

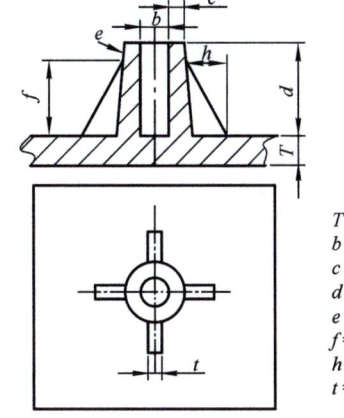

T = 壁厚
b = 支柱顶部圆孔直径
c = $0.6T$
d = $3T$
e = 1:20(斜度)
f = $0.9d$
h = $(0.3\sim1)f$
t = $0.5T$

图 1-26 支柱结构

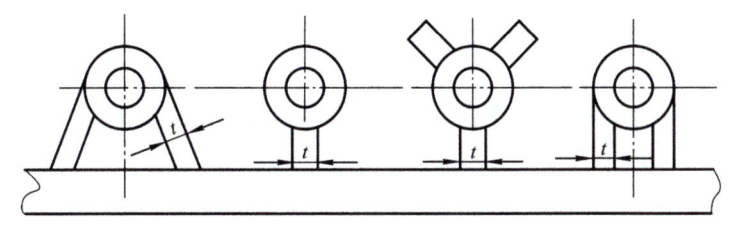

$T \geq 3$ 时,$t = 0.6T$;$T < 3$ 时,$t = 0.4T$

图 1-27 支柱靠近边壁时的支柱结构

用于自攻螺钉的螺纹柱的设计原则:其外径应该是螺钉外径的 2~2.4 倍。设计时可按下列关系计算:螺柱外径 = 2 × 螺纹外径;螺柱内径(ABS,ABS+PC)= 螺纹外径 −0.4mm;螺柱内径(PC)= 螺纹外径 −(0.3~0.35)mm(可以先按 0.3mm 设计,若测试通不过再修模加胶)。

不同材料、不同螺纹的螺纹柱孔设计参数见表 1-2 和表 1-3。

表 1-2 普通牙螺纹、不同材料的螺纹柱孔参数 (单位:mm)

螺纹规格	普通牙螺纹											
	φ2.0		φ2.3		φ2.6		φ2.8		φ3.0		φ3.5	
材料	孔径	公差	孔径	公差	孔径	公差	孔径	公差	孔径	公差	孔径	公差
ABS	1.7	0 −0.05	1.9	+0.05 0	2.2	0 −0.05	2.4	0 −0.05	2.5	+0.05 0	2.9	+0.05 −0.05
PC	1.7	+0.05 0	2.0	0 −0.05	2.3	0 −0.05	2.4	+0.05 0	2.6	0 −0.05	3.0	+0.05 −0.05
POM	1.6	+0.05 0	1.8	+0.05 0	2.1	+0.05 0	2.3	0 −0.05	2.4	+0.05 0	2.8	+0.10 0
PA	1.6	+0.05 0	1.8	+0.05 0	2.1	+0.05 0	2.3	0 −0.05	2.4	+0.05 0	2.8	+0.10 0
PP					2.0	+0.10 0	2.2	+0.05 −0.05	2.3	+0.10 0	2.7	+0.10 0
PC+ABS	1.7	+0.05 0	2.0	0 −0.05	2.3	0 −0.05	2.4	+0.05 0	2.6	0 −0.05	3.0	+0.05 −0.05

表1-3 自攻螺纹、不同材料的螺纹柱孔参数　　　　　　　　　　　　（单位：mm）

螺纹规格	自攻螺纹											
	φ2.0		φ2.3		φ2.6		φ2.8		φ3.0		φ3.5	
材料	孔径	公差	孔径	公差	孔径	公差	孔径	公差	孔径	公差	孔径	公差
ABS	1.6	+0.05 0	1.9	0 −0.05	2.1	+0.05 0	2.3	0 −0.05	2.5	0 −0.05	2.9	+0.05 −0.05
PC	1.6	+0.05 0	1.9	+0.05 0	2.2	+0.05 0	2.4	0 −0.05	2.6	0 −0.05	3.0	+0.05 −0.05
POM	1.6	0 −0.05	1.8	+0.05 0	2.0	+0.05 0	2.2	+0.05 0	2.4	+0.05 0	2.8	+0.05 0
PA	1.6	0 −0.05	1.8	+0.05 0	2.0	+0.05 0	2.2	+0.05 0	2.4	+0.05 0	2.8	+0.05 0
PP					2.0	+0.05 0	2.1	+0.10 0	2.3	+0.05 −0.05	2.7	+0.05 −0.05
PC+ABS	1.6	+0.05 0	1.9	+0.05 0	2.2	+0.05 0	2.4	0 −0.05	2.6	0 −0.05	3.0	+0.05 −0.05

2. 卡扣结构

U盘的上下壳体、电池门与壳体均靠卡扣连接结构连接，如图1-28所示。图1-29所示为常见电池门卡扣结构剖面图。

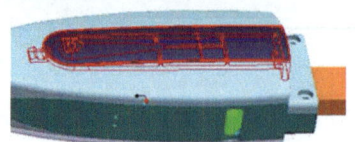

图1-28 卡扣连接结构

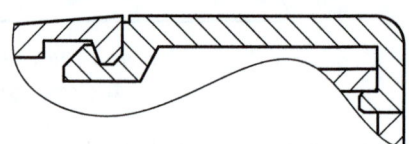

图1-29 卡扣结构剖面图

（1）卡扣的种类　卡扣有很多种类，图1-30所示为常见的卡扣结构。图1-31所示为永久式和可拆卸式环形卡扣。图1-32所示为永久式单边扣；图1-33所示为可拆卸式单边扣；图1-34所示为需施加另一边外力才可拆卸的单边扣。

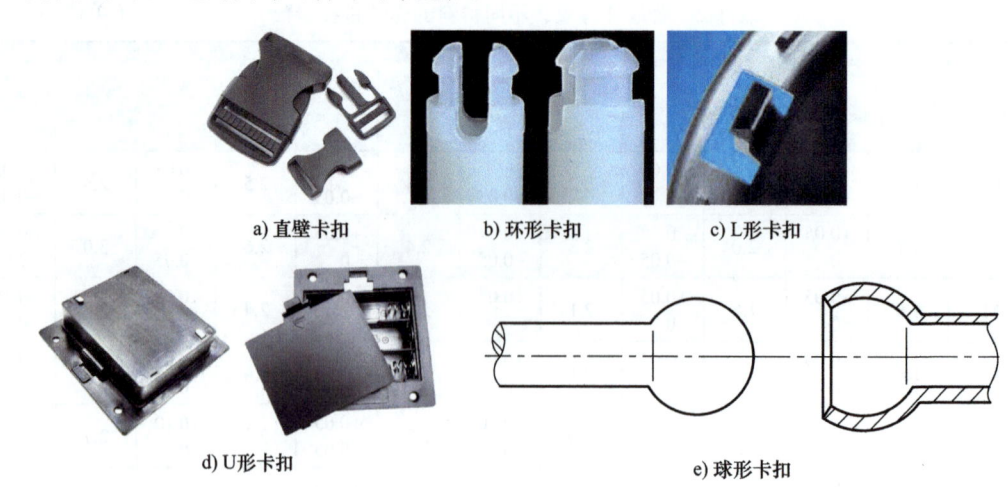

a) 直壁卡扣　　b) 环形卡扣　　c) L形卡扣

d) U形卡扣　　e) 球形卡扣

图1-30 卡扣结构

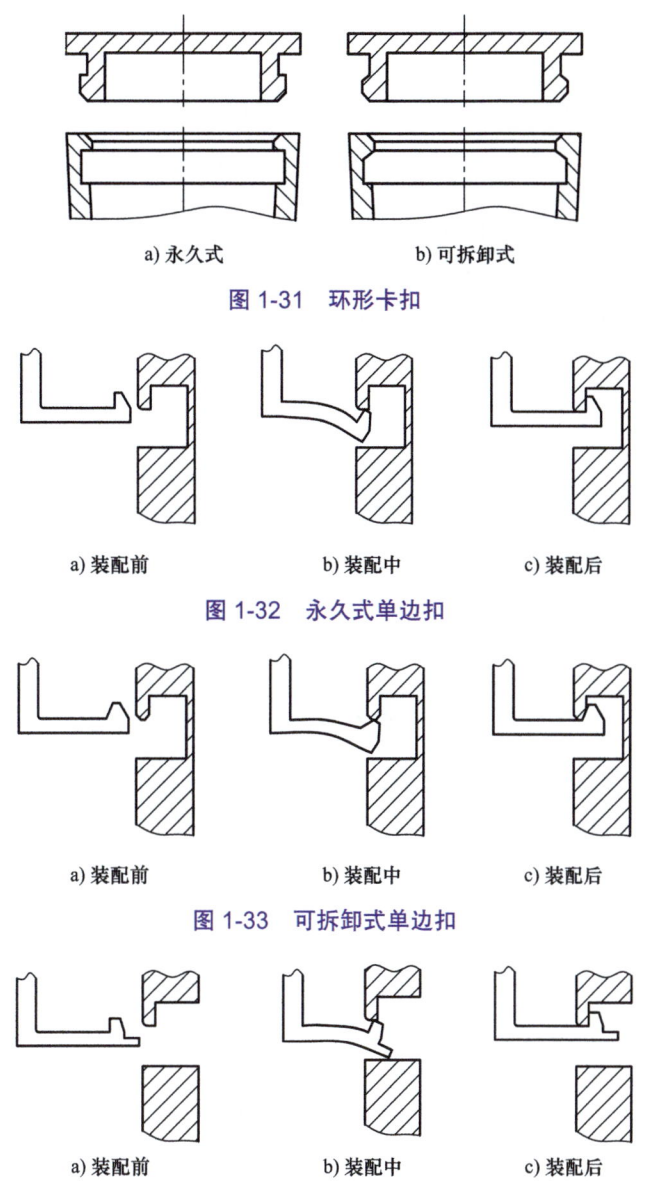

图 1-31 环形卡扣

图 1-32 永久式单边扣

图 1-33 可拆卸式单边扣

图 1-34 需施加另一边外力才可拆卸的单边扣

（2）卡扣的尺寸　卡扣的尺寸关系图如图 1-35 所示。

卡扣厚度 $t = 0.5\sim0.6T$；卡扣的根部圆角 $R_{min} = 0.5t$；卡扣的高度 $H = (5\sim10)t$；卡扣的装配导入角 $\alpha = 25°\sim 35°$；卡扣的拆卸角度 $\beta \approx 35°$，用于不需外力的可拆卸的装配；$\beta \approx 45°$ 用于需较小外力的可拆卸的装配，$\beta = 80°\sim90°$ 用于需很大外力的不可拆卸的装配；卡扣的顶端厚度 $Y \leqslant t$。设计卡扣结构时，应注意预留弹性变形空间。

3. 止口结构

塑料材质的面壳和底壳在连接装配时，为了有效地隔断内部空间与外界的导通，阻隔灰尘、静电等的进入，保证面壳和底壳壳体的定

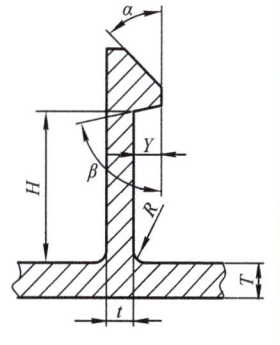

图 1-35 卡扣的尺寸

位及限位，一般情况下应设置止口结构。

由于塑料具有塑形变形量大的特质，为了塑料产品的外形美观，保证塑料件结合处的连接质量，一般在结合的两件之间应留美工槽，如图1-36所示。

（1）止口的种类

1）单止口是应用广泛的止口，由公止口和母止口组成，分别设计在两个配合的零件上，沿着侧壁内边凸出来的部分称为公止口，沿着侧壁内边切掉凹下去的部分称为母止口，如图1-37所示。

图1-36 美工槽

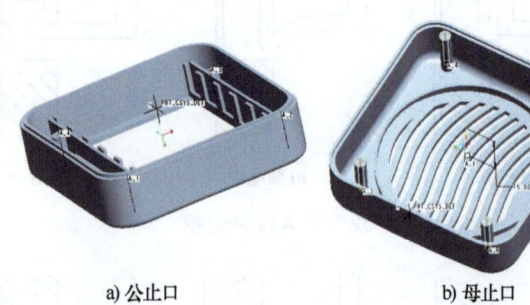

a) 公止口　　　　　　b) 母止口

图1-37 止口

公止口一般设计在壁厚较薄的壳体上，母止口一般设计在壁厚较厚的壳体上。

2）双止口。相对于单止口而言，双止口实际上是由两个正反的单止口合并成新的止口，主要有以下两种结构形式：

① 单公止口＋双母止口。主要应用于壳体厚度较薄的结构，下壳的双母止口可以限制上壳往里和往外的双向变形。

② 双公止口＋双母止口。这种形式主要应用于上下壳体厚度都较厚的结构，这种结构在外观上的段差可以很小，这种结构也称为密封性止口结构。如做防水结构，中间增加胶圈或超声波焊接可起到防水作用；如做喇叭音腔，中间加海绵也可起到密封音腔的作用。但此种止口结构要求壳体壁厚较大，一般需要2.5mm以上，否则母止口外缘会比较薄，外观容易产生厚薄印。

3）反止口。反止口是母止口的反向止口，也称反插骨（反限位的意思），一般配合单止口一起设计，主要用于上下壳体都较薄的结构。反止口实际上是双母止口的简化，因为壳体没有足够壁厚去做双母止口，只能通过设计局部的筋位（反插骨），如图1-38所示。

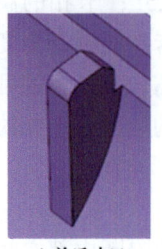　　　　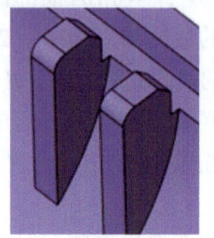

a) 单反止口　　　　　　b) 双反止口

图1-38 反止口

① 单反止口一般用于小型零件，结构简单，缺点是强度不够。
② 双反止口最为常用，成对设计保证了强度。

反止口应对称布置且间距合理，同时应避开卡扣位置（不能离扣位太近，否则会导致扣位变形困难）。

（2）止口结构设计

1）止口结构选择。设计止口时首先要明确止口的作用，不同的止口结构形式作用不尽相同。比如，需要密封结构，应优选双止口结构；如果壳体的壁厚较薄，优选单止口结构；如果需要起到防静电作用，应尽量保留整圈止口的完整性。

2）止口结构尺寸。如图 1-39 所示，为了方便装配，止口配合面设置 5° 脱模斜度。设计产品配合位时，应避免设计成零对零（即两零件之间不能没有间隙），一般应预留 0.1mm 的间隙。结构设计中，把间隙在 0.15mm 以下的配合称为死配合，间隙在 0.15mm 以上的配合称为运动配合。

A：公母止口配合面间隙尺寸，一般取 0.05~0.1mm 即可（由于塑料件难做到高精度，且存在变形，间隙太小容易产生干涉，太大则会导致止口失效）。

B：公母止口避空尺寸，防止止口干涉，一般取 0.1~0.2mm。

C：公止口倒角，可利于装配，一般取 C0.3~0.5mm。

D：母止口过渡圆角，此处胶位厚度变化较大，做圆角可以减小外观应力痕，一般取 R0.3~0.5mm。

E：公止口高度，一般取 0.8~2mm，根据制件大小确定。

F：母止口外观面胶厚，应大于壁厚的一半，否则外观面容易产生应力痕。

G：反止口的宽度，应不小于壁厚，否则强度不够。

H：反止口的高度，一般不小于 1mm，也不应高于分型面太多，保证有一定的配合高度即可。

K：反止口倒角，可利于装配，一般取 C0.5~1.0mm。

N：反止口与公止口之间间隙，一般取 0.05~0.1mm，不建议零间隙配合（因为模具有误差，试模产品需要给修模留加胶的余地）。

I：美工槽尺寸，一般情况下，美工槽尺寸范围取 0.3mm×0.3mm ~0.5mm×0.5mm。

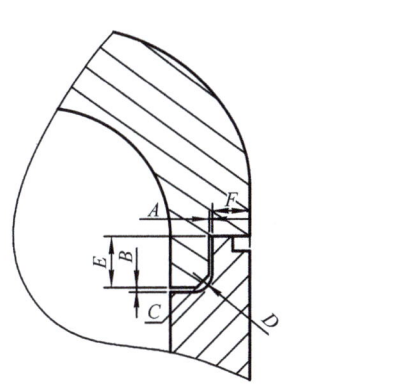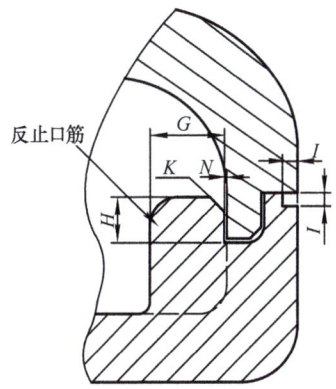

图 1-39　止口结构尺寸图

4. 上下壳体结合处的孔结构

图 1-40 所示为鼠标出线孔的结构。为了减少模具行位，上、下壳体结合处的孔设计为由

上、下壳体两部分组成，在方便数据线自上向下安装的同时，对上、下壳体水平方向起到定位作用。注意避免尖角结构。

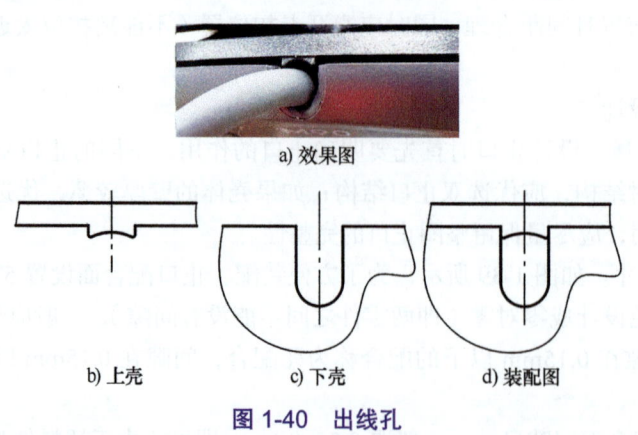

图 1-40　出线孔

5. 防呆结构

防呆是一种预防出错的行为约束手段，运用避免产生错误的限制方法，让操作者不需要花费注意力，也不需要经验与专业知识即可凭直觉完成正确的操作。"防呆"是一个源自日本围棋与将棋的术语，后来运用在工业管理上，基本概念应用在日本丰田汽车的生产管理上，由新乡重夫（Shigeo Shingo）提出，之后随着工业品质管理的推广传播至全世界。图 1-41a 所示为采用不对称结构作为安装防呆结构，图 1-41b 所示为手机卡的防呆安装结构（具有一个缺角的长方形）。

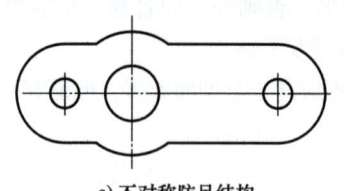 

a) 不对称防呆结构　　　　b) 手机卡的防呆安装结构

图 1-41　防呆结构

6. 紧配合连接结构

图 1-42 所示 U 盘的盖子与机体靠盖子内腔与插头的过盈配合实现连接。图 1-43 所示为 U 盘盖子的加强筋及其与插头的配合处的结构。当需要两个平面配合的时候，采用点或线与平面接触的配合方式更稳定可靠，尤其是过盈配合的情况，点或线对平面的配合能避免平面的变形所带来的配合失败或失效。

因塑料材料有很好的弹性，所以靠弹性变形实现盖子与壳体的连接方式应用得非常广泛。如图 1-44 所示的保鲜盒采用弹性变形的连接方法。

图 1-42　U 盘的盖子与机体　　　图 1-43　配合处的结构　　　图 1-44　保鲜盒

7. 按钮及其与面板壳体之间的装配结构

常用按钮有按键弹片、橡胶按钮和机械按钮，可根据空间大小、行程要求、手感要求来选择。

按键弹片行程短，一般为 0.2~0.5mm，金属材质，可靠性好，占用空间小，带脚的按键弹片可以配合 PCB 上的通孔定位安装。

橡胶按钮行程长，一般为 1mm 或 0.5mm，橡胶按钮可靠性不如按键弹片，占用空间大，优点是按钮手感好，多个橡胶按钮可以连成一片，制成一体，方便安装。

机械按钮里面是金属按键弹片，性能和按键弹片基本相同，但具有辅助机构，按钮手感比按键弹片容易调整到最佳状态。

（1）按钮大小及相对距离要求　在操作按钮时，不能引起相邻按钮的联动，依据人机工学参数，相邻按钮的中心距设计原则如下：

1）竖排分离按钮中，两相邻按钮中心的距离 $a>9mm$。

2）横排成行按钮中，两相邻按钮中心的距离 $b>13mm$。

3）为方便操作，常用的功能按钮的最小尺寸为 3mm×3mm。

（2）按钮与面板壳体的设计间隙　按钮与壳体之间须留一定的间隙，保证按钮与面板壳体之间的运动自如，间隙一般取 0.2~0.5mm。如果结构设计不合理，按下按钮时会被卡住，不能顺利回弹，这种情况多出现在行程较长的橡胶按钮上。解决方法是加高按钮深度，如行程为 1mm 的橡胶按钮，上面的橡胶按钮帽要高出面壳表面 1mm 以上，如果橡胶按钮帽高出面壳表面不能超过 1mm，也可以在面壳表面以下设计围骨加深。按钮与面板壳体的配合间隙如图 1-45 所示。

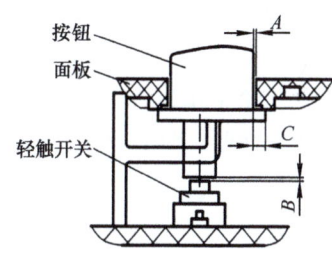

图 1-45　按钮与面板壳体的配合

1）按钮裙边尺寸 $C \geq 0.75mm$，按钮与轻触开关间隙 $B=0.2mm$。

2）水晶按钮与壳体的配合间隙 $A=0.1~0.15mm$。

3）喷油按钮与壳体的配合间隙 $A=0.2~0.25mm$。

4）跷跷板按钮的摆动方向间隙为 0.25~0.3mm，需根据按钮的大小进行实际模拟。非摆动方向的设计配合间隙 $A=0.2~0.25mm$。

5）橡胶油涂层比普通油涂层厚 0.15mm，需在喷普通油涂层的设计间隙上单边加 0.15mm，如喷橡胶油涂层的按钮与壳体的间隙为 0.3~0.4mm。

6）表面电镀按钮与壳体的配合间隙 $A=0.15~0.2mm$。

7）按钮凸出面板的高度如图 1-46 所示，普通按钮凸出面板的高度 $D=1.2~1.4mm$，一般取 1.4mm；对于表面弧度比较大的按钮，按钮最低点与面板的高度 D 一般取 0.8~1.2mm。

8. 嵌入连接

塑料内的嵌入件是常用的一种装配方式，通常作为紧固件或支承部分。如图 1-47 所示的手机天线。在注塑产品中镶入嵌件可增加局部强度、硬度和尺寸精度，也可以设置小螺纹孔和轴，满足多种特殊需求。嵌入件材料一般为铜，也可以是其他金属或塑料。嵌入件的设计必须使其稳固地嵌入塑料内，嵌入塑料中的部分应设计止转和防拔出结构，如滚花、孔、折弯、压扁、轴肩等，避免旋转或拔出。嵌入件周围塑料应适当加厚，以防止塑料件开裂。设计嵌入件时，应充分考虑其在模具中的定位方式。

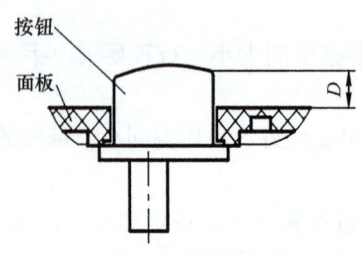

图 1-46　按钮凸出面板的高度　　　　　　　　图 1-47　手机天线

嵌入件的成型方式分为同步成型嵌入和成型后嵌入两种。

（1）同步成型嵌入　同步成型嵌入是在部件成型前将嵌入件放入模具之中，在合模成型时塑料会将嵌入件包围起来，同时成型。若要使塑料把嵌入件包合得好，需先预热后再放入模具。

（2）成型后嵌入　成型后嵌入是将嵌入件用不同方式打入已成型部件之中。所采用的方法有热式和冷式，原理均是利用塑料的热可塑特性。热式是将嵌入件预先在嵌入前加热至该塑料部件融化的温度，然后迅速将嵌入件压入部件上预留的孔中，冷却后成型。冷式一般是使用超声波焊接方法把嵌入件压入。冷式嵌入得到的嵌入件一致性好且美观，预热压入在工艺上不易控制。

无论是作为功能或装饰用途，嵌入件的使用应尽量少，因使用嵌入件会增加生产成本，并且牢固性差。图 1-48 所示为嵌入结构改进为非嵌入结构。

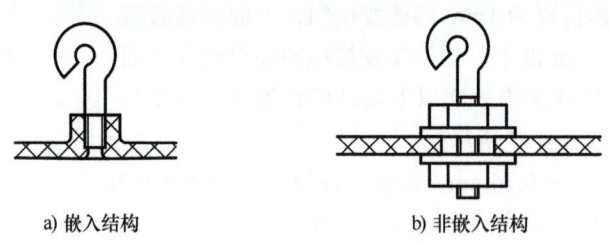

a) 嵌入结构　　　　　　　　b) 非嵌入结构

图 1-48　嵌入结构改进例子

9. 易装配结构

除了保证结构的功能，简化装配工艺和保证结构的可靠性也是结构设计需要考虑的重要方面。

对于轴、孔装配，应尽量避免轴沿着轴线插入孔中的装配方式。如图 1-49 所示的轴、孔装配，要求悬臂梁能轻松装配进轴孔，并且能够承受一定的拉力而不掉出来。

在一些特殊的场合，为了更好地保证转动的可靠性、转动性和装配时的定位方便性，需要把转轴完全固定在一侧，这种情况下可以采用强行出模的小倒扣方式，装配时强行把转轴压进配合孔，设计时需要注意倒扣量和导入的斜角设计，如罗技鼠标的光栅转轴设计。如图 1-49 所示，方案 1，安装时可以变形的部位长度太短，装配比较困难，而且装配的过程中可能会给零件造成永久性损坏。方案 2，因为开了一条窄长槽，使得发生变形的部分长度增加，装配比较容易，但也正因为窄长槽的存在，装配好之后轴的受力稍大时便会因两侧的变形而造成脱落。设计要点是应该使装配过程中的变形比较容易，而在装配后受力的情况下不容易发生变形，因此，方案 3 效果较好。

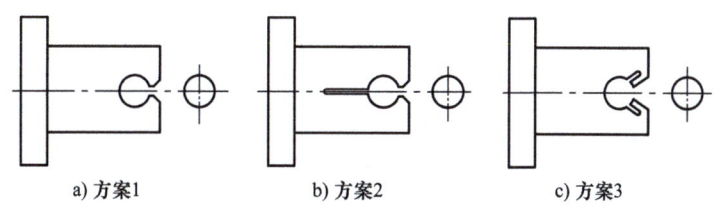

图 1-49 轴、孔装配方案

10. 挂墙孔结构

挂墙钟、挂墙电话机等产品需要设计挂墙孔，一般情况挂墙孔设计成葫芦形状或十字形等，螺钉头既可以塞进去又能卡住，但注意螺钉头伸进去太深有可能顶伤 PCB（印制电路板），一般是从底壳起围骨，包住螺钉头，做成碰穿位。图 1-50 所示为挂墙电话机结构。

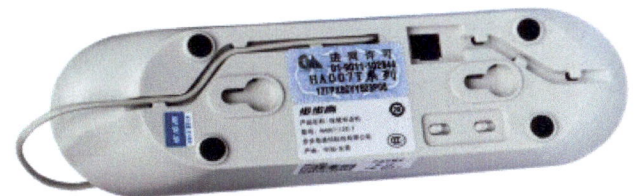

图 1-50 挂墙电话机结构

11. 旋钮的设计

（1）旋钮大小　旋钮一般设计成带有防滑纹路的圆柱形，如图 1-51 所示。依据人机工学要求，其圆柱直径 A 最小值取 6mm，高度 B 最小值取 8mm。

（2）两旋钮之间的距离　两旋钮之间的距离 $C \geqslant 8$mm，如图 1-52 所示。

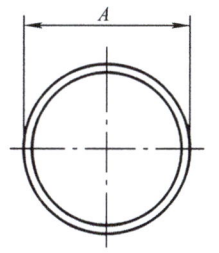
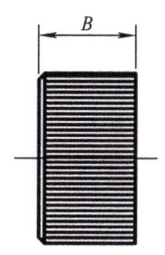

图 1-51 带有防滑纹路的圆柱形旋钮

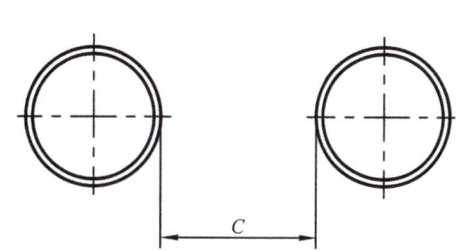

图 1-52 两旋钮之间的距离

（3）旋钮与对应装配件的间隙

1）旋钮与对应装配件的配合单边间隙 $A \geqslant 0.5$mm，如图 1-53 所示。

2）电镀旋钮与对应装配件的设计配合单边间隙 $A \geqslant 0.52$mm。

3）橡胶油涂层比普通油涂层厚 0.15mm，需在喷普通油涂层的设计间隙上单边增加 0.15mm。

4）旋钮凸出面板壳体或装饰件最高点的高度 B 为 8~9.5mm。

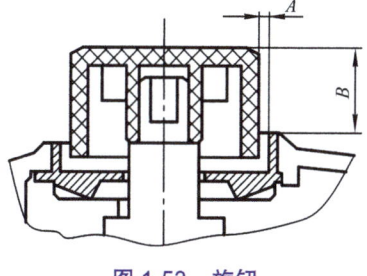

图 1-53 旋钮

项目一　空调遥控器结构设计

12. 机械紧固

自攻螺钉有螺纹切削自攻螺钉和螺纹成型自攻螺钉，如图 1-54 所示。自攻螺钉的装拆次数一般不应超过 3 次。

图 1-55 所示为利用自攻螺钉连接的两个零件的结构，需要注意的是，在螺钉进入的一侧设计螺钉头沉入的结构和上面零件与下面零件上支柱的配合结构。

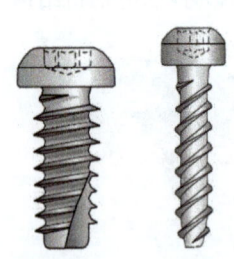

图 1-54　自攻螺钉

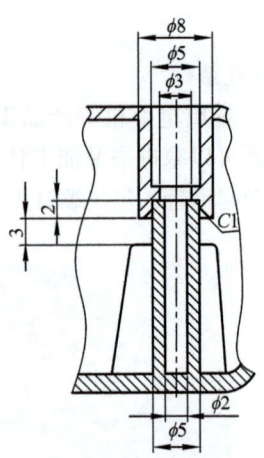

图 1-55　支柱的配合结构

13. 合页铰链

以金属轴穿过两件或两件以上零件的孔，使零件可以像门的合页一样转动，这种结构称为合页铰链，如图 1-56 所示。

14. 导向结构

设计零件的装配结构时，为了便于零件对齐到正确的位置，从而减少装配过程中零件位置的调整，提高装配质量和效率，应在零件的装配方向上设计导向结构。减少装配过程可能会出现的磕碰。

常用的导向结构有倒角、圆角、导向柱和导向槽等。导向柱的长度不能太短，需要保证导向柱在装配时最先接触到。

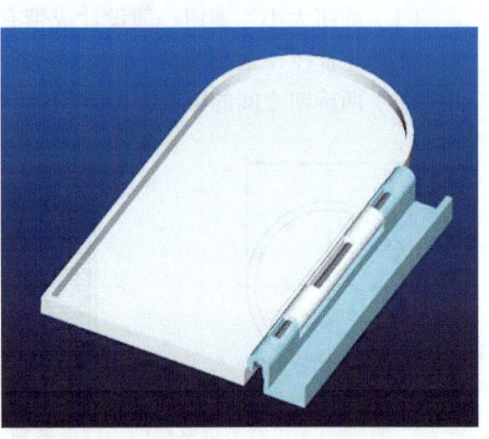

图 1-56　合页铰链

15. 定位结构

零件的装配需要先定位后固定，特别是需要通过辅助工具（如电动螺钉旋具、拉钉枪等）来固定的零件，在固定之前，零件需先定位。设计定位结构能够减少操作人员对齐零件的调整工作，方便零件的定位，提高装配效率。

如图 1-57 所示的减速器，上箱体和下箱体需要 12 组螺栓连接，在装配时，需要 12 对螺栓孔分别对齐，在装配过程中需要反复调整对齐到正确位置。因此，减速器箱体上设计了远距离的 2 个销孔进行定位，通过圆锥定位销使得上箱体和下箱体能够自动定位对齐到正确位置，避免了在用螺栓固定时的调整操作。

在电子产品中，PCB（Printed Circuit Board，印制电路板）是必不可少的组件，一般情况下，由于 PCB 自身强度比较低，往往需要用多个螺钉来固定，因此需要自动定位后再进行固定，常用的方法有两种。

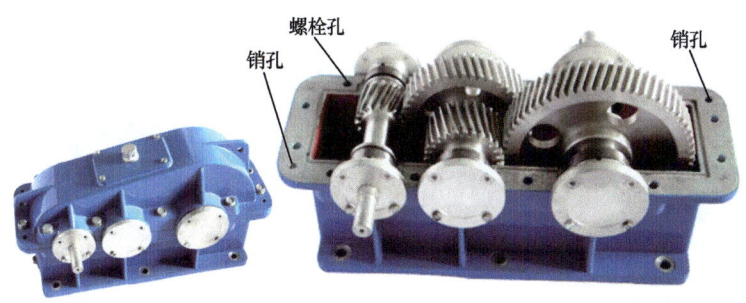

图 1-57 减速器

（1）四周设计限位骨　在塑料件上的 PCB 四周设计限位骨，在固定之前使得 PCB 自动对齐到正确位置。PCB 与四周的限位间隙不可太小，否则容易造成 PCB 过约束；限位间隙也不可太大，否则没有定位的效果。

（2）设计定位柱　使用定位柱（如果导向柱的精度较高，导向柱也可以被当成定位柱使用），在螺钉固定之前，使 PCB 自动对齐到正确位置。对于钣金件来说，在钣金件上铆接定位螺柱可以起相同的作用。

16. 防水结构

电子产品一般需要在电池仓四周设计防水槽。在电池盖和壳体之间放置软胶防水圈，软胶防水圈的材料有橡胶、硅胶、TPU、TPE、PVC 等，材料不同，硬度等级也不同。以 O 形硅胶防水圈应用最为广泛，通常用于阀门、防水设备和电子产品中。

设有防水结构的上下壳通常用螺钉固定，主体厚度需大于 2mm，局部可为 0.8mm。图 1-58 所示为上下壳之间放置 O 形硅胶防水圈的结构图。

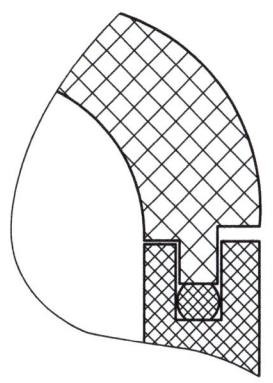

图 1-58　上下壳之间放置 O 形硅胶防水圈的结构图

三、项目实施

运用 Inventor 软件进行设计。设计完成的遥控器三维效果图如图 1-59 所示。遥控器结构爆炸图如图 1-60 所示。

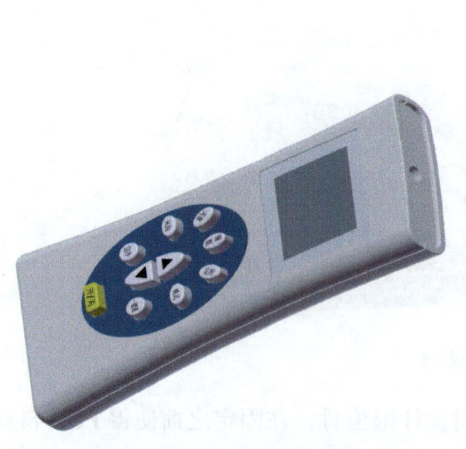
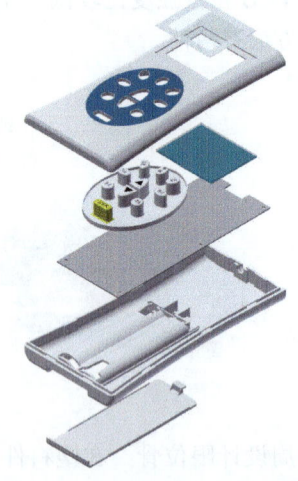

图 1-59　遥控器三维效果图　　　　　图 1-60　遥控器结构爆炸图

遥控器的主要结构设计步骤如下。

（一）整体造型与拆件

利用"草图"→"拉伸"建立整体造型的基本体，如图 1-61 所示。

在上壳、下壳之间用一平面将基本体切开，形成上壳与下壳的基础造型，如图 1-62 所示。

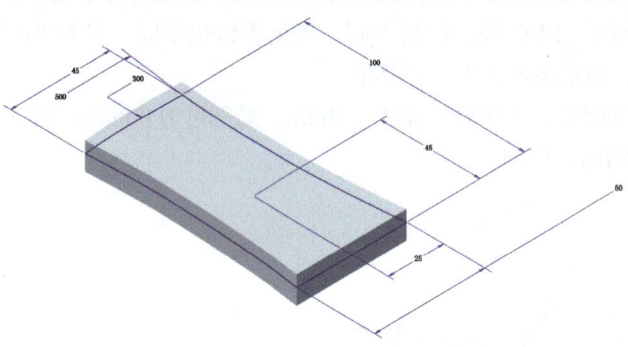
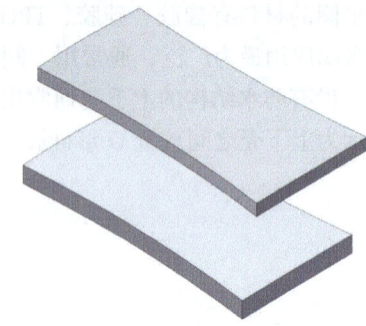

图 1-61　基本体　　　　　　　　　图 1-62　上壳与下壳的基础造型

（二）上壳设计

上壳三维模型图和工程图分别如图 1-63、图 1-64 所示。

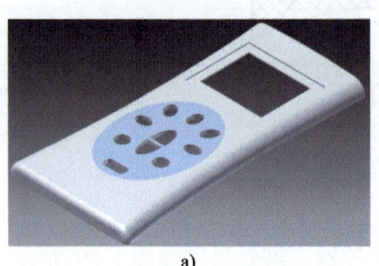

a)　　　　　　　　　　　　　b)

图 1-63　上壳三维模型图

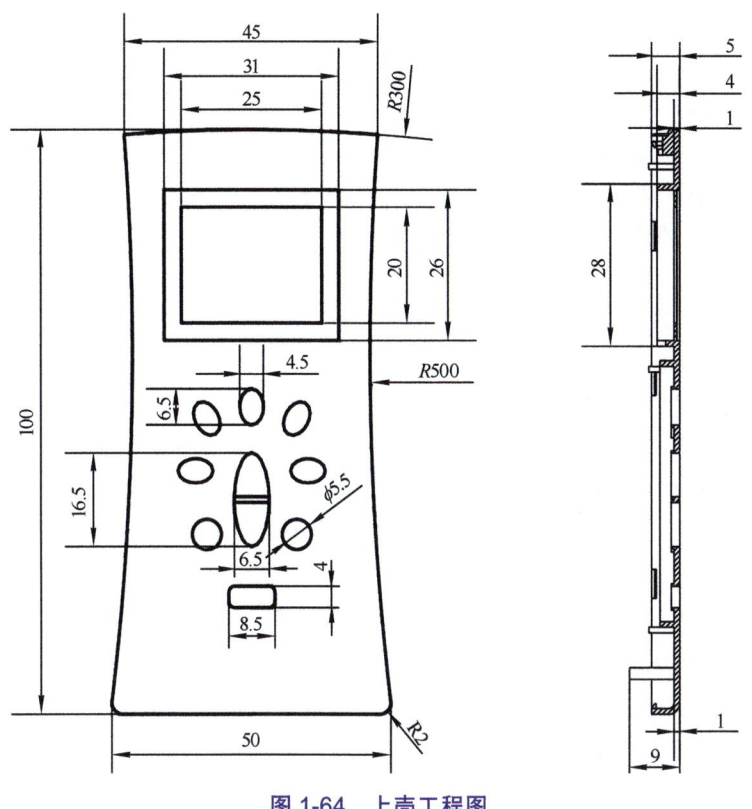

图 1-64　上壳工程图

上壳的主要结构包括 LCD（液晶显示屏）的限位结构、电路板的安装结构、按键的安装结构、卡扣结构等。需要注意的是，如果止口附近有电路板，要尽量增加壳体到电路板之间的距离，根据经验，10kV 的 ESD（Electro-static Discharge，静电放电）在经过 4~5mm 的距离（此距离包含壳体的壁厚）后，能量会衰减到接近零。

1. 上壳主体壁厚

材料采用 ABS，上壳的主体壁厚取 1mm，如图 1-65 所示。

2. LCD 限位结构设计

LCD 是易碎品，为了保护 LCD，四周需要在上壳体上限位。

骨位：首先根据 LCD 的位置和大小直接在壳上拉伸出方形骨位，骨位厚度为上壳主体壁厚的一半，骨位的高度介于 LCD 厚度的 2/3~1 倍之间，与 LCD 四周的间隙为 0.1mm，如图 1-66 所示。

数据线槽：骨位设计时应避开 LCD 的数据线，所以应该将限位切除一部分，切除宽度应比数据线宽度大 1mm。

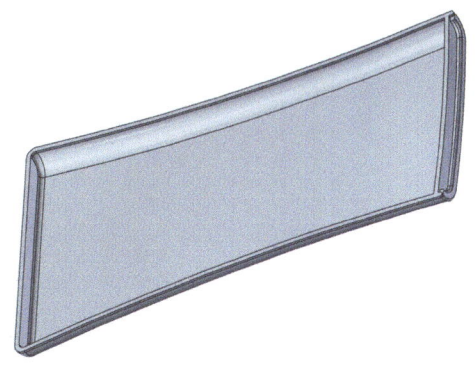

图 1-65　上壳的主体抽壳

缺口设计：因为 LCD 在受外力撞击时四个角受力最大，四个角最容易因受力过大而出现破裂，因此骨位的四个角需要切除，形成缺口，给 LCD 的四个角留出振荡的空间，避免撞击。

缺口长、宽尺寸为 3mm 左右，如图 1-66 所示。

倒直角：为了方便装配，限位骨位四周的边应倒直角 C0.25~0.3mm。

视窗开口设计：根据屏幕的显示区域大小，在壳体上切除一个方形区域，为了保证 LCD 的内容能全部显示出来，开口的轮廓大小要比屏幕的显示区域单边大 0.8~0.9mm。

减振设计：为了减少对 LCD 的撞击力度，更好地保护 LCD，需要在 LCD 的上表面加泡棉以便减振缓冲，泡棉还可以用来防尘。泡棉常用材料为 PORON，厚度一般为 0.3mm（预压后 0.2mm）、0.5mm（预压后 0.3mm）。泡棉离 LCD 限位骨位四周间隙为 0.15~0.2mm，与上壳视窗开口四周间隙应不小于 0.3mm。

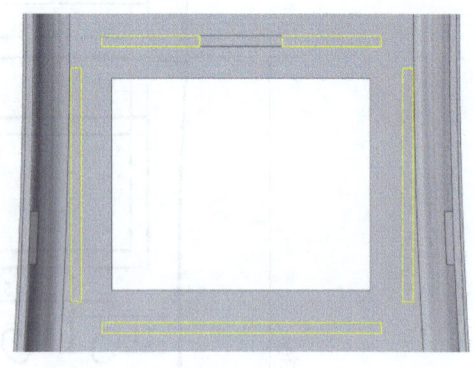

图 1-66　缺口设计

3. 电路板的安装孔

根据电路板上的 6 个安装孔尺寸，设计用于安装电路板的 6 个螺钉柱。运用凸柱命令建立螺钉柱，如图 1-67 所示。

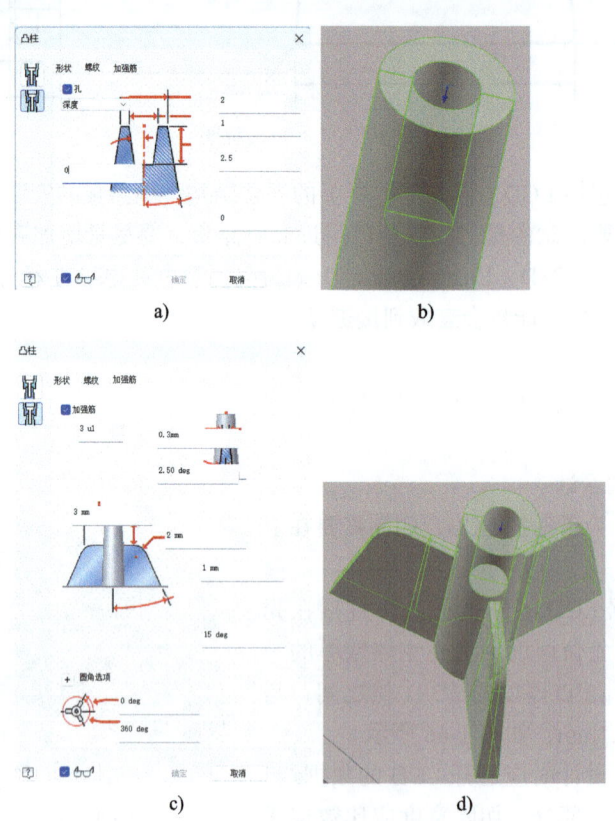

图 1-67　凸柱命令建立螺钉柱

4. 止口、卡扣与美工槽

运用止口、卡扣式连接命令完成止口、卡扣与美工槽的结构设计，如图 1-68 所示。

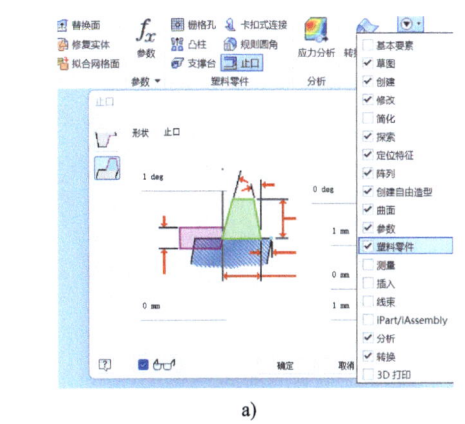
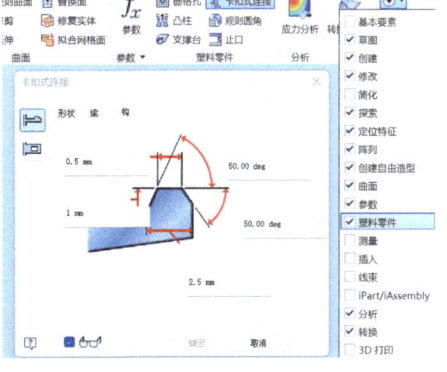
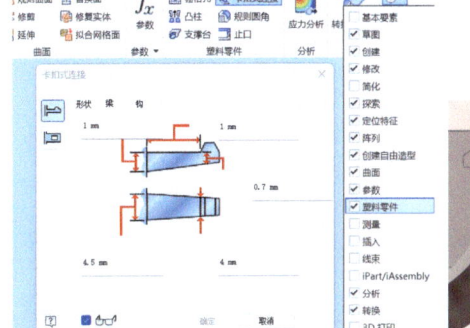
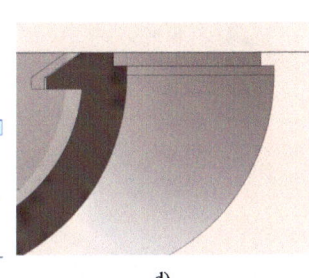

图 1-68 止口、卡扣与美工槽

5. 按键定位骨位与按键装配孔

根据电路板上按键触点的位置，设计按键定位骨位与按键装配孔，如图 1-69 所示。注意：为了增加孔的强度，孔的边缘应设计成凸缘结构。

图 1-69 按键定位骨位与按键装配孔

6. 红外线灯孔

为了制造和装配方便,放置红外线灯的孔采用上、下壳配合形成,在上、下壳上各设计半孔结构,如图 1-70 所示。

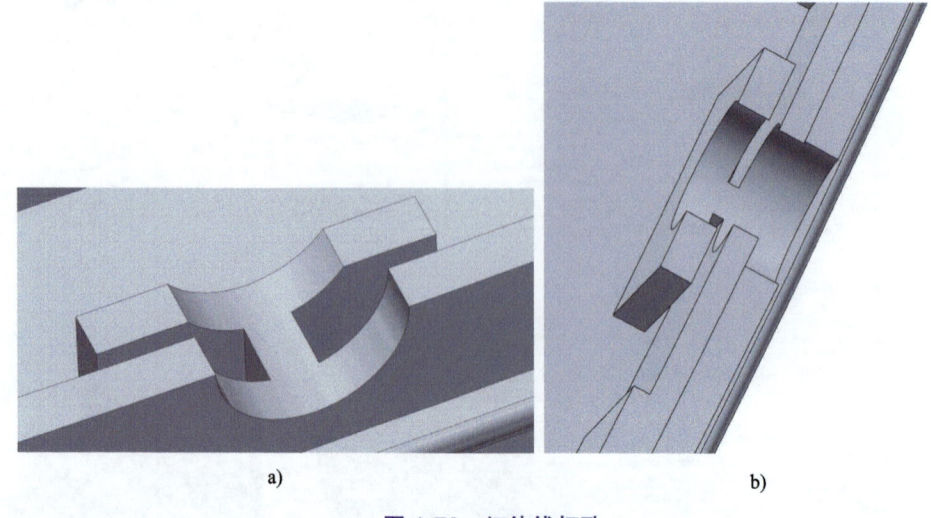

图 1-70 红外线灯孔

(三) 下壳设计

下壳的三维模型图和工程图分别如图 1-71、图 1-72 所示。

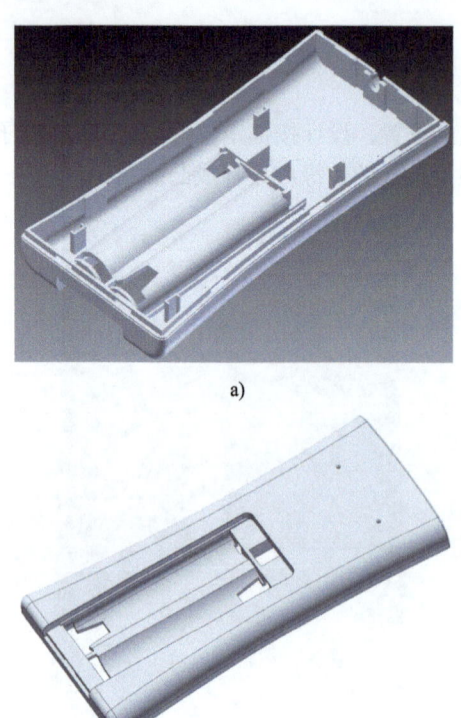

图 1-71 下壳三维模型图

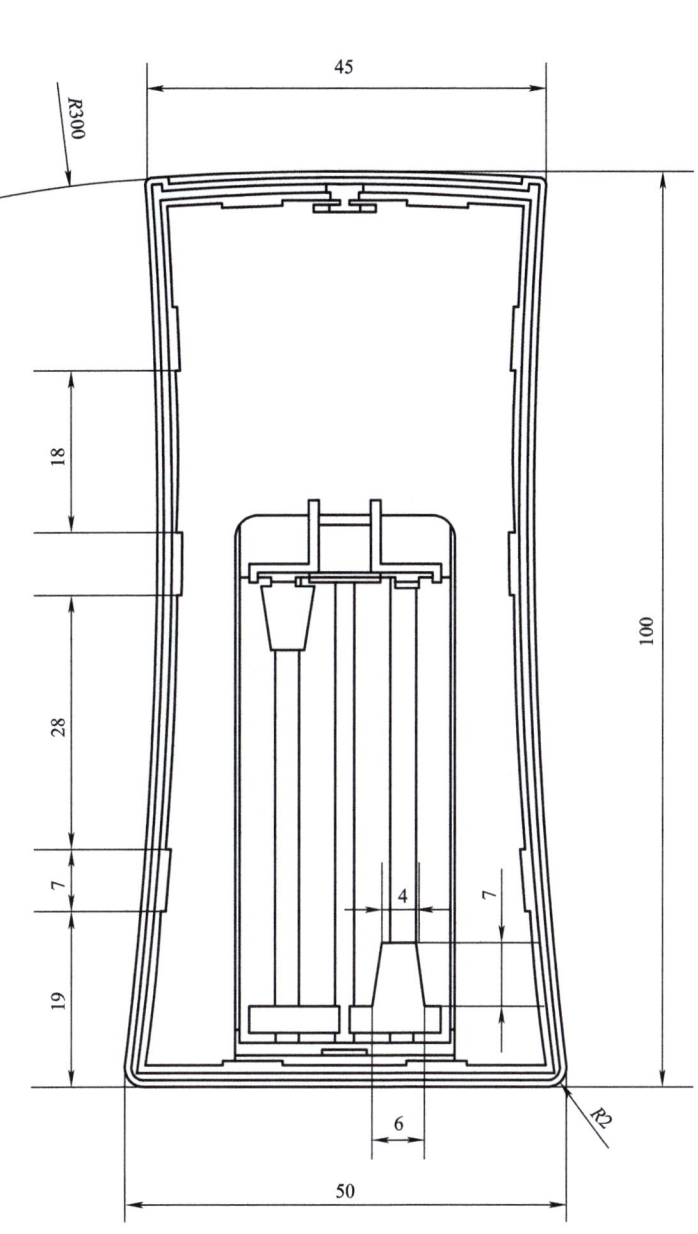
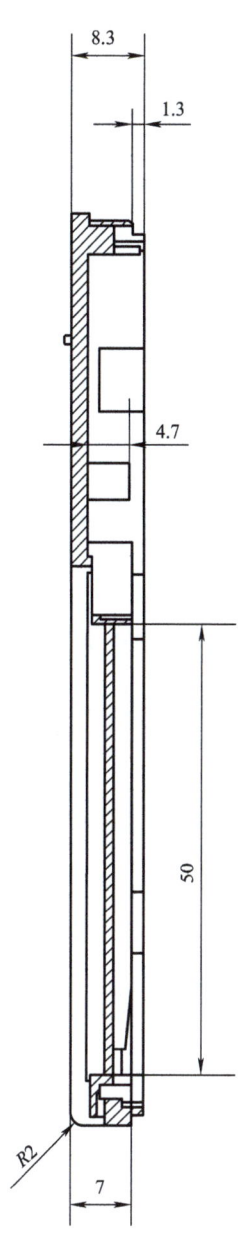

图 1-72 下壳工程图

下壳的结构主要包括止口、卡扣、电池仓、防磨损凸点等结构。
1. 下壳主体壁厚
与上壳一致，材料采用 ABS，主体壁厚取 1mm，抽壳过程与上壳一样。
2. 电池仓
电池与电池之间应设计分隔结构，同时挖出电池盖装配时需要的插孔，如图 1-73 所示。
3. 止口结构与卡扣结构
止口结构与卡扣的卡槽结构如图 1-74 所示。

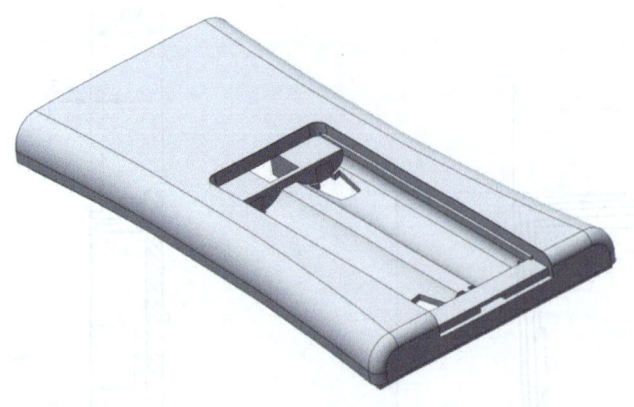
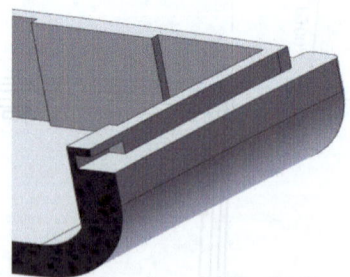

图 1-73　电池仓　　　　　　　图 1-74　止口结构与卡槽结构

4. 红外线灯孔

设计过程与上壳一样。

5. 防磨损凸点

应用旋转命令构建 2 个半球形防磨损凸点，如图 1-75 所示。

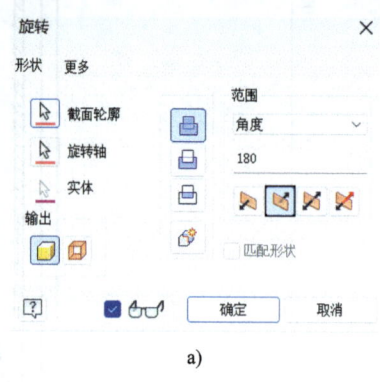
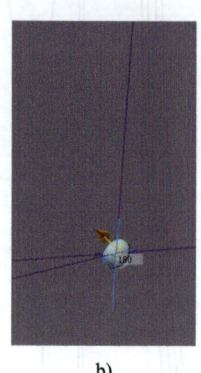

a)　　　　　　　　　　　　　　b)

图 1-75　半球形防磨损凸点

（四）按键板设计

按键板三维模型和工程图分别如图 1-76、图 1-77 所示。

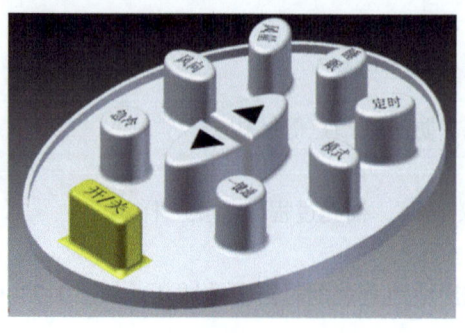
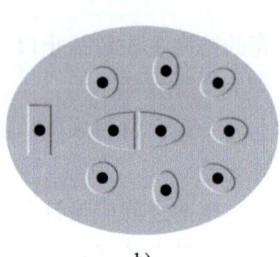

a)　　　　　　　　　　　　　　b)

图 1-76　按键板三维模型图

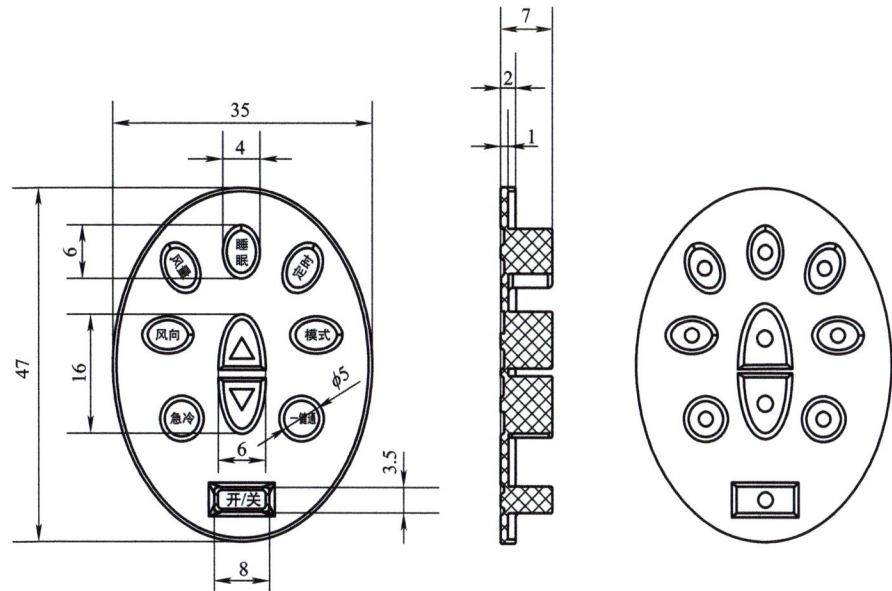

图 1-77 按键板工程图

建模主要步骤如下：
1. 基体
根据电路板上按键触点的位置、上壳的按键定位骨，运用"投影"命令，建立按键板的基体造型。
2. 按键
按键与上壳上的按键孔的间隙取 0.25mm，如图 1-78 所示。

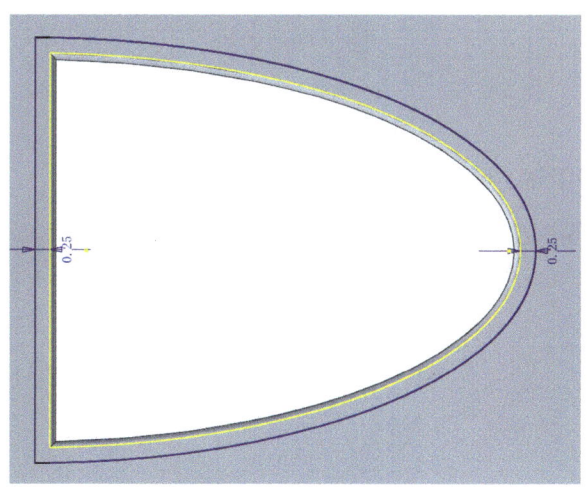

图 1-78 按键孔的间隙

3. 文字
运用"草图"→"文本"命令输入文本"开/关"等内容，如图 1-79a 所示。可以用凸雕命令将字体凸出于按键表面，如图 1-79b 所示。

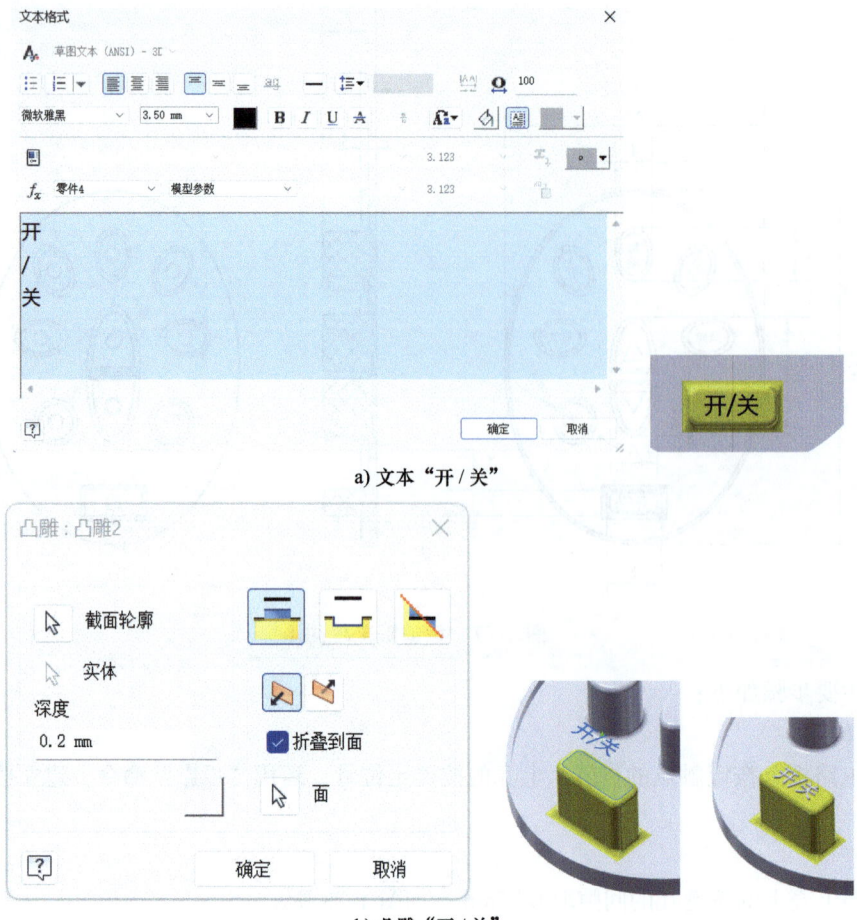

a) 文本"开/关"

b) 凸雕"开/关"

图 1-79 文字

(五)电池门设计

电池门的三维模型图和工程图分别如图 1-80、图 1-81 所示。

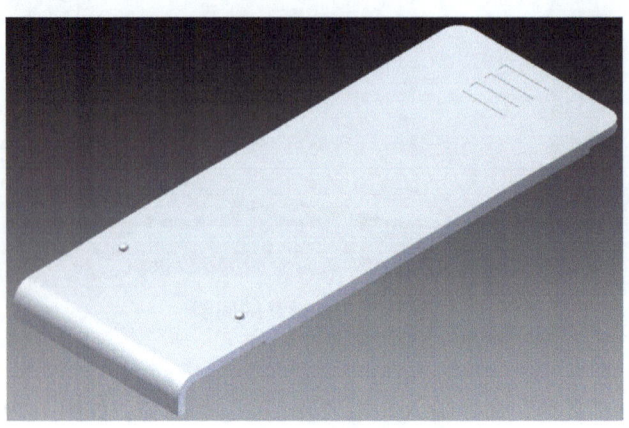

图 1-80 电池门的三维模型图

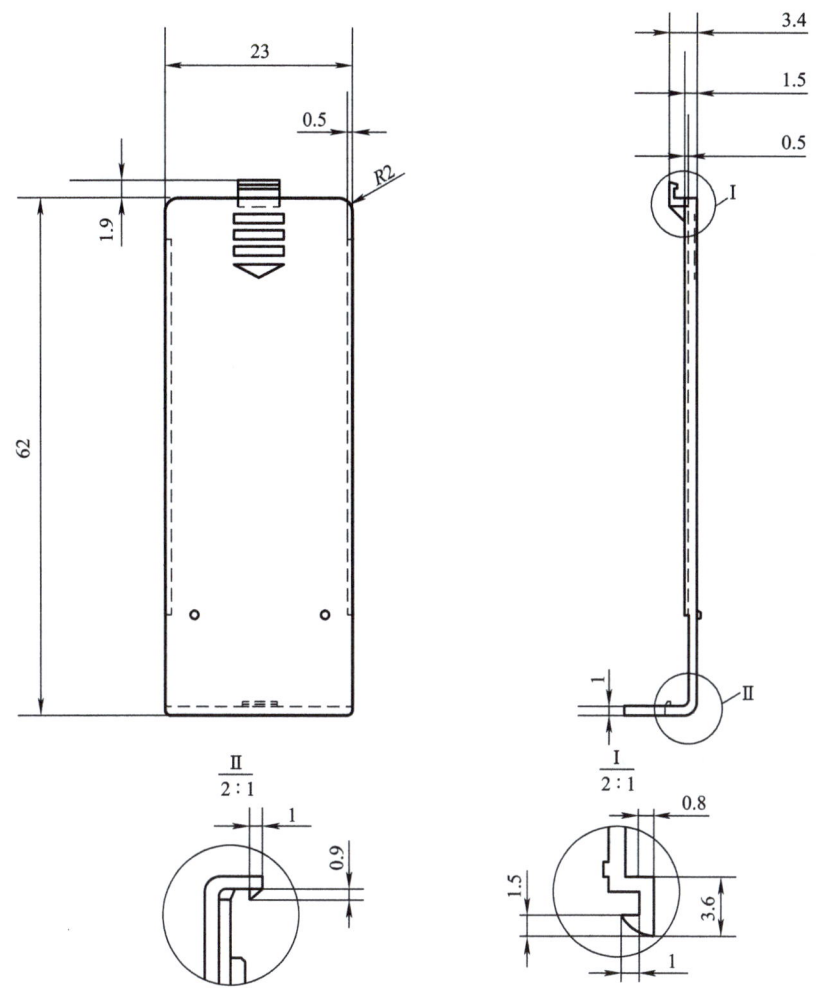

图 1-81 电池门的工程图

1. 电池门壁厚
与上壳一致,材料采用 ABS,主体壁厚取 1mm。

2. 基体设计
电池门周边与壳身的虚位,单边取 0.2mm,如图 1-82 所示。

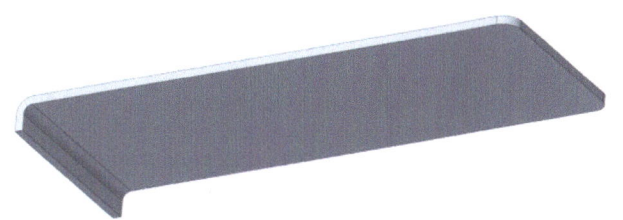

图 1-82 电池门

3. 卡扣、尾部插骨结构
卡扣结构与尾部插骨结构如图 1-83 所示。

图 1-83 卡扣结构与尾部插骨结构

4. 防磨损凸点结构

设计过程与下壳的防磨损凸点结构一致。

5. 防滑结构

运用"拉伸"建立防滑结构，如图 1-84 所示。

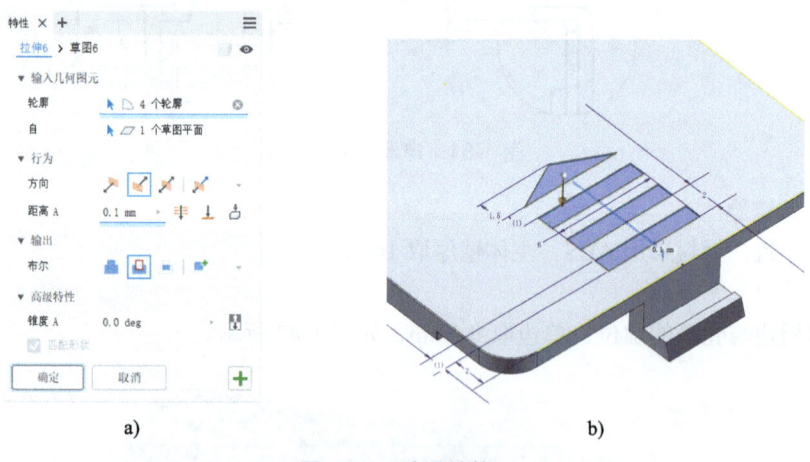

图 1-84 防滑结构

注意：检查电池、电池门和壳身在装配的过程中是否有干涉发生。

四、知识拓展

1. 防呆结构设计

（1）防呆法 防呆法是指通过产品设计和制造过程的管控，防止装配人员和操作人员装配和操作时发生错误。防呆法的优点是：

1）装配或使用时，不需要注意力。
2）装配或使用时，不需要经验。
3）装配或使用时，不需要专业知识。
4）装配或使用时，不需要检查，一次就把事情做好。
5）良好的用户体验。

（2）设计防呆结构的方法

1）零件具有唯一正确的装配位置。
2）夸大零件形状的不相似处。
3）夸大零件形状的不对称性。
4）设计完全对称的零件形状。如图1-85所示，Type-A接口在使用时，往往需要辨别方向后才能正确插入；Type-C接口设计提高了零件对称度，正反均可以插入；手机卡夸大了零件的不对称性，方便操作者正确安装。

a) Type-A　　　　b) Type-C　　　　c) 手机卡

图1-85　防呆结构

5）设计明显防错标识。如果零件防呆特征很难设计，至少需要在零件上做出明显的防错标识，引起操作人员或消费者的注意，这些标识包括符号、文字和颜色等，如图1-86所示。

图1-86　符号、文字和颜色

2. 拆件

（1）拆件的概念　　拆件是将整体拆分为2个以上的多个分件，应根据造型特点、性能特点进行拆件。拆件完成后，再进行产品的结构设计。比如产品外壳的抽壳等操作，然后再设计零件与零件之间的固定和配合、壳体与内部器件的固定等。

（2）拆件的目的　　拆件的目的是更好地满足产品的功能要求和工艺要求。通过拆分产品结构，可以针对不同零部件进行优化设计，提高零部件的性能和可靠性。拆件设计还可以简化产品的制造工艺和组装工艺，降低生产成本，提高生产效率。

（3）拆件的原则　　在进行拆件时，需要遵循以下原则：

1）功能独立原则。每个分件应具有独立的功能，并且在整个产品结构中能够相互配合。

2）可制造性原则。拆件时应考虑制造工艺的要求，尽量减少加工、装配和检测的难度。合理确定每个分件的尺寸、形状和加工工艺，使得分件的制造过程简单、高效。

3）可组装性原则。拆件时应考虑组装工艺的要求，确保各分件之间能够精准配合、方便组装。需要考虑分件之间的连接方式、相对位置，以保证组装过程的顺利进行。

4）可维修性原则。拆件时应考虑维修工艺的要求，确保分件的拆卸、更换和调整均能够方便操作。尽量采用标准化的连接件和易于维修的结构设计，减少维修所需的时间和成本。

（4）遵守行业标准原则　拆件应遵守产品的行业标准。

3. 拆件步骤

拆件通常包括以下步骤：

（1）导入 3D 模型　将 3D 模型导入到拆件软件中，在导入模型之前，需要确定要拆除的部分以及导入时需要设置的单位和比例尺。

（2）建立切割面　需要建立一个或多个分解面。

（3）切割操作　选择分解面，对模型进行切割操作，将模型分为两个或多个部分。

（4）导出分解部件　完成拆件后，将分解后的各分件导出，再进行各分件的结构设计。

4. 分模线

注塑使用的模具大多由几部分拼接而成，各部分的拼接线即分模线。在注塑件上，分模线位置不可能做到绝对平滑，该位置会有细小的边缘凸起和细小的缝隙。模具在确定分模线时，首先必须确定注塑件上分模线的形状和位置。

在开模方向确定后，再确定分模线。因为分模线在开模方向上的投影与注塑件在该方向上的投影的外轮廓线重合，所以，可以用一平行于开模方向的直线沿物体投影的外轮廓线移动，得到该直线与物体表面的接触线，即分模线。

分模线应该和产品造型相辅相成，分模线往往设计在零件边缘倒角的地方或是零件的最高点，以便脱模。分模线的位置一般是两个零件交界的位置，可以通过设计两个零件不同的色彩、材质来做分模线的设计方案。

如图 1-87a 所示的按摩器，分模线将两个壳体分开，且采用曲线形式，不仅减少了脱模难度，还增加了产品的形式美感。图 1-87b 所示 GoPro HERO876 BLACK 相机的分模线呈折线，打破单一分模线的生硬感，产生了层次式形式美感。图 1-87c 所示 GoPro 9 相机的分模线采用两线相交的形式，突出了产品的设计细节，显得更精致。

a) 按摩器　　　　b) GoPro HERO876 BLACK 相机　　　　c) GoPro 9 相机

图 1-87　分模线

5. 电子产品的常见结构

（1）一般电子产品的结构设计步骤　LENS（镜头）结构→LCD结构→夜光结构→连接螺纹柱结构→防水结构→按钮结构→PCB结构→电池结构→辅助结构→尺寸检查→样机制作→模具研发。

（2）PCB结构　PCB是电子元件附着的载体，PCB厚度的标准范围为0.78mm、1.57mm和2.36mm。最常用的厚度是1.57mm。PCB的厚度应依据板的尺寸大小和所安装元件进行选取。贴装机运行的板厚一般为0.5~4.5mm，常用的厚度有1.6mm、2mm。对于一些便携式设备，例如手机、平板电脑等，PCB厚度通常为0.2~0.5mm。对于一些高密度集成和高速传输的应用场景，例如SSD固态硬盘，PCB厚度可能会更薄，甚至小于0.1mm。工业级电子产品通常对稳定性和耐用性有较高的要求，因此建议使用较厚的PCB，通常为0.6~1mm。

如果PCB面积有限，不足以满足布线要求，可以采用增加跳线、单面板改双面板、双面板改多层板（如电脑的主板）。PCB上的电子元件按大小可分为普通元件和贴片元件，普通元件如线圈、大电容等，贴片元件如贴片电阻、贴片电容等。PCB上的按键位置是要受力的，应尽量接近螺钉和卡槽，可以在反面加支承点。数码产品常用到的电源插座和耳机插座是需要受力的，可以在PCB上插座对应的另一侧加支承骨。

（3）LENS结构　多数电子产品有LENS结构，镜片的厚度一般取1.5mm，特殊情况下可以取1mm，手机镜片还可以更薄些。镜片通常用双面胶固定，双面胶需预留0.15~0.2mm的空间；如果有防水要求，镜片还可以用超声波焊接，此种情况壳体上应设计超声线结构。

（4）LCD结构　对电子产品来说，LCD结构直接影响显示的效果。LCD通常做成方形，也可以做成多边形。LCD厚度通常取2.7mm，超薄的也有1.7mm。单块的LCD需和主板相连才能显示，常用连接方式有导电胶条和热压斑马纸。导电胶条应设置预压量，通常预压量为10%~15%，预压量太少会导致LCD缺画，预压量太多则LCD容易被顶绿；热压斑马纸不需预压，但成本较高。LCD与LENS不能直接贴合，贴合容易产生水纹，通常LENS外装、LCD内装，中间用面壳隔开，面壳局部掏胶至少0.5mm。LENS与LCD之间应保持洁净，通常做成封闭结构，数码产品中LCD常做成组件，用铁框或塑料框包成一个整体。数码产品中LCD组件与面壳之间留0.3mm的间隙，用0.5mm的泡棉隔开，同时起到防尘作用。

（5）夜光结构　常用的夜光光源有LAMP（灯）、LED（发光二极管）和EL（Electro Luminescent，电激发光）片，常用的夜光结构有反光罩、反光片和EL支架等。LAMP的光较散，通常配合反光罩使用，反光罩呈锅状，内喷白油。LAMP套上不同颜色的灯套，可得到红、绿、蓝等彩色效果。LAMP也可配合反光片使用，LED光路较为集中，通常配合反光片使用，为有效提高亮度，反光片厚度最好大于2mm。反光片横截面可做成楔型，背面喷白油，光线从侧面进入，可均匀反射到前面；在侧面也喷上白油（入光口除外），以减少光线流失，提高亮度。LED有红、橙、绿、蓝、紫等彩色供选择。EL片的发光效果比较均匀，配合EL支架和EL导电胶条使用，有绿色、蓝色可供选择，通常做成与LCD显示区域的形状和大小一致。

五、思考与联想

创新改变生活——遥控器发展历史及未来趋势

1. 从有线到无线进化

民用遥控器使得我们的生活更加便利，工业用遥控器使得机械作业更加规范和安全。不论是生活中看电视、开空调,还是工业设备的作业都会用到遥控器。遥控器虽小,作用却很大。

在电视机诞生之初,是没有配备遥控器的。那时候观看电视节目,无论是开关、换台或者是调整音量,都要去按电视机上的按键或转动旋钮,很不方便。

(1)1950年,全球首款有线遥控器诞生　1939年,飞歌无线电(Philco Radio)推出了"神奇控制器",一种无线电控制器,装备着一个以电池供电的低频发送器和像电话一样的拨号盘。真利时(Zenith)更是向电视遥控器的领域大胆进军,在1950年,推出了"懒骨头(Lazy Bones)"遥控器,第一款有线电视遥控器诞生。

(2)1955年,全球首款无线遥控器诞生　1955年,Eugene Polley发明了被称为"闪现自动(Flashmatic)"的无线遥控装置,可以向电视屏幕四角的光电元件发射定向光线,从而开关电视、转换频道与静音。但这种装置无法分辨光束是否是从遥控器而来,而且也必须对准才可以控制。由于操作上不易控制,因此并没有被市场认可,没有流行开来。

(3)1956年,超声波遥控器诞生　1956年,Robert Adler发明了被称为"空间控制(Space Command)"的遥控器,利用超声波来触发电视机里内嵌的感应器,从而调频道和音量,并且每个按键发出的频率不一样。但这种装置也容易被一般的超声波干扰,如动物发出的叫声或者其他人听不到的超声波,所以使用上存在着很大的局限性。

(4)1961年,真正意义上的无线遥控器诞生　前面说到的遥控器,只能调节音量和开关机,功能上非常匮乏,直到1961年,多功能遥控器的设想终于成为现实。美国的RCA Victor公司生产出了全球第一款无线遥控器,这款无线遥控器能够实现切换频道、音量调整、以及色彩、亮度等调节功能,可以说是如今遥控器的鼻祖。

2. 近代遥控器的发展

(1)1980年,红外线遥控器诞生　1980年,发送和接收红外线的半导体装置开发出来,从此,红外线遥控器就诞生了。红外线遥控是利用近红外光传送遥控指令,波长为0.76~1.5μm。用近红光外作为遥控光源,是因为目前红外线发射器件(红外发光管)与红外接收器件(光敏二极管、三极管及光电池)的发光与受光峰值波长一般为0.8~0.94μm,在近红外光波段内,二者的光谱正好重合,能够很好地匹配,可以获得较高的传输效率及较高的可靠性。由于红外遥控器的制造成本极低,被广泛应用至今。

(2)2007年,RF射频遥控器诞生　传统的红外线遥控器有很多缺点,比如随着电视屏幕逐渐增大,红外线接收窗口却越来越小,一些新型的室内灯光设备,以及电视的安装方式不同,均会对遥控器的红外线接收窗操作造成干扰。为了解决上述问题,2007年,索尼率先在其BRAVIA系列中开始采用新型的RF射频遥控器。RF射频遥控器改变的并不只是物理层介质,是以物理层的变更为开端,遥控器的形状、按钮种类、控制对象的种类等各方面都发生了改变。

3. 未来遥控器的发展趋势

(1)未来遥控器会不会逐渐消失

1)民用方面:现在,很多智能电视都增加了手势控制、语音换台等功能。有人认为未来的电视机无需遥控器,完全依靠语音、手势、体感摄像头等方法来控制;或者通过手机、平板电脑安装使用安卓、iOS客户端的软件来进行控制。

2)工业方面:工业遥控器的发展主要体现在信号的强弱及稳定、距离长短的可控性、功能等方面;未来可能同民用遥控一样,可通过手势或者体感摄像头等方法来控制。

(2)未来遥控器的发展方向　未来电视机的遥控器,将不会是单纯的切换或者语音甚至是体感操作。将会融合更多的功能，而所遥控的产品，也不再仅仅是局限于生活中的电视机或者工业设备，会朝着云端的方向发展。另外，从体积和外观上看，也不会是传统的设计，将会出现更多的变革。

试想，在未来的某一天，我们可以像科幻电影里出现的情节一样，手指凭空点触全息影像操控面板，就可以实现各种操作。

总之，未来已来，一切皆有可能。

六、课后思考

1）依据面向制造与装配的结构设计原则，在设计塑料产品的结构时应注意什么？

2）给定扩音器的内部元器件，包括电路板、喇叭、电池。设计扩音器的造型及结构。根据给定的已知条件，建立各零件的三维模型，生成扩音器的效果图、爆炸图。掌握美工槽、螺钉连接、电池仓和电池门的结构设计。参考方案如图1-88所示。

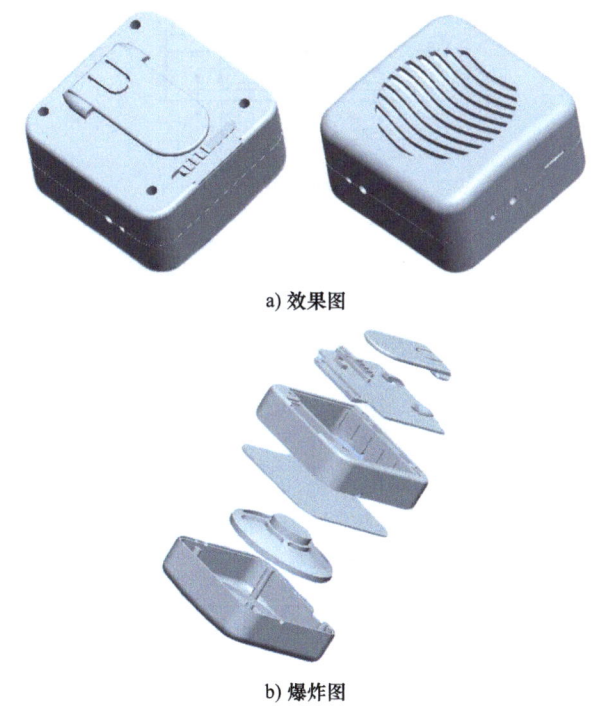

a) 效果图

b) 爆炸图

图1-88 扩音器

要求：
① 产品造型简洁时尚。
② 设计可拆卸的便夹，便于挂在腰间。
③ 壳体采用塑料材料，应有足够的强度。
④ 产品结构合理：两塑料件的结合处设置美工槽；前盖、后盖、电池盖连接牢固。

已知条件：
喇叭实物与尺寸如图1-89所示。电路板实物与尺寸如图1-90所示。

a) 喇叭实物

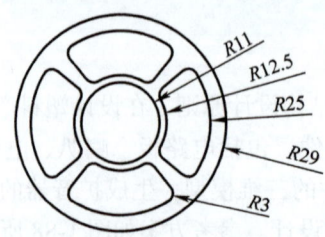

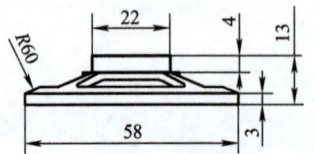

b) 喇叭尺寸图

图 1-89 喇叭

a) 电路板实物

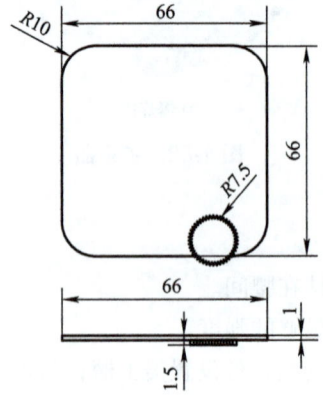

b) 电路板尺寸图

图 1-90 电路板

项目二
课桌结构设计

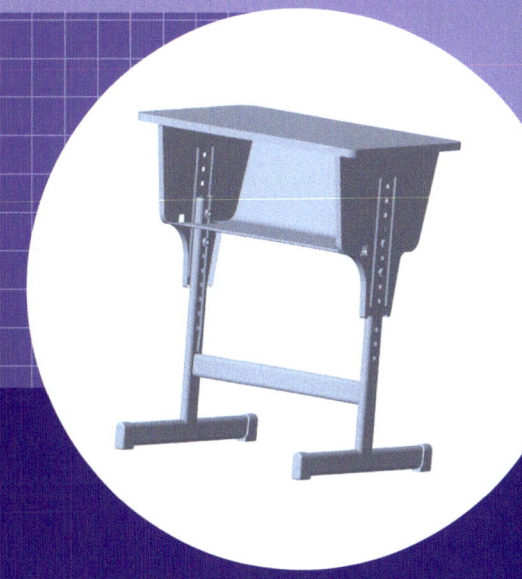

【知识目标】
1）掌握钣金件结构设计的基本原则。
2）掌握钣金件的形状结构特点。
3）掌握钣金件的装配结构特点。

【技能目标】
1）具有丰富的空间设计思维能力。
2）具有认真制订工作计划、并认真执行的能力。
3）会设计钣金件的形状结构和装配结构。

【素质目标】
1）具有团队协作、勇于创新的精神。
2）具有爱岗敬业、实事求是、精益求精的工作作风。
3）具有良好的表达和沟通能力。

一、项目任务书

【设计任务】

参照图 2-1 所示的课桌，设计一款成人款学习课桌。根据给定的已知条件，建立各零件的三维模型，建立课桌的效果图、爆炸图。

了解钣金件的加工工艺，掌握钣金件的结构设计知识。

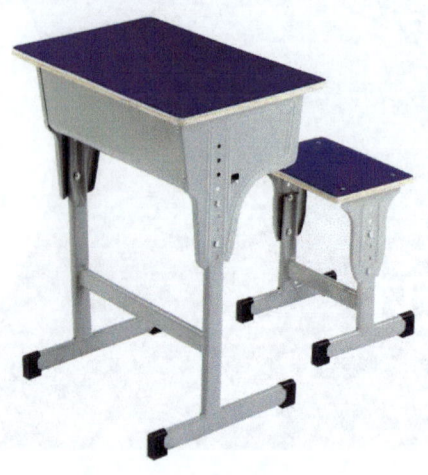

图 2-1 课桌椅

【设计要求】

1）桌面材料采用17mm热压防火多层胶合板，侧桌板和内桌板采用厚度为1mm的钣金件，桌腿采用扁圆管型材，桌脚套采用聚丙烯（PP）工程塑料。

2）产品符合人体工学原理，造型简洁时尚，课桌高度可调范围为630~780mm，桌面尺寸为 400mm×600mm。

3）课桌结构合理，符合加工工艺要求。

二、知识链接

在工业产品中，钣金件占有很大的比例。如图2-2所示的计算机主机外壳、文件柜和水壶壳体均属钣金件。钣金类产品的制造工艺主要有弯折、冲裁、拉深和焊接等。

a）计算机主机外壳

b）文件柜

c）水壶壳体

图 2-2 钣金件

（一）冲压件

冲压是利用冲模在压力机上对板料施加压力使其变形或分离，从而获得一定形状、尺寸制件的加工方法。板料冲压通常在常温下进行，又称冷冲压；当板厚大于 8mm 时，一般采用热冲压。

冲压属于压力加工的一种，是工业产品金属外壳的一种主要加工工艺。冲压既可加工仪表上的小零件，也能加工汽车车身等大型制件，广泛应用于汽车、拖拉机、电器、航空、仪表及日用品等领域。

1. 冲压件的特点

采用板料冲压制造产品壳体具有下列特点：

（1）生产率高、操作简单　冲压加工的生产过程简单，具有很高的生产率。

（2）产品质量好　冲压产品的尺寸精度和表面质量较高、互换性好。

（3）材料利用率高　按壳体的壁厚选择板材，能有效利用材料；采用组合冲压等方法，合理利用板材，产生的废料少。

（4）造型能力强　可制造复杂的曲面零件。

（5）适用范围广　制作壳体的材料可以是钢板，也可以是有色金属板材及其他合金板材，且成品的尺寸范围较宽。

（6）冲模的设计、制造复杂　使用冲压方法生产产品壳体的主要缺点是冲模的制造工艺复杂，一件一模，成本较高，只有在大批量生产的条件下才能显示出优越性。

2. 冲压件的结构

良好的冲压结构应保证材料利用率高、工序数目少、模具结构简单且寿命长、产品质量稳定等。一般情况下，对冲压件结构影响最大的是精度、几何形状和尺寸。设计冲压件的结构时应遵循以下原则：

（1）外形和内孔应避免尖角　一般情况下，冲压件的外形和内孔应采用圆角形式，避免出现尖角，如图 2-3 所示。一般圆角半径 R 应不小于板厚 t 的一半，即 $R \geq 0.5t$。当需要冲制没有圆角的外形和内孔时，可以用分段冲裁的办法冲制。

a) 不合理　　　　　　　　b) 合理

图 2-3　尖角

（2）冲压件的形状应尽量简单　冲压件的形状最好是规则的几何形状或由规则的几何形状组成的组合形状。同时应避免冲压件上有过长的悬臂与凹槽，悬臂与凹槽的宽度 A 应不小于板厚 t 的 1.5 倍，即 $A \geq 1.5t$，如图 2-4 所示。

（3）孔的尺寸不宜过小　冲孔时，因受凸模强度限制，孔的尺寸不宜过小。优先选用圆形孔。冲孔的最小尺寸与孔的形状、材料力学性能和材料厚度有关，自由凸模冲孔的直径 D 可参照表 2-1 进行选择。

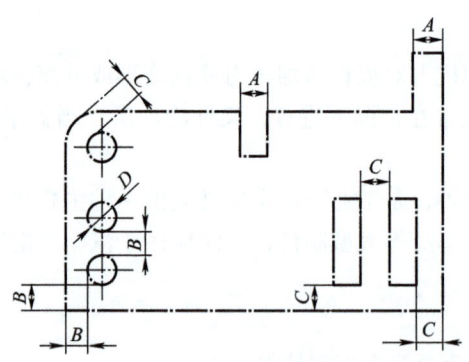

图 2-4 孔间距

表 2-1 孔径

材料	硬钢（$\sigma_b \geq 490\text{MPa}$）	软钢（$\sigma_b < 490\text{MPa}$）	黄铜、铜、铝、锌
孔径	$D \geq 1.3t$	$D \geq 1.0t$	$D \geq 0.8t$

注：t 为板厚。

（4）孔间距不宜过小　孔与孔之间的距离或孔与零件边缘之间的距离，因受模具强度和冲裁件质量的限制，其值不能过小。孔边距和孔间距 B 应不小于板厚 t，即 $B \geq t$。平行时，孔间距或孔边距至少是 1.5 倍板厚，即 $C \geq 1.5t$，如图 2-4 所示。

（5）孔与工件直壁之间的距离不宜过小　在弯折件或拉深件上冲孔时，其孔与工件直壁之间的距离不宜过小，否则会使凸模受侧向力作用，同时，会影响弯折件或拉深件已成形区域的精度。

（6）尽量减少零件对模具的磨损　在冲制凸起的舌部时，舌部与凹模的内壁摩擦，会使模具寿命缩短，降低冲压件质量。如图 2-5 所示，应将舌部改为具有 5°~8° 的斜面结构。

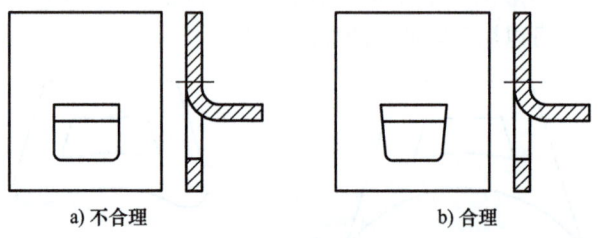

a) 不合理　　　　b) 合理

图 2-5 凸起的舌部

（7）节约原材料　在设计冲压件时，为了减少废料，可采用嵌套、组合等方法，如图 2-6 所示，在满足功能的前提下，采用减少废料的形式。

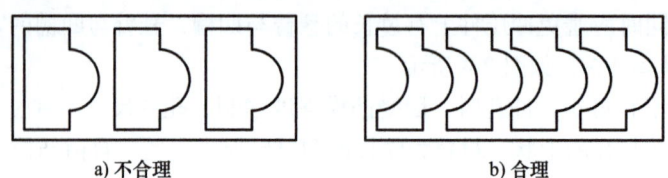

a) 不合理　　　　b) 合理

图 2-6 减少废料

（8）压肋形状应采用对称形式　压肋是起伏成形的一种，如图2-7a所示。起伏成形是依靠材料的延伸使钣金件形成局部凹陷或凸起的冲压工艺。起伏成形是钣金件常见的结构，主要用于加工加强筋、局部凹槽、文字、花纹等，桥状的起伏成形也可以作为卡扣对零件进行固定。起伏成形的深度、斜度、转角的过渡圆角半径如图2-7b所示，$\alpha \geqslant 15°$，$h \leqslant 3T$，$r_1 \geqslant T$，$r_2 \geqslant 2T$，$r_3 \geqslant 4T$。

压肋特征应采用对称形式，如图2-7c、d所示。

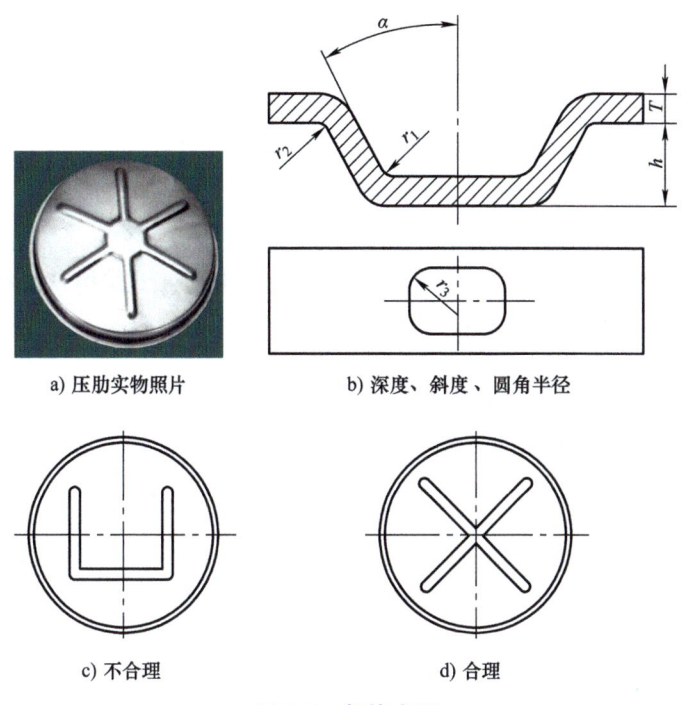

a）压肋实物照片　　b）深度、斜度、圆角半径

c）不合理　　d）合理

图2-7　起伏成形

（二）弯折件

弯折件具有良好的结构工艺性，工艺过程简单，精度高。图2-8所示为弯折件结构。设计弯折件的结构时必须注意下列问题：

（1）弯折件的形状应尽量对称　弯折件的形状应尽量对称。否则，由于摩擦力不均匀，板料在弯曲过程中会产生滑动。

（2）弯折件的圆角半径应大于板料许可的最小弯曲半径　当弯折件必须弯曲成很小的圆角时，可进行多次弯曲，中间辅以退火工序。弯折件的圆角半径也不宜过大，否则回弹值增大，精度不易保证。

（3）弯折件的直边高度不宜过小　弯折件的直边高度应大于板厚的两倍；也可在弯折前，在弯折处先压槽，再弯折；或加高直边，弯折后再切掉，如图2-9所示。

图2-8　弯折件

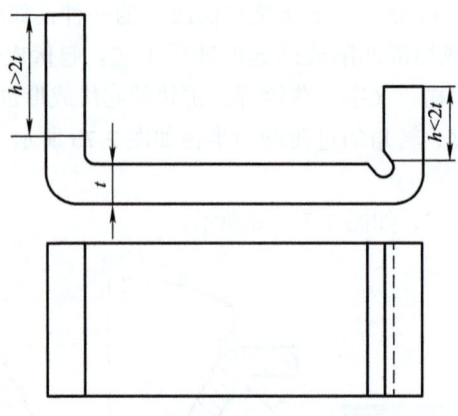

图 2-9 弯折件的直边高度

（4）应避免孔畸形　弯折件有孔时，如果孔的位置处于弯折变形区，则孔会发生变形，为避免这种情况，必须使孔处于变形区之外，或做一个月牙槽等工艺结构，如图 2-10 所示。

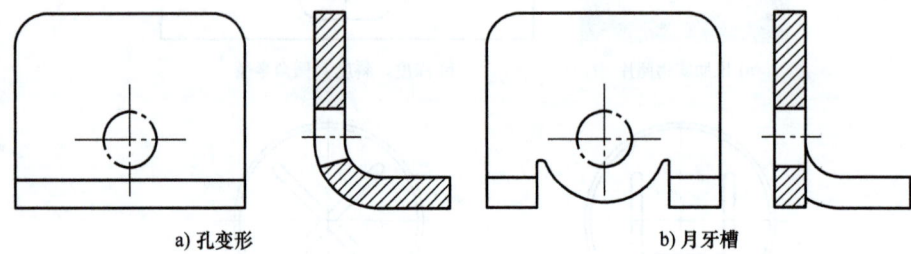

a) 孔变形　　　　　　　　　　　　　b) 月牙槽

图 2-10 弯折变形区

（5）避免角部出现裂纹　在局部弯折某一段边缘时，为避免弯折处出现裂纹，可预先切出工艺槽（止裂槽），或离开尺寸突变处进行折弯，或在弯折前在直角的弯折处预先冲制工艺孔，如图 2-11 所示。

a) 开工艺槽结构　　　　　b) 错开尺寸突变处结构　　　　　c) 冲工艺孔结构

图 2-11 避免角部形成裂纹

（6）边缘缺口处需留连接带　边缘部分有缺口的弯折件，弯折时必须于缺口处留连接带，将缺口连住，待弯曲成形后，再将连接带切除。若在毛料上先冲缺口再弯曲，会出现叉口现象，甚至无法成形。

（7）简化下料结构　在不影响使用的情况下，尽量采用简化下料的结构，如图 2-12 所示。

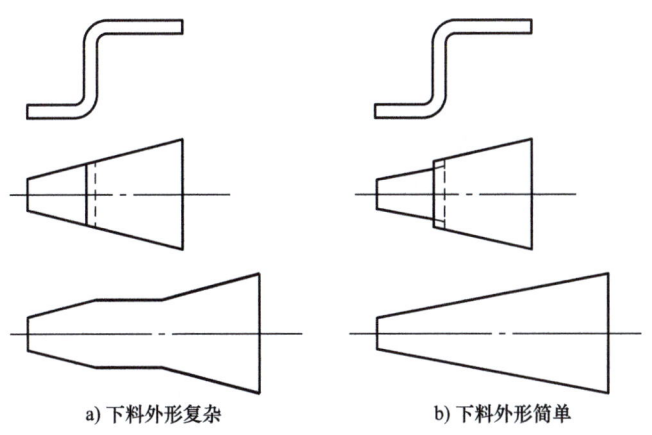

a) 下料外形复杂　　　　b) 下料外形简单

图 2-12　简化下料结构

（8）避免出现皱折　板材在弯折成形后在弯角处会出现皱褶，影响使用与美观。为避免出现皱褶，可在弯折处切去一部分材料，如图 2-13 所示。

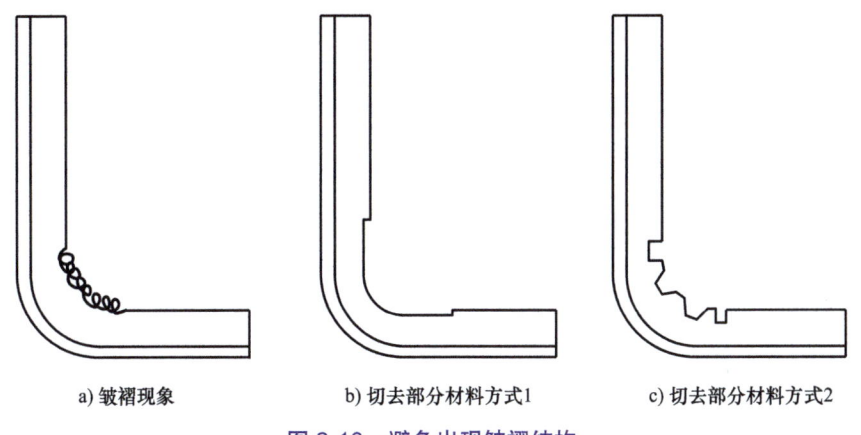

a) 皱褶现象　　　　b) 切去部分材料方式1　　　　c) 切去部分材料方式2

图 2-13　避免出现皱褶结构

（9）弯折结构尽量附着在比较长的边上　为了提高弯折强度，弯折结构应尽量附着在较长的边上，如图 2-14 所示。

a) 不合理　　　　b) 合理

图 2-14　弯折结构尽量附着在比较长的边上

（三）拉深件

拉深件在生活中应用很广。制作拉深件的材料有很多种，如优质低碳钢、铝合金薄板等成形性好的材料。图 2-15 所示为几种常见拉深件。

设计拉深件结构时必须注意下列问题：

（1）轮廓变化　拉深件的形状应尽量简单对称。旋转体零件在圆周方向上的变形均匀，模具加工也较容易，所以其工艺性最佳。其他形状的拉深件，应尽量避免轮廓的急剧变化，否则变形不均匀，拉深困难。

图 2-15　拉深件

（2）凸缘的外轮廓　凸缘的外轮廓最好与拉深部分的轮廓形状相似，如果拉深件的凸缘宽度不一致，不仅拉深困难，需要增加工序，而且还需放宽修边余量，增加材料损耗。

（3）内部圆角半径　拉深件的内部圆角半径应为板材厚度的 3~5 倍。

（4）拉深件底部的孔　拉深件底部的孔的大小应合适。在拉深件的底部冲孔时，其孔边到侧壁的距离应不小于圆角半径加上板材厚度的一半。

（5）拉深件的深度　拉深件的深度一般不超过直径的 0.2 倍。常用金属材料的最大拉深深度见表 2-2。

表 2-2　常用金属材料的最大拉深深度

简图	材料	最大深度 H
	软钢	$0.2d$
	铝	$0.15d$
	黄铜	$0.22d$

（6）有凸缘的圆筒形拉深件的凸缘直径　如图 2-16 所示，对于有凸缘的圆筒形件，凸缘直径宜控制在 $d+25T \geq D \geq d+12T$ 的范围；对于宽凸缘圆筒形件，为改善其工艺性、减少拉深次数，通常应保证 $D \leq 3d$，$h \leq 2d$。

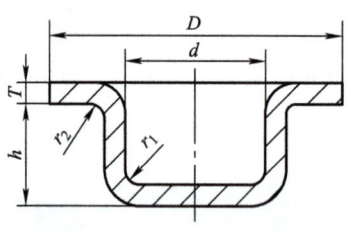

图 2-16　拉深件凸缘直径

三、项目实施

运用 Creo 软件进行设计。

（一）侧桌板设计

1. 创建文件：侧桌板

打开 Creo 软件，单击"文件"→"新建"→"零件"→"钣金件"，命名文件：侧桌板，如图 2-17 所示。

图 2-17　创建文件

2. 创建基准面

单击"平面"，创建侧桌板基础面，如图 2-18 所示。

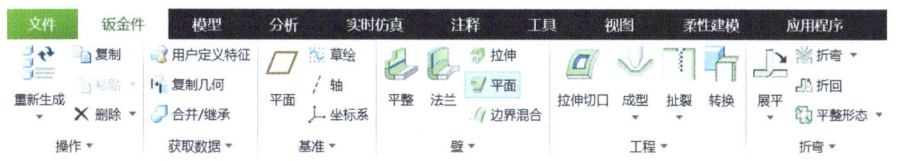

图 2-18　创建基础面

单击"定义"，如图 2-19a 所示；选择 front 或 right 平面绘制草图，如图 2-19b 所示。

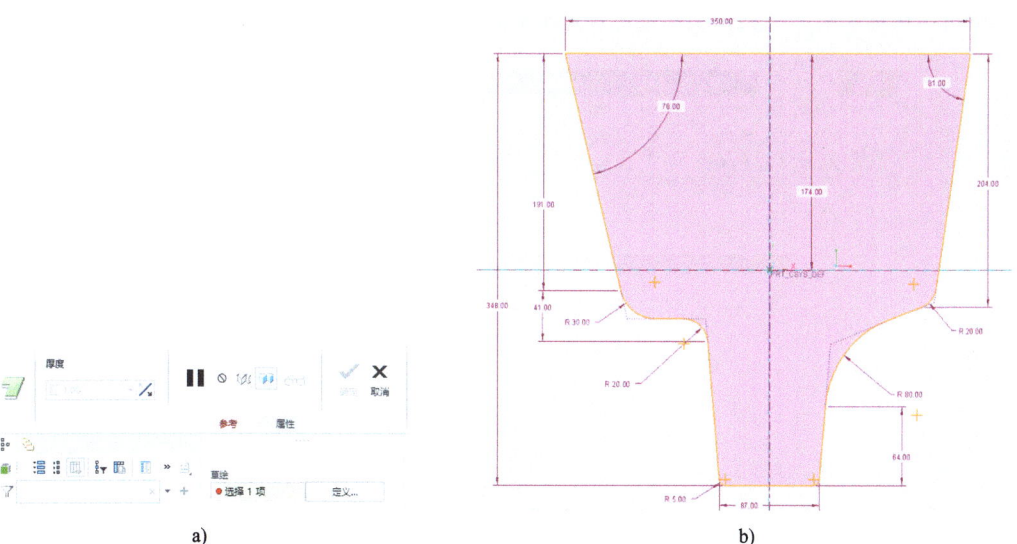

a)　　　　　　　　　　　　　　b)

图 2-19　绘制草图

建立下方止裂槽。绘制完成后单击"确定"即可，若提示未完成草绘，说明草图没有闭合，需再次检查绘制缺口处。止裂槽尺寸如图 2-20 所示。

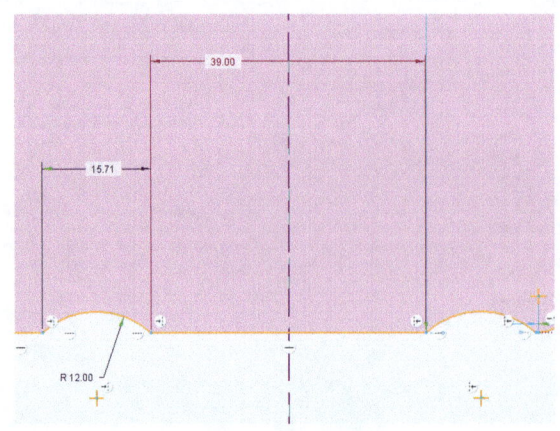

图 2-20　止裂槽尺寸

完成草绘后更改厚度为 1mm，再单击"确定"，如图 2-21 所示。

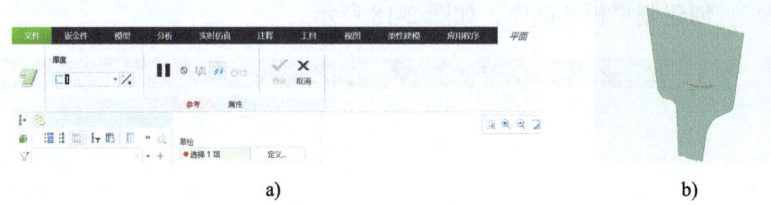

图 2-21　更改厚度

3. 创建桌腿定位及装配孔

单击"拉伸切口"，选择前面创建的实体平面，绘制草图，如图 2-22 所示。

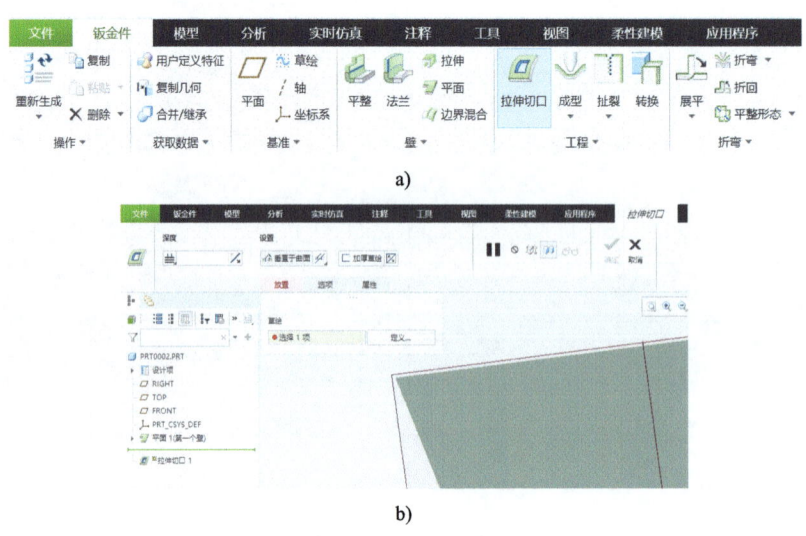

图 2-22　绘制草图

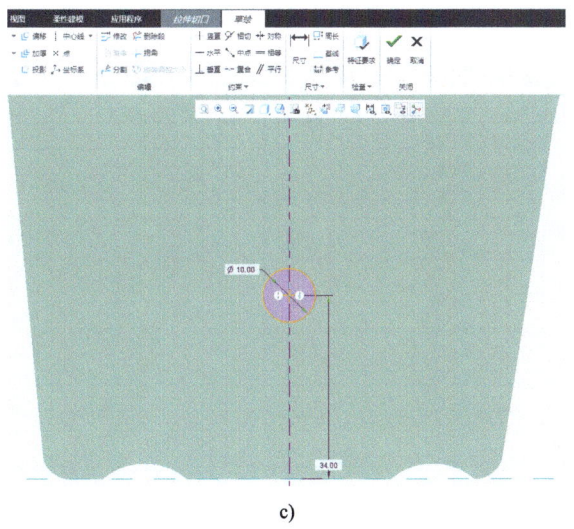

c)

图 2-22　绘制草图（续）

完成草绘后选择"到下一个",再单击"确定",如图 2-23 所示。

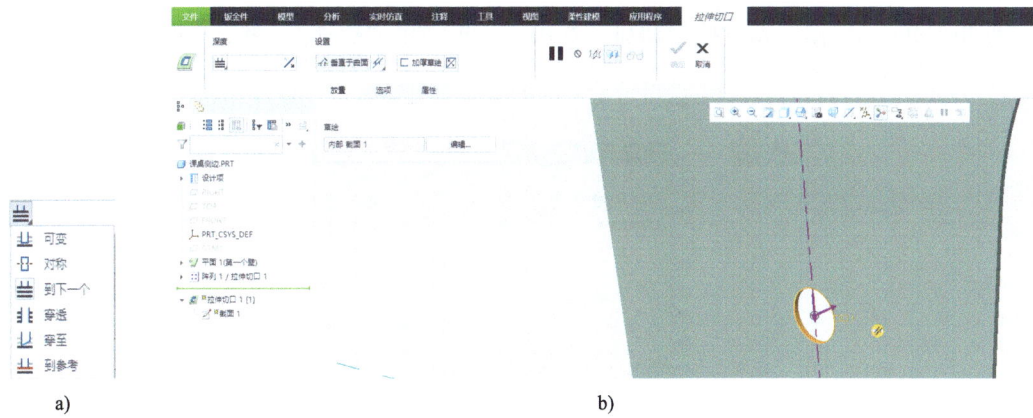

a)　　　　　　　　　　　　　　　　b)

图 2-23　选择"到下一个"

4. 阵列装配孔

选择前面做的孔列表项,单击"阵列",如图 2-24 所示。

图 2-24　阵列

选择孔到底部基准线的尺寸,增量改为 30mm(每个孔之间的距离),完成后如图 2-25 所示。

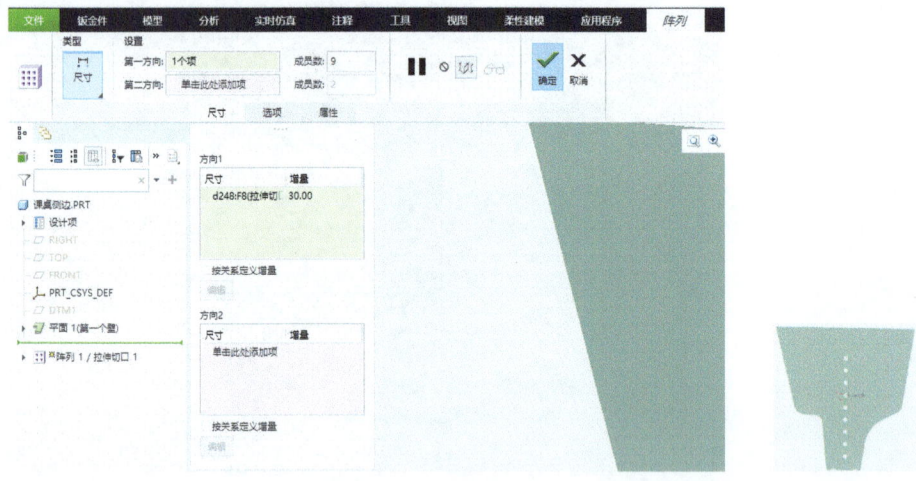

图 2-25 增量 30mm

5. 制作内桌板支承折弯面的止裂孔

使用"孔""拉伸"和"拉伸切口"均可,这里采用"拉伸",单击"拉伸"→"定义",绘制草图,如图 2-26 所示。

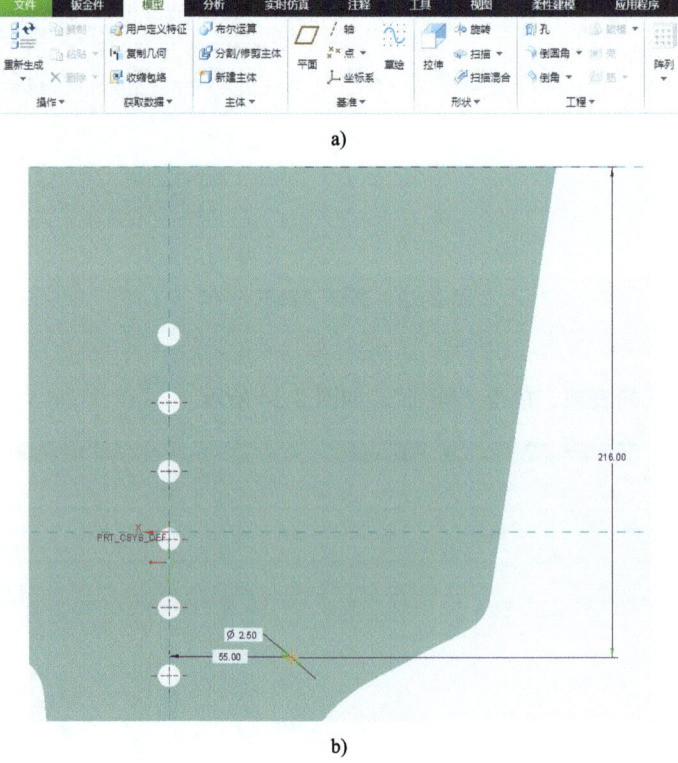

图 2-26 绘制草图

选择"移除材料",这里使用"可变"(设置切除材料深度),也可选择"到下一个",如图 2-27 所示。

图 2-27 去除材料

6. 创建止裂孔的镜像平面

选择和侧板垂直的平面,再单击"平面",如图 2-28 所示。

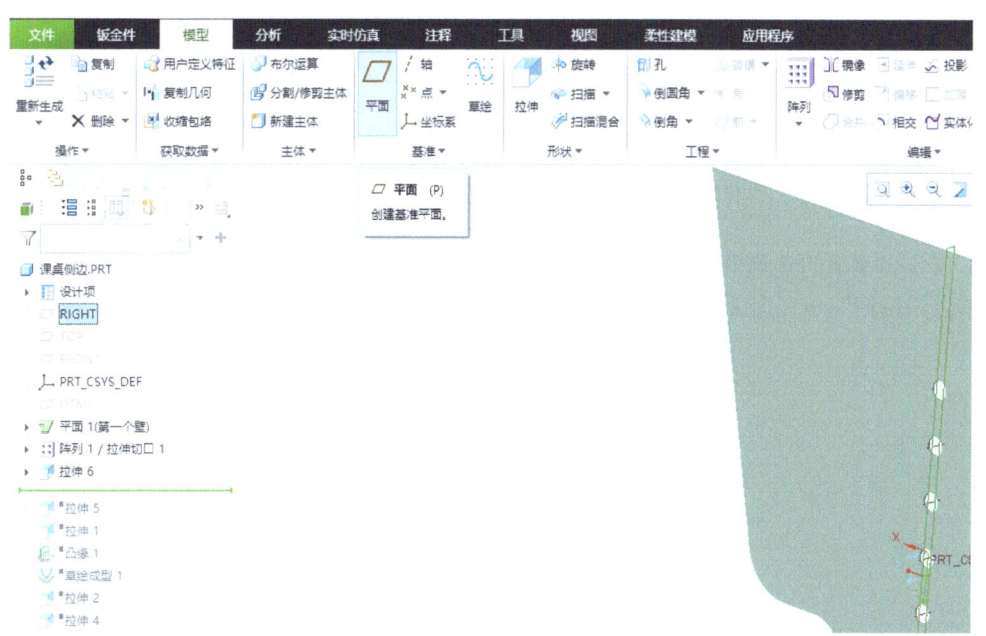

图 2-28 单击"平面"

输入偏移距离 65mm,如图 2-29 所示。

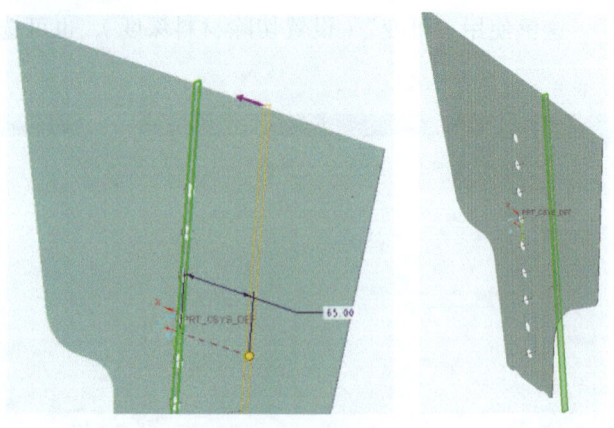

图 2-29 偏移距离

7. 镜像止裂孔

选择止裂孔，单击"镜像"，选择前面做的平面作为镜像平面，如图 2-30 所示。

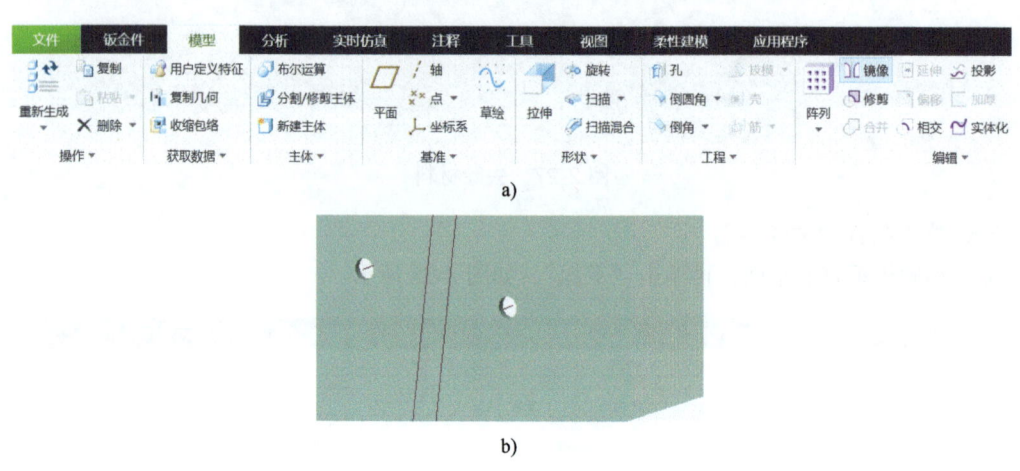

图 2-30 镜像

8. 制作内桌板的支承折弯

单击"拉伸"→"定义"，绘制草图，如图 2-31 所示。

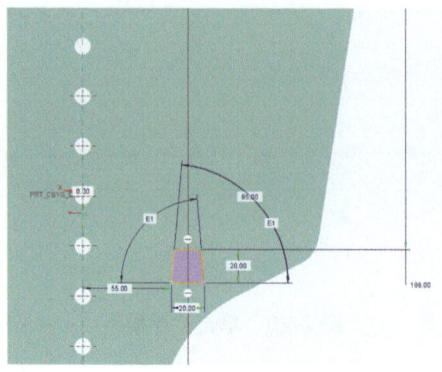

图 2-31 绘制草图

选择"可变",如图 2-32 所示。

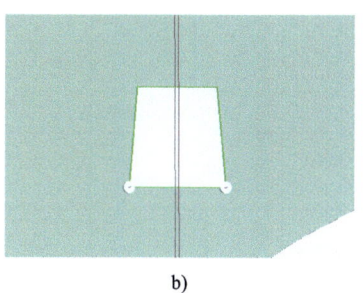

图 2-32 拉伸结果

单击"法兰",如图 2-33 所示。

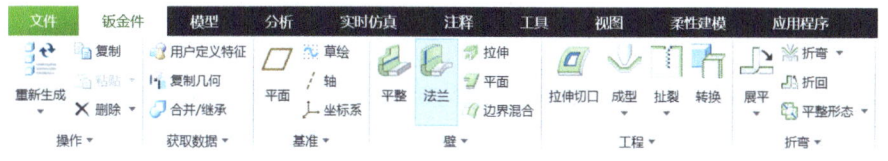

图 2-33 法兰

选择折弯的边进行折弯,调整折弯长度为 15mm,如图 2-34 所示。

图 2-34 折弯

折弯结果如图 2-35 所示。

图 2-35 折弯结果

将折弯切成梯形以贴合折弯形状的凹槽。单击"拉伸"→"定义",绘制草图。选择"到下一个",如图 2-36 所示。

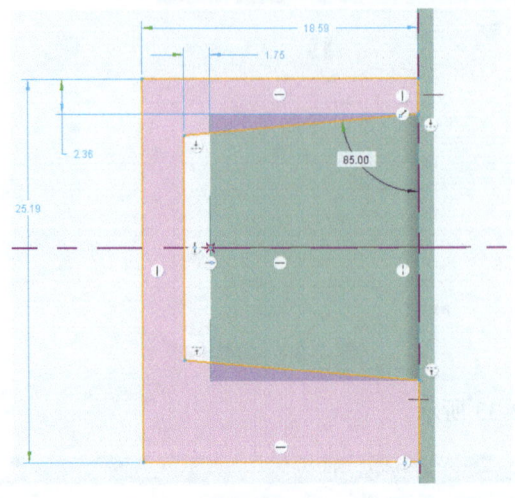

a)

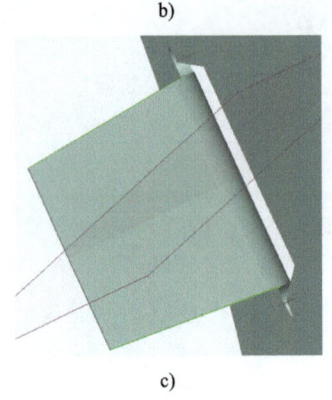

b)

c)

图 2-36 内桌板的支承

9. 制作侧桌板的起伏成型结构

单击"成型"→"草绘成型"→"定义",如图 2-37 所示。

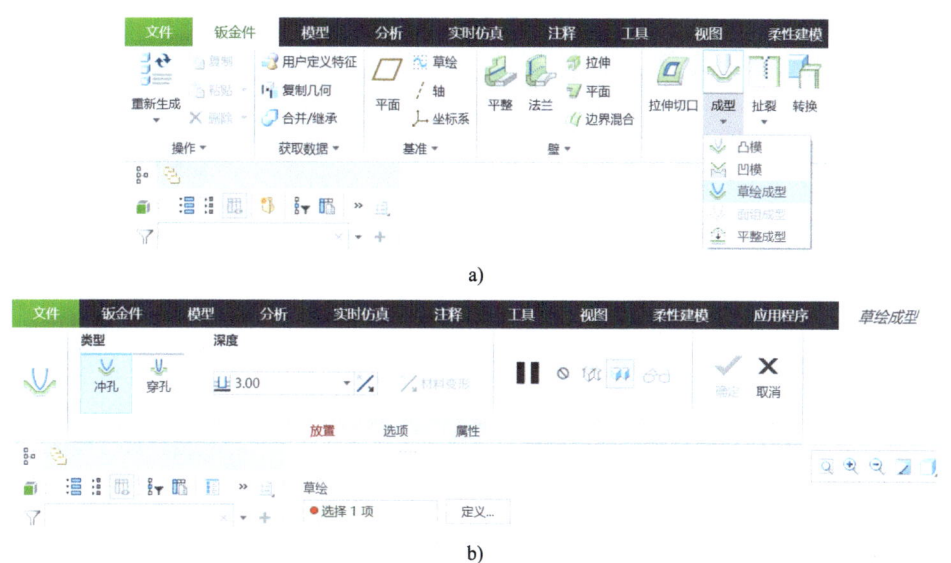

图 2-37　草绘成型

绘制如图 2-38 所示的形状,绘制出一边后,以中心线为基准镜像即可获得另一部分。

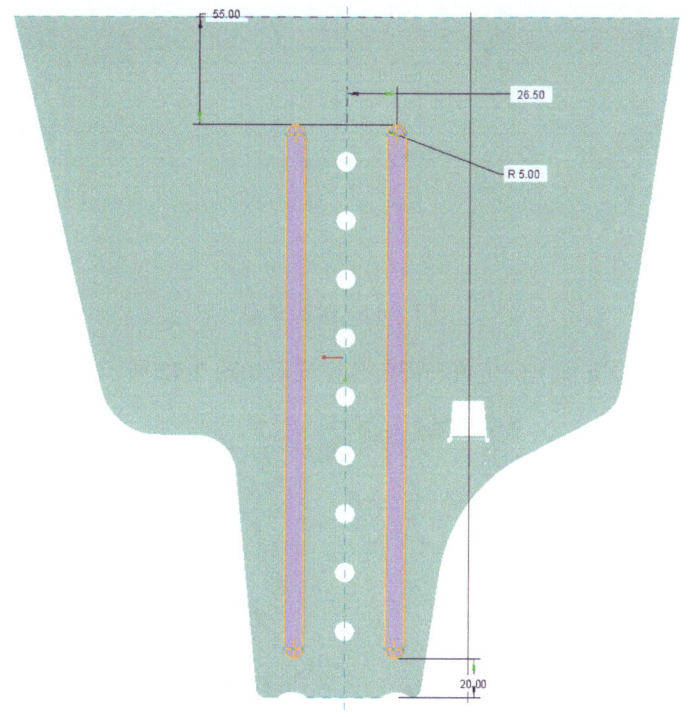

图 2-38　绘制草图

按如图 2-39 所示的选项参数进行设置。

起伏成型结构完成后如图 2-40 所示。

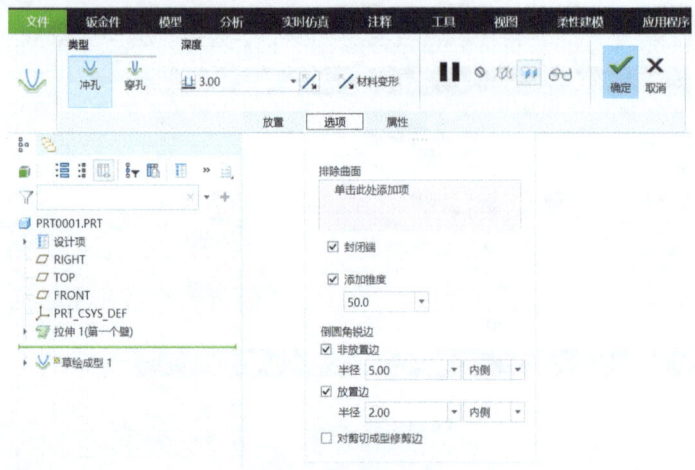
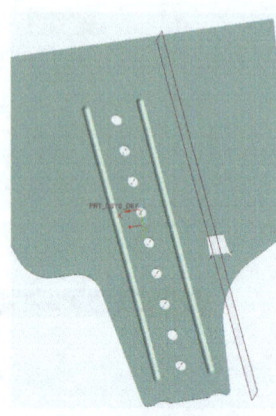

图 2-39　选项参数　　　　　　　　　图 2-40　起伏成型结构

10. 制作内桌板支承上的定位和固定孔

单击"拉伸"→"定义",绘制草图,如图 2-41 所示。

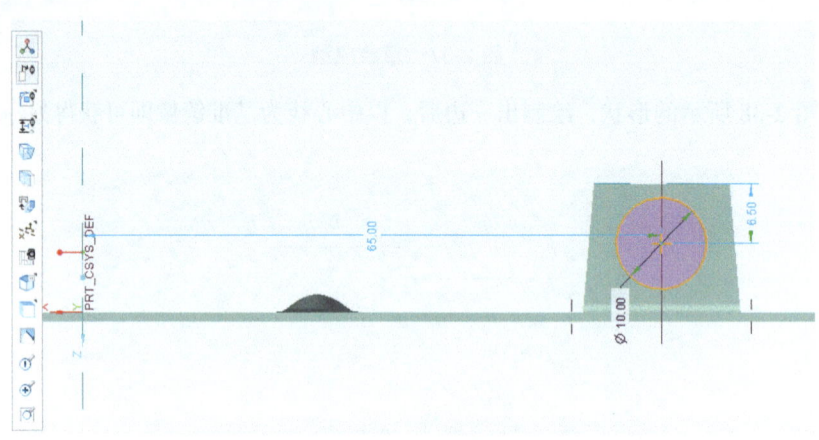

图 2-41　绘制草图

选择"到下一个"。支承上的定位和固定孔完成后如图 2-42 所示。

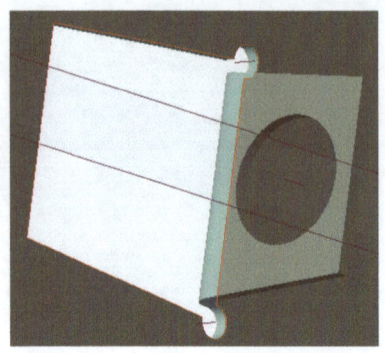

图 2-42　支承上的定位和固定孔

11. 制作桌面连接的折弯

直线边可以用"平整"做凸缘,带有圆弧的曲线边需要使用"法兰"制作凸缘,如图 2-43 所示。

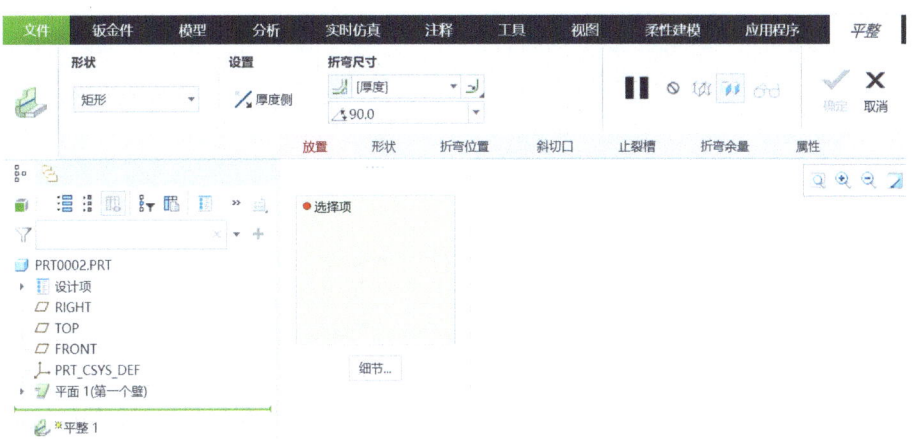

图 2-43 平整

调整折弯长度为 15mm,如图 2-44 所示。

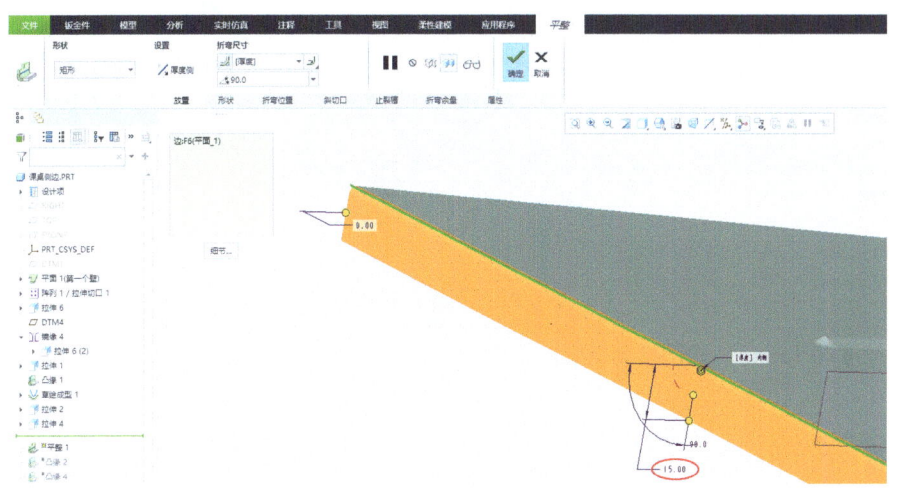

图 2-44 调整折弯长度

折弯完成后如图 2-45 所示。

图 2-45 折弯完成

12. 制作两侧折弯

单击"法兰"→"细节"。选择完整的一条侧边(同时按下 <Ctrl> 键),如图 2-46 所示。

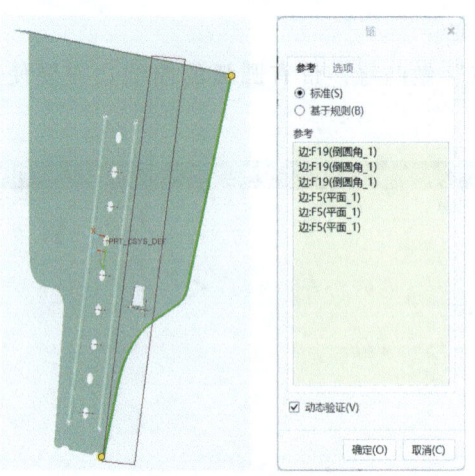

图 2-46　选择侧边

单击"折弯位置",选择折弯类型,添加折弯几何,使得折弯线与连接边相切,如图 2-47 所示。

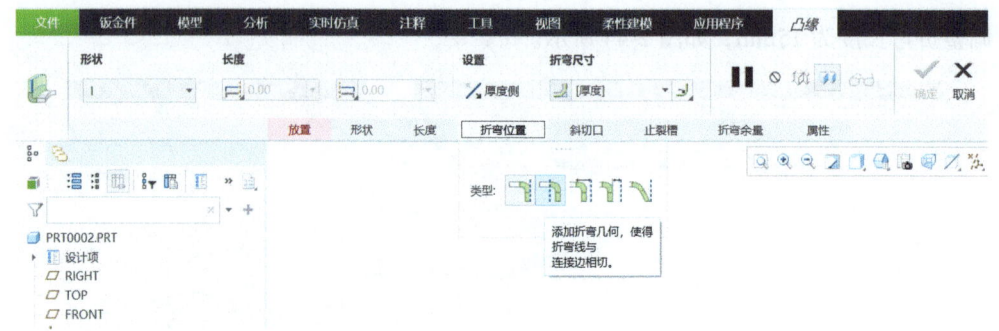

图 2-47　选择折弯类型

调整长度为 15mm,如图 2-48 所示。

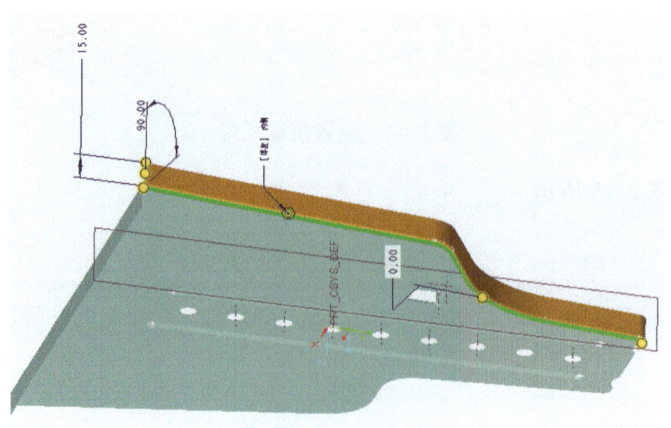

图 2-48　调整长度

另一边以相同的方法完成,如图 2-49 所示。

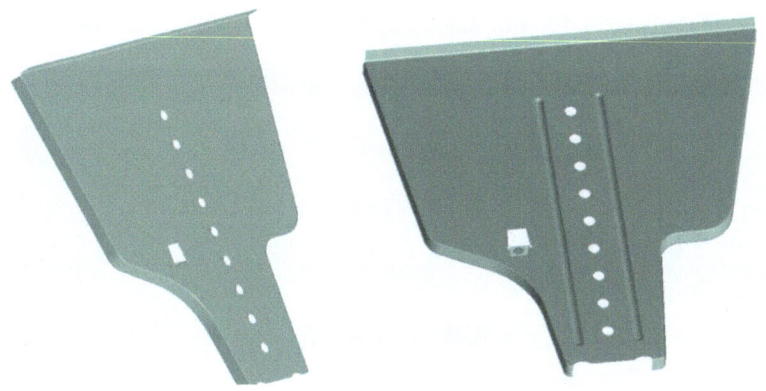

图 2-49 两侧折弯

13. 切除折弯处的部分材料

切除折弯处的部分材料，以符合钣金的制作工艺。单击"拉伸切口"，选择桌板平面，如图 2-50 所示。

图 2-50 选择桌板平面

选择边缘线的最上端绘制草图，如图 2-51 所示。

单击"镜像"，绘制完成，如图 2-52 所示。

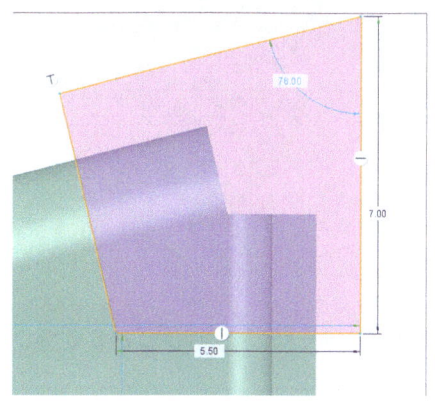

图 2-51 绘制草图

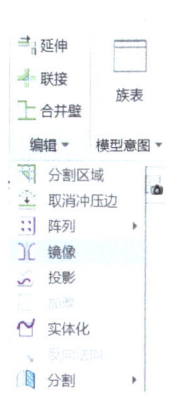

图 2-52 镜像

选择"对称",拉伸深度为40mm,如图2-53所示。

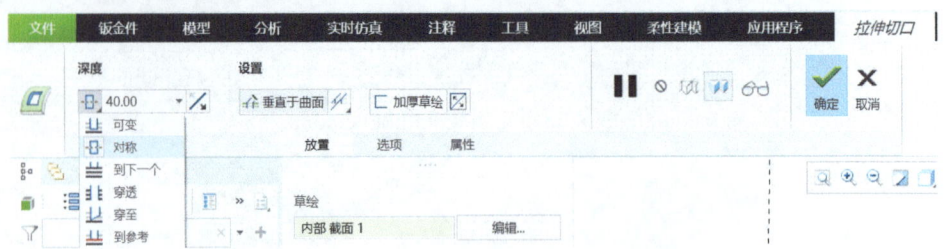

图2-53 对称拉伸

两侧折弯结果如图2-54所示。

图2-54 两侧折弯结果

14. 制作侧桌板与内桌板的装配孔

"孔""拉伸"和"拉伸切口"均可以用,这里用"孔"。孔尺寸如图2-55所示,放置选择折弯平面。

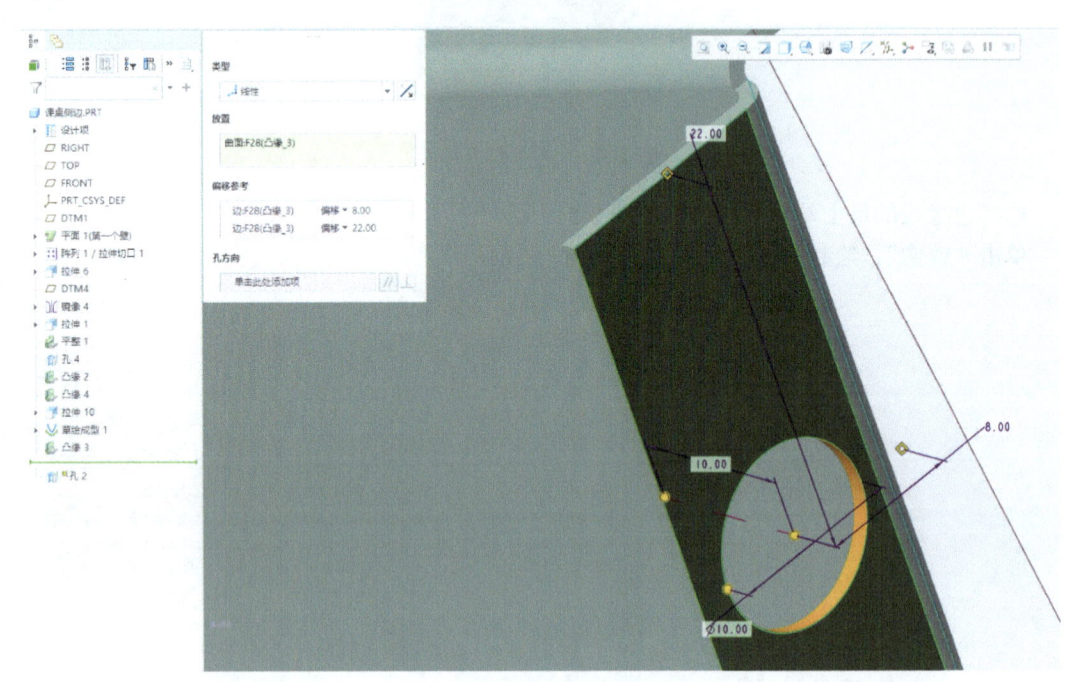

图2-55 孔尺寸

再以相同的方法制作同一平面上的第二个孔,如图2-56所示。

第二个孔完成后如图 2-57 所示。

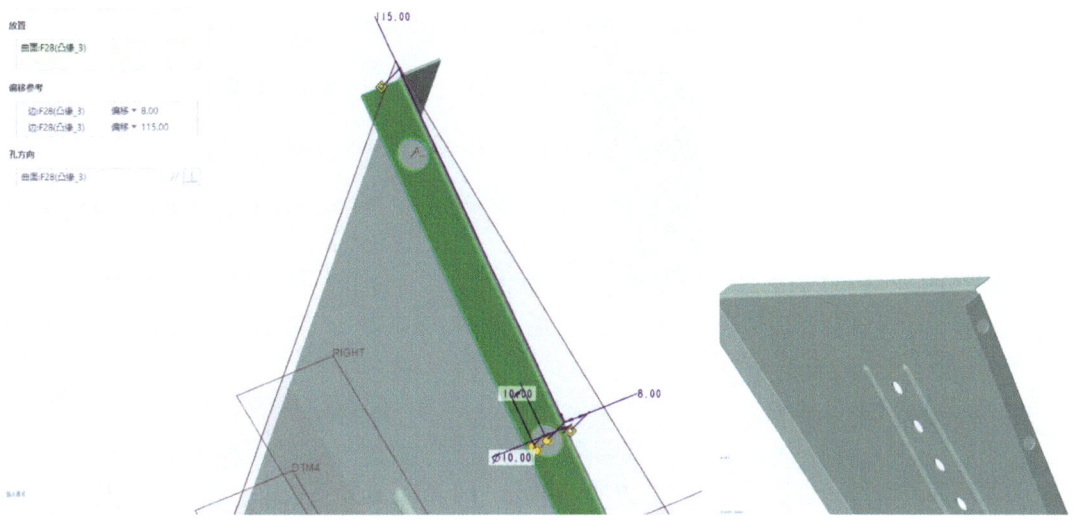

图 2-56　第二个孔　　　　　　　　图 2-57　第二个孔完成

15. 制作整个侧桌板的镜像平面

单击"平面",选择制作第一个平面时选择的平面,输入偏移距离 250mm,如图 2-58 所示。移出镜像平面,如图 2-59 所示。

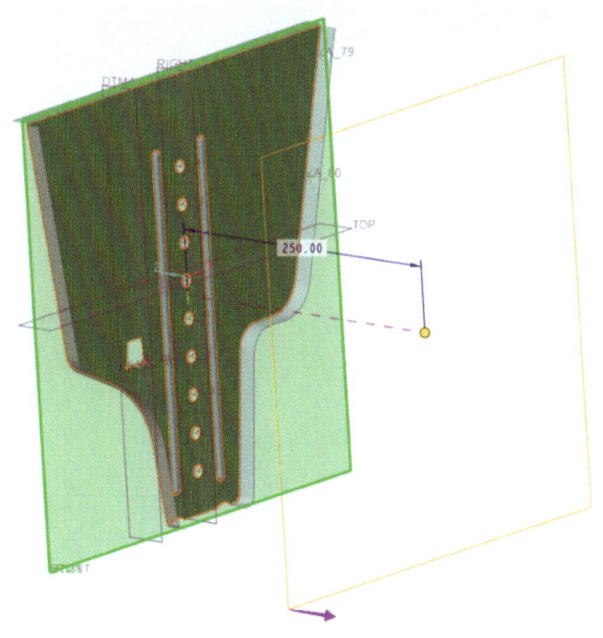 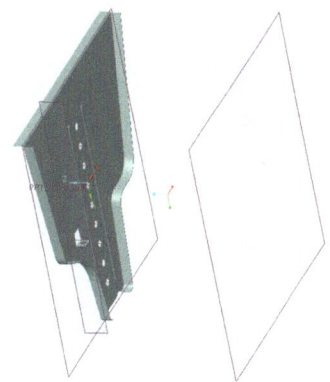

图 2-58　偏移距离 250mm　　　　　　图 2-59　移出镜像平面

16. 镜像整个侧桌板

选择整个侧桌板,单击"镜像",镜像平面选择前面偏移出来的平面,如图 2-60 所示。

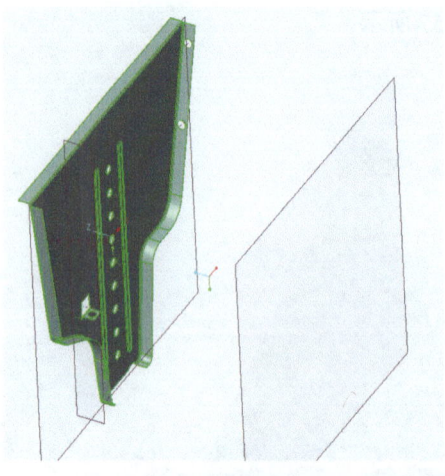

图 2-60 镜像平面

镜像后需要对另一边重新选择法兰方向,单击"细节",选择整条边,如图 2-61 所示。

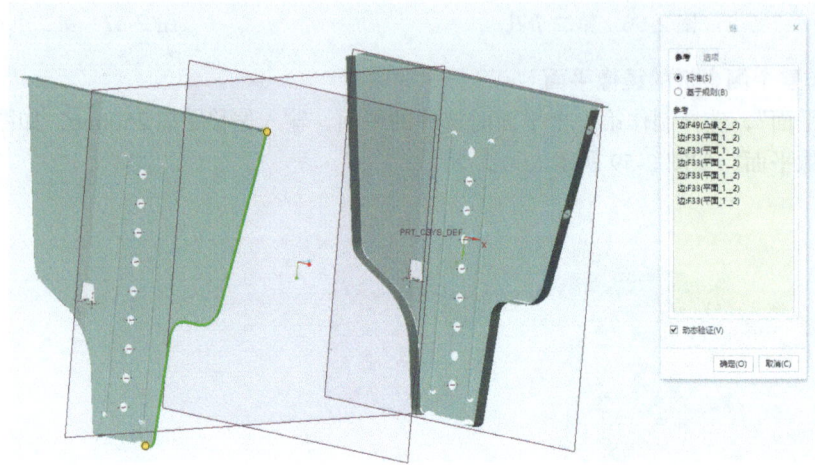

图 2-61 选择整条边

镜像结果如图 2-62 所示。

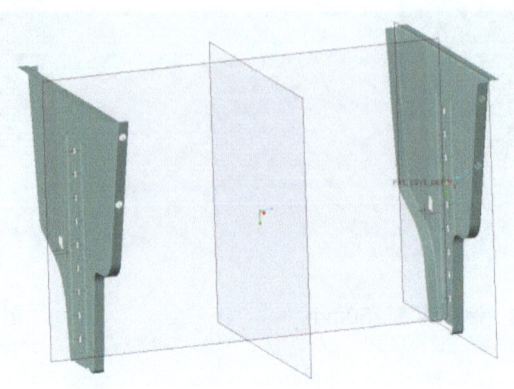

图 2-62 镜像结果

（二）内桌板设计

1. 创建装配文件

单击"新建",创建装配文件:asm0001,选中"装配",选择模板,如图 2-63 所示。装配界面如图 2-64 所示。

图 2-63　创建装配文件

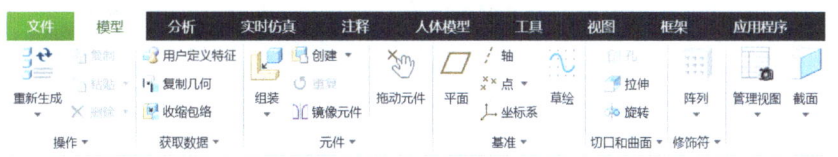

图 2-64　装配界面

选择前面制作的数据(在会话中)。约束类型选择"默认",如图 2-65 所示。

图 2-65　约束类型

2. 创建内桌板文件

单击"创建",选择"钣金件",文件名:内桌板。在约束中,重合三个平面。或者在创建选项中选择"三平面",如图 2-66 所示。

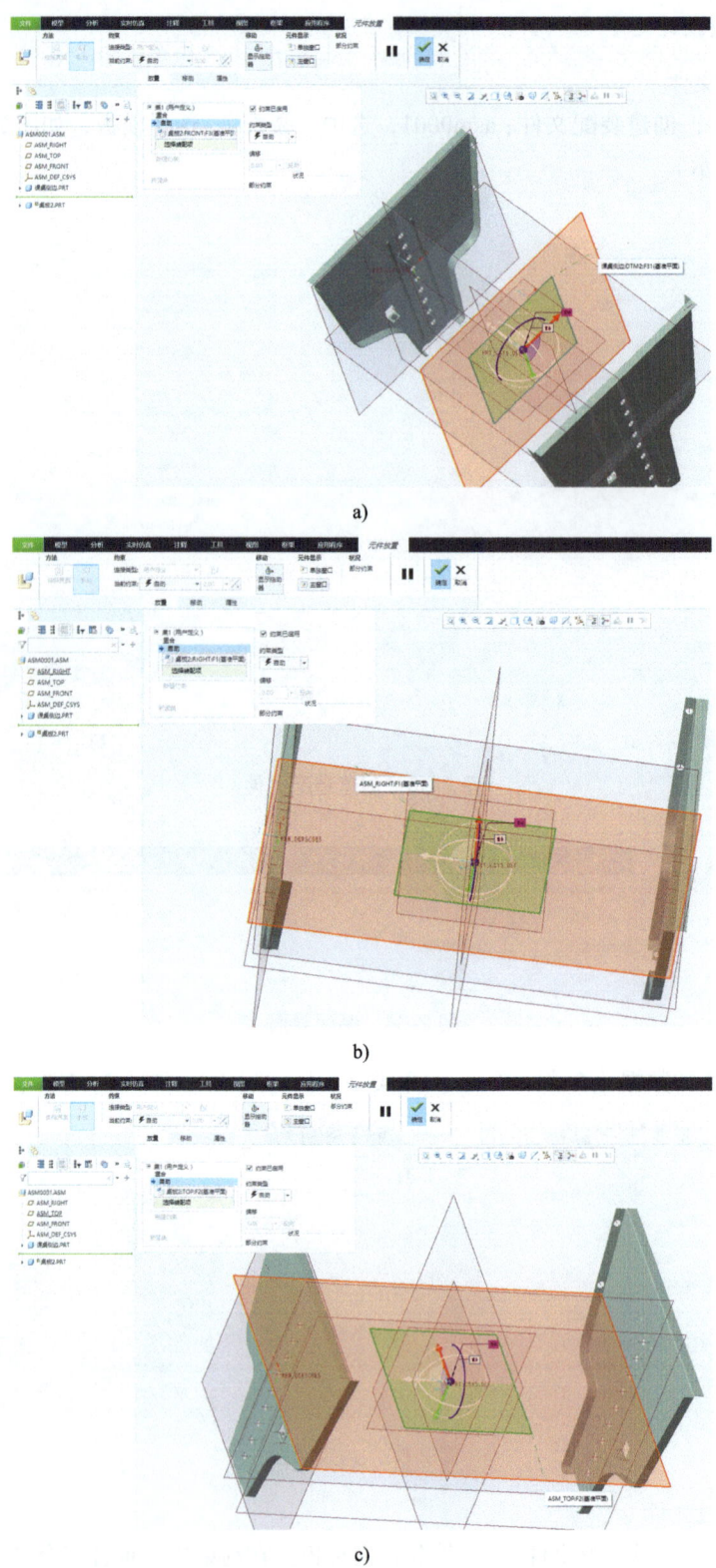

图 2-66 创建"内桌板"

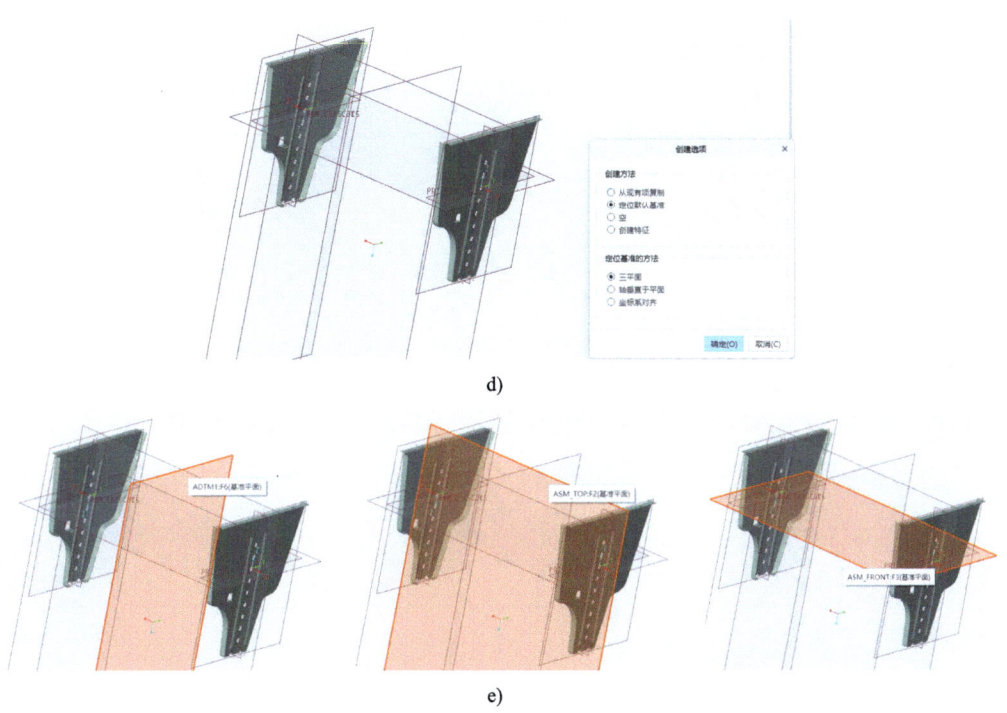

d)

e)

图 2-66 创建"内桌板"(续)

3. 创建内桌板基础平面

选择内桌板,单击"激活"按钮,激活该文件,如图 2-67 所示。

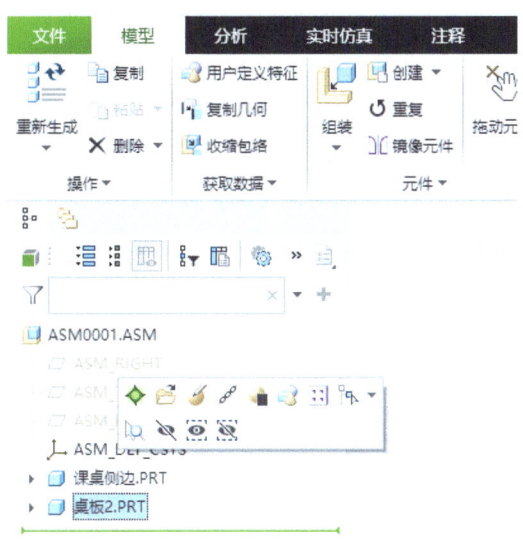

图 2-67 激活内桌板文件

单击钣金件状态下的"拉伸"→"草绘"→"定义",选择中间的对称中心平面,单击"投影",选择内桌板的轮廓线,如图 2-68 所示。

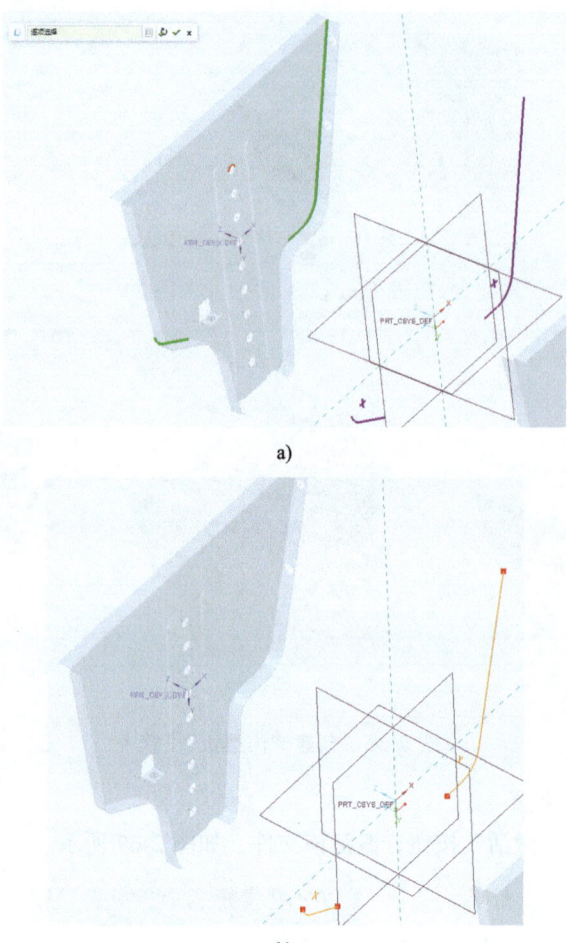

图 2-68 选择内桌板的轮廓线

补全轮廓线，使其流畅自然，符合侧桌板轮廓，如图 2-69 所示。

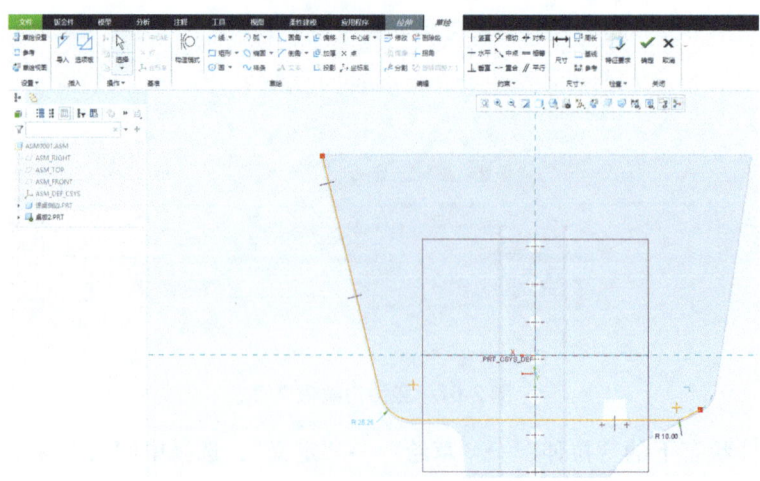

图 2-69 轮廓线

选择两侧，拉伸500mm长度，如图2-70所示。

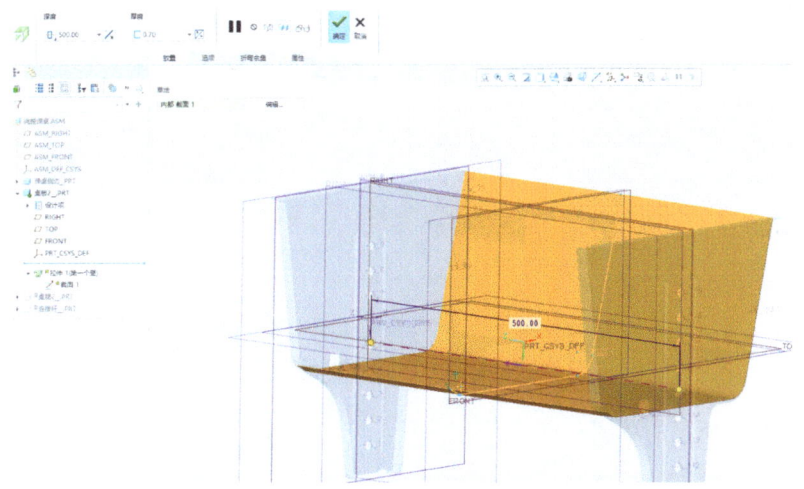

图2-70　拉伸500mm长度

4. 制作桌腿切口

单击"拉伸"，绘制如图2-71所示的草图。

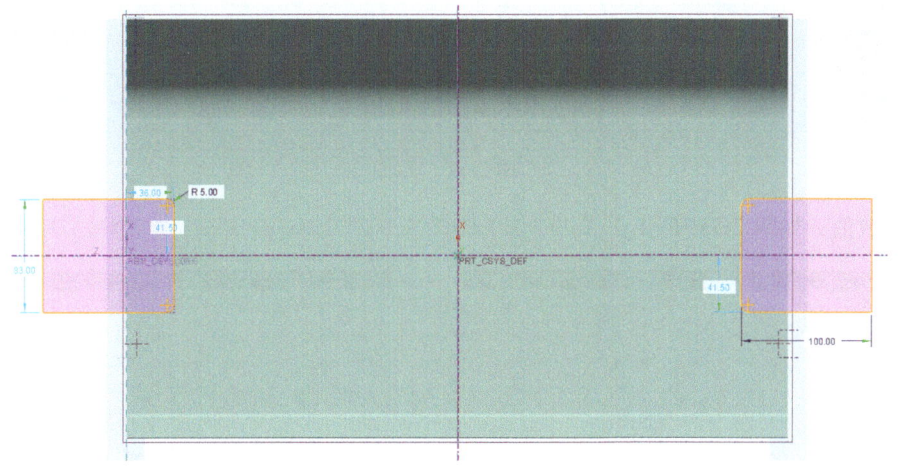

图2-71　草图

选择"到下一个"，如图2-72所示。

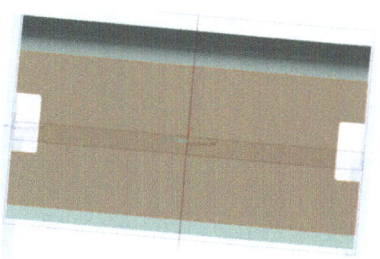

图2-72　选择"到下一个"

5. 制作内桌板的起伏结构

选择"成型"→"草绘成型";也可以用"成型"→"凸模",如图 2-73 所示。

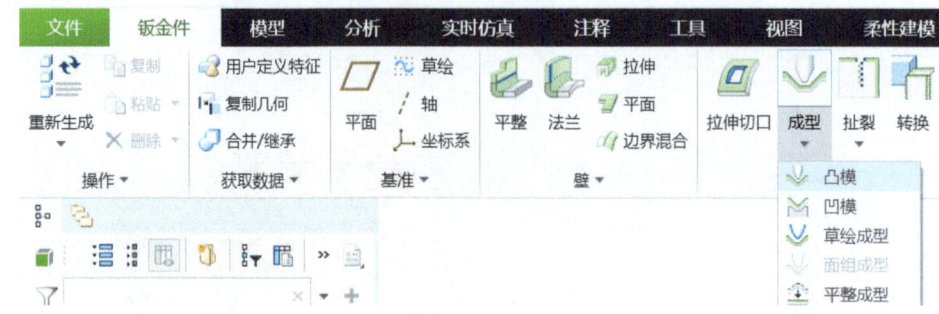

图 2-73　草绘成型

绘制如图 2-74 所示的草图。

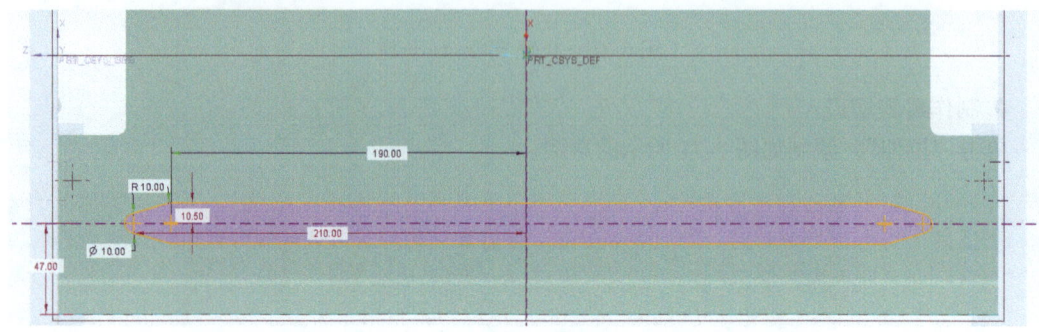

图 2-74　草图

调整数值,如图 2-75 所示。

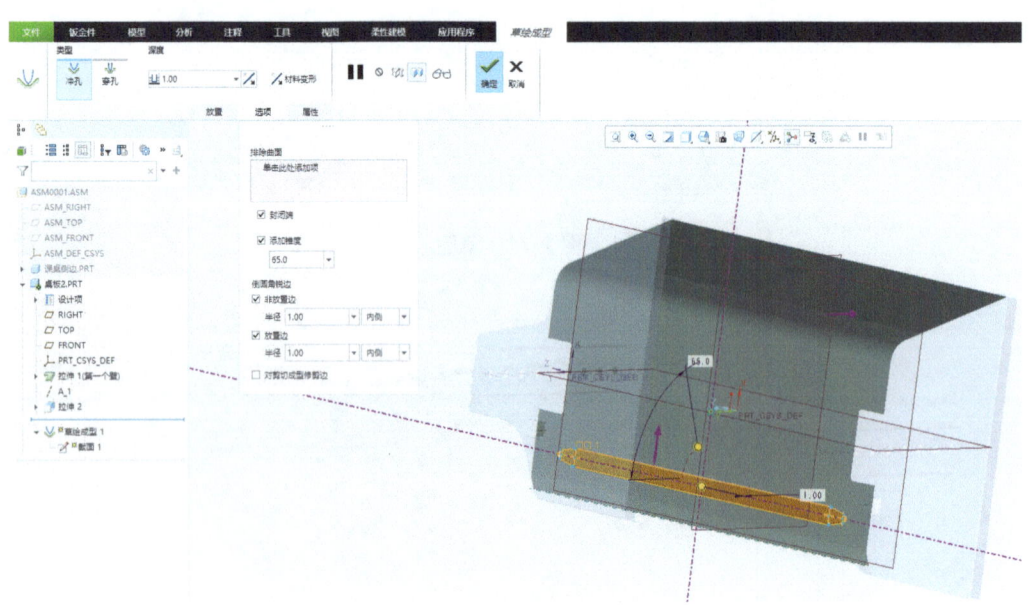

图 2-75　调整数值

起伏结构完成后如图 2-76 所示。

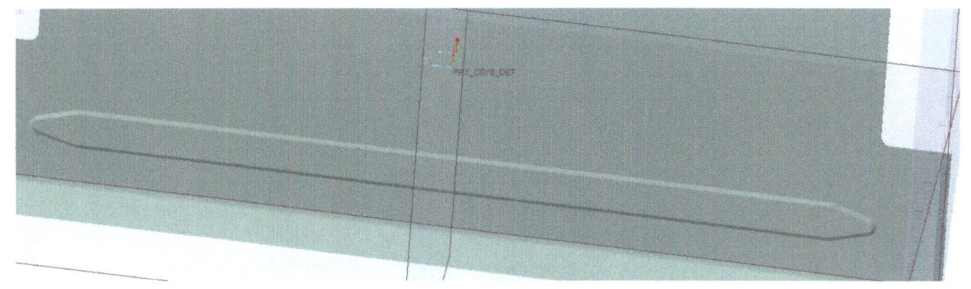

图 2-76　起伏结构

用同样的方法制作第二个，选用偏移获取上个草绘成形边际线并向外偏移 3mm（也可手动画出），如图 2-77 所示。

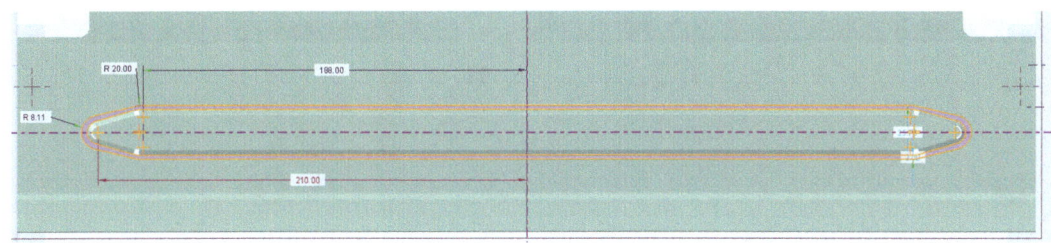

图 2-77　向外偏移 3mm

按照如图 2-78 所示进行调整，调整结果如图 2-79 所示。

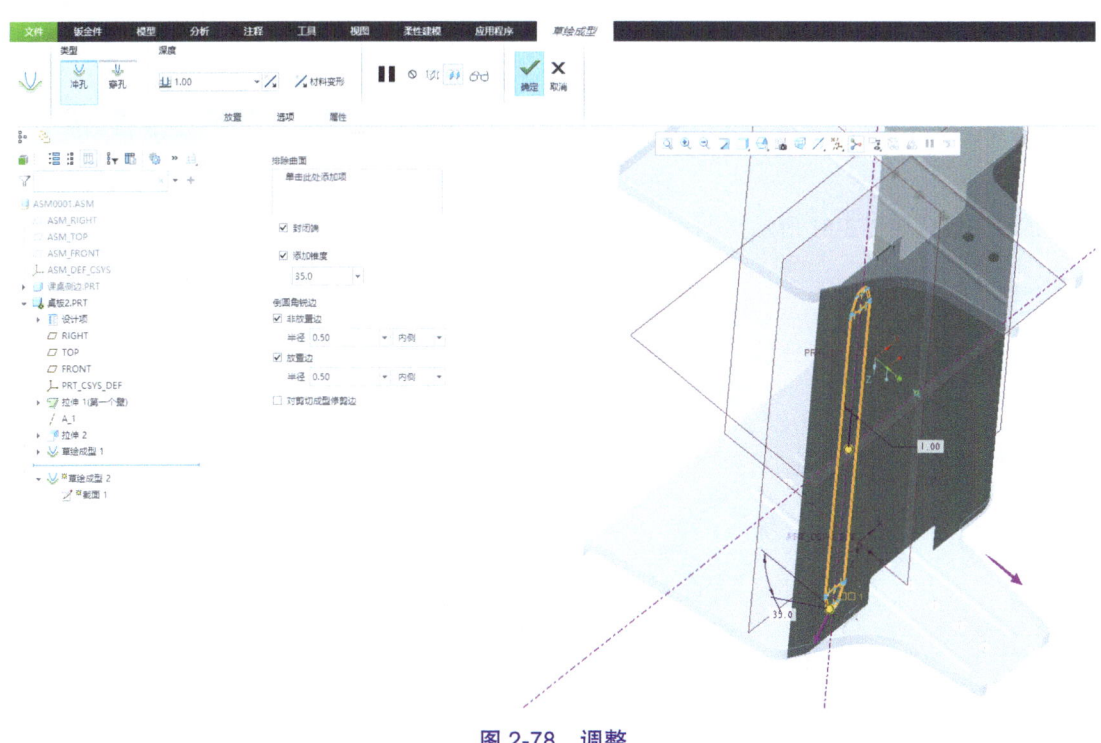

图 2-78　调整

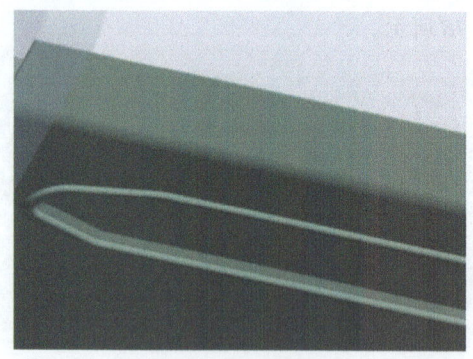

图 2-79 调整结果

6. 制作内桌板凸缘

选择"平整",调整长度为 15mm、角度为 76°、折弯位置值为 2mm,如图 2-80 所示。

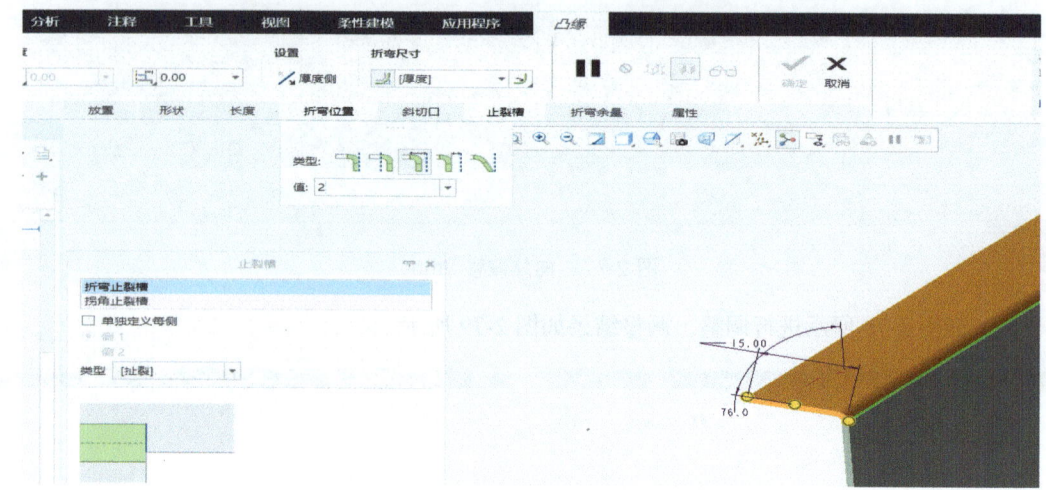

图 2-80 调整

折弯完成后如图 2-81 所示。

图 2-81 折弯完成

7. 制作内桌板装配孔

单击"孔",孔的尺寸如图 2-82 所示。

用相同方法制作第二个孔,如图 2-83 所示。

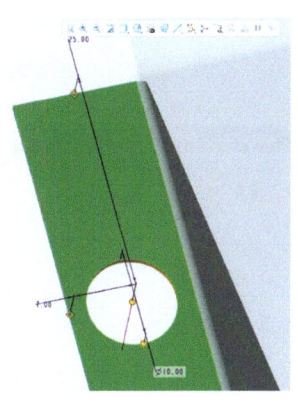

图 2-82 孔的尺寸

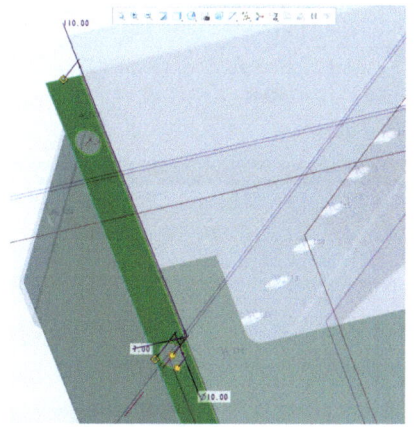

图 2-83 第二个孔

8. 镜像装配孔

选择前面制作的两个孔,单击"镜像",如图 2-84 所示。

选择中间的平面为镜像平面,如图 2-85 所示。

图 2-84 选择两个孔

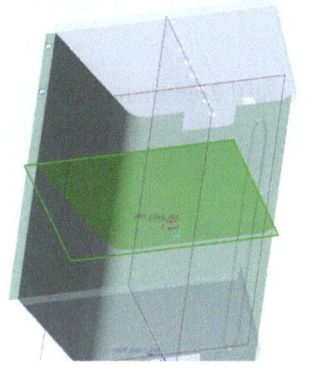

图 2-85 镜像平面

镜像完成后如图 2-86 所示。

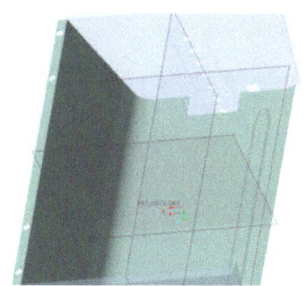

图 2-86 镜像孔

9. 制作内桌板前端折弯

选择"折弯",如图 2-87 所示。

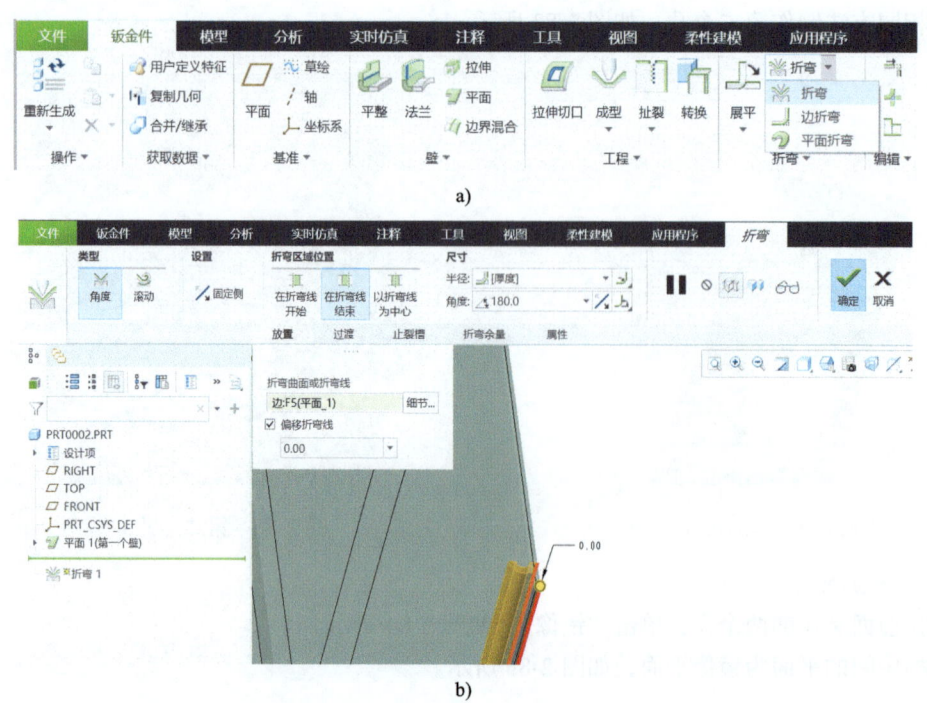

图 2-87 折弯

折弯完成后如图 2-88 所示。

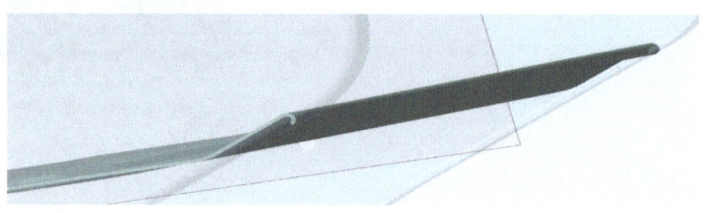

图 2-88 折弯完成

10. 制作桌面装配孔

单击"拉伸",选中下方侧桌板支承内折弯孔中心画圆,并镜像,如图 2-89 所示。

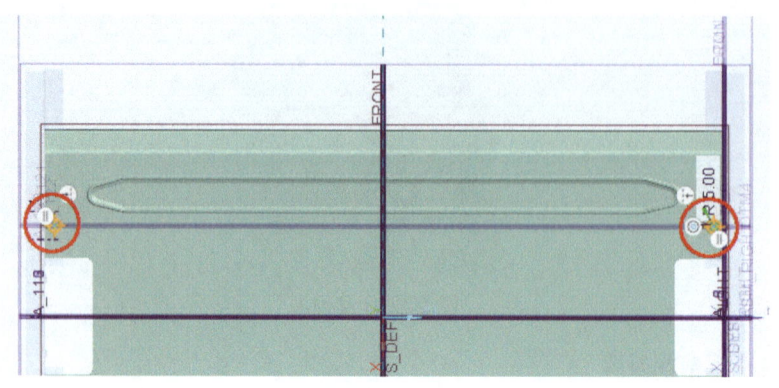

图 2-89 草图

选择"到下一个",并移除材料,如图 2-90 所示。

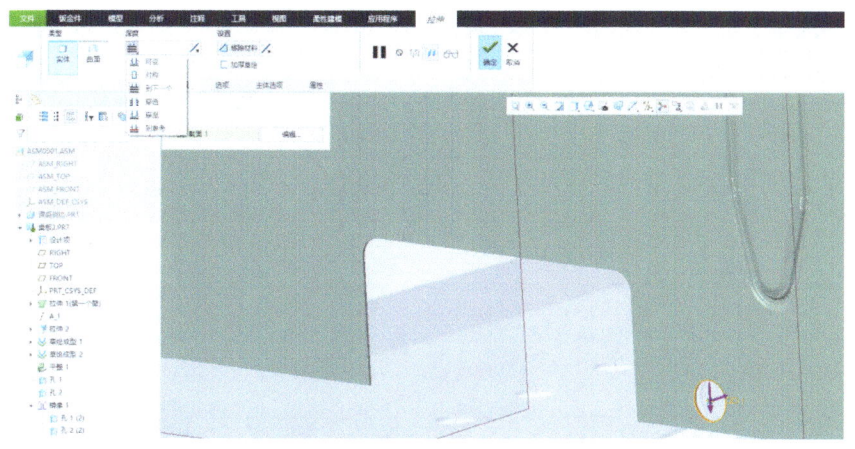

图 2-90　移除材料

移除材料完成后如图 2-91 所示。
整个内桌板完成如图 2-92 所示。

图 2-91　移除材料完成

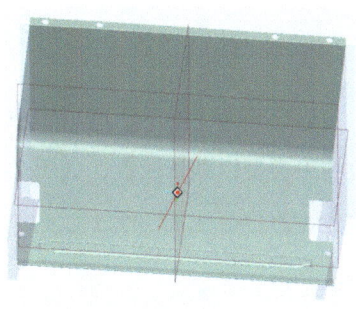

图 2-92　内桌板完成

(三) 桌腿与桌脚设计

1. 新建钣金文件

选中装配文件,单击"激活"按钮激活装配文件,如图 2-93 所示。

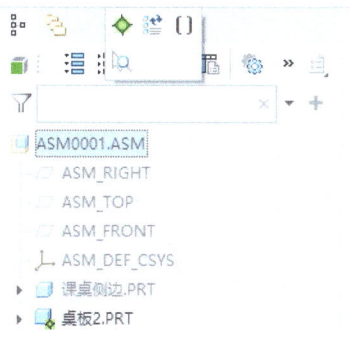

图 2-93　激活装配文件

单击"文件"→"零件"→"钣金件",文件名:桌腿2,如图2-94所示。

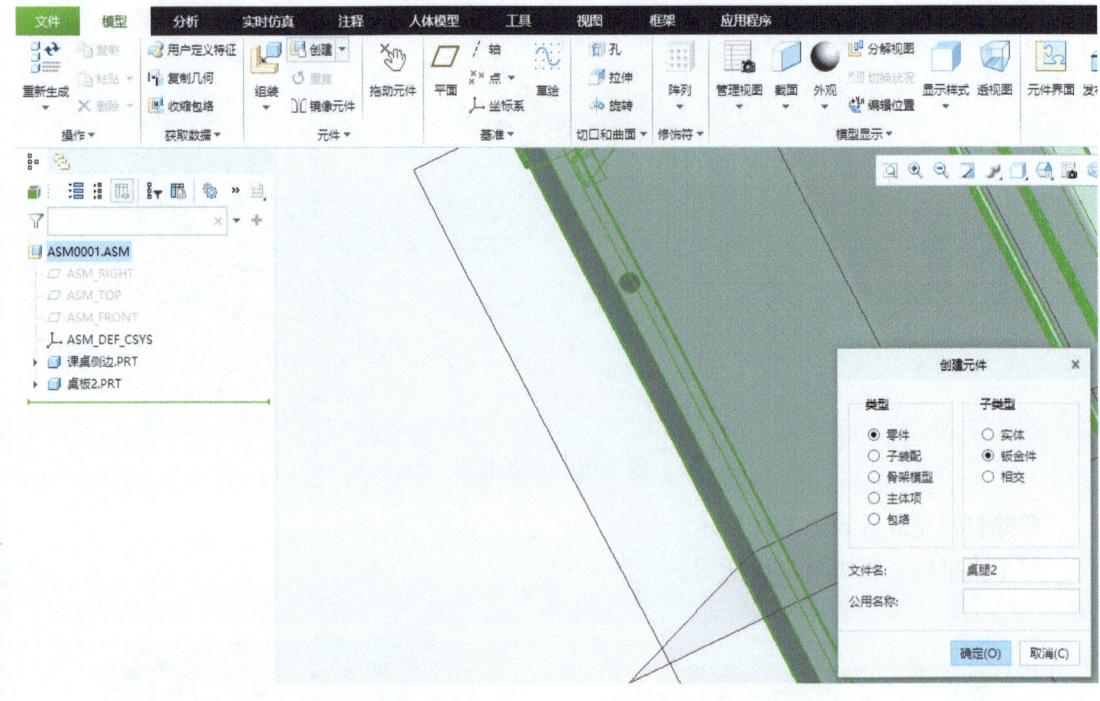

图2-94 创建桌腿文件

定位约束类型以默认放置,如图2-95所示。

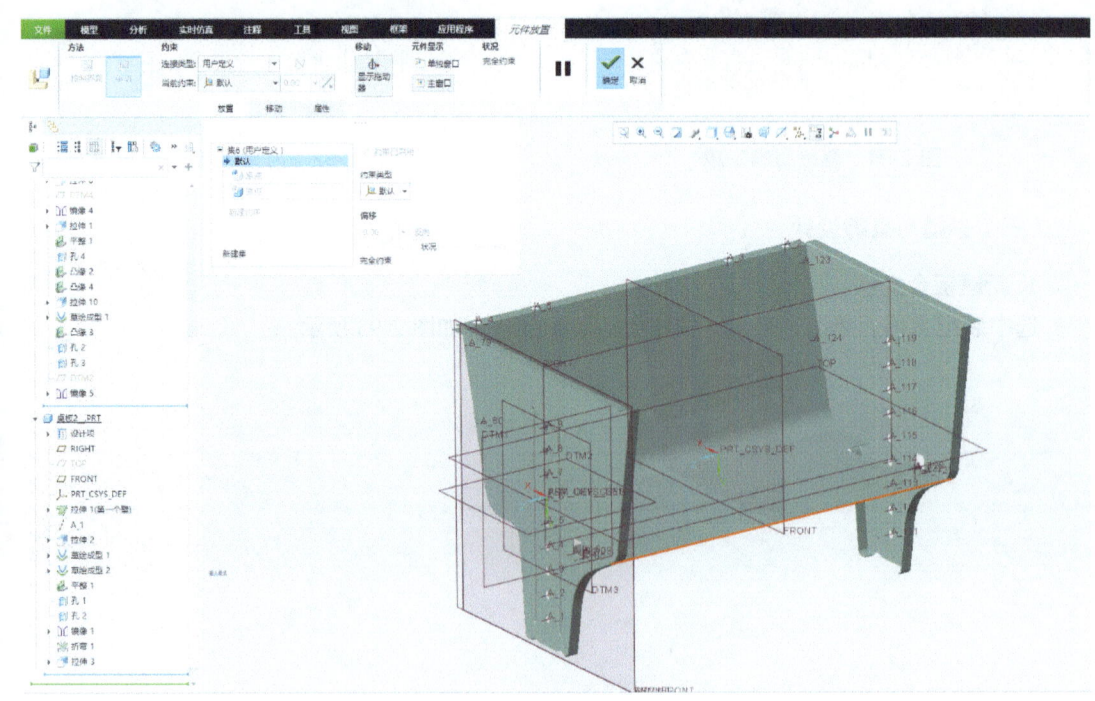

图2-95 约束类型:默认

完成后如图 2-96 所示。
2. 创建桌腿
选中桌腿文件，单击"激活"按钮，如图 2-97 所示。

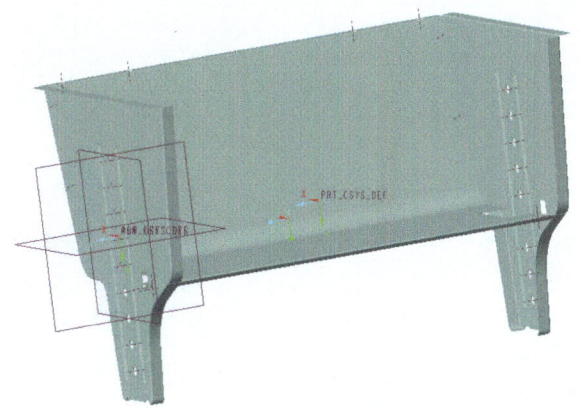

图 2-96　完成　　　　　　　　图 2-97　激活桌腿文件

选择"拉伸"，贴着侧桌板绘制草图，如图 2-98 所示。

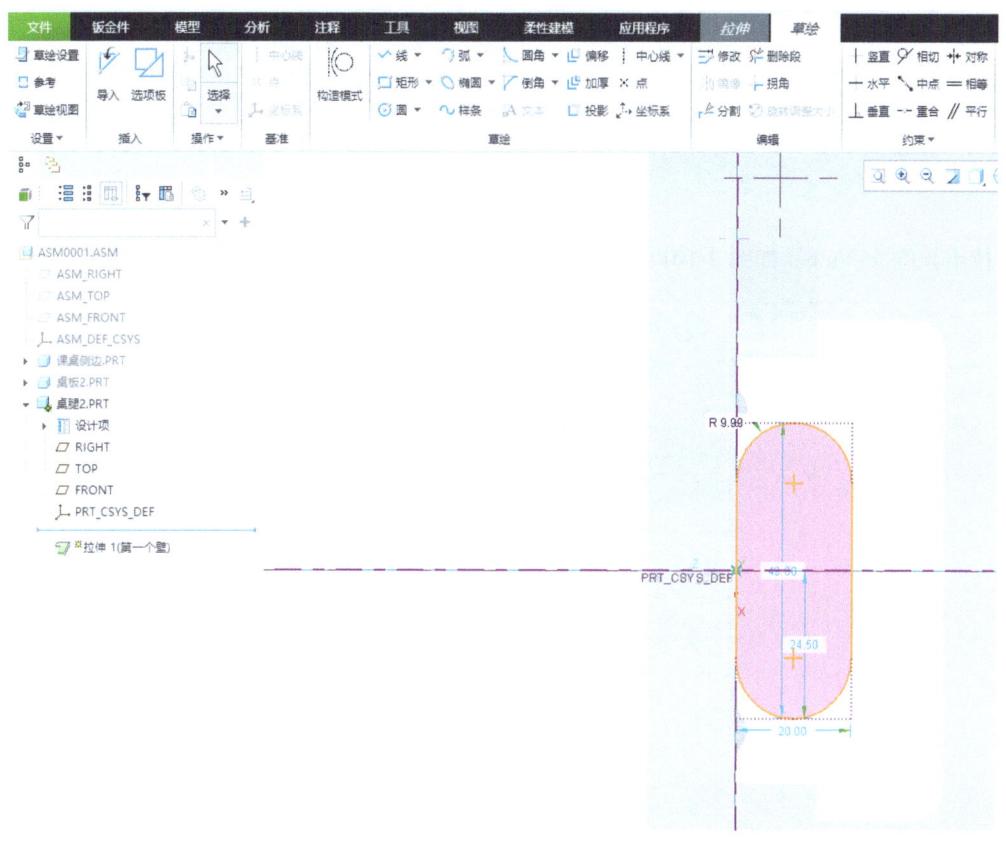

图 2-98　草图

完成后拉出长度，如图 2-99 所示。

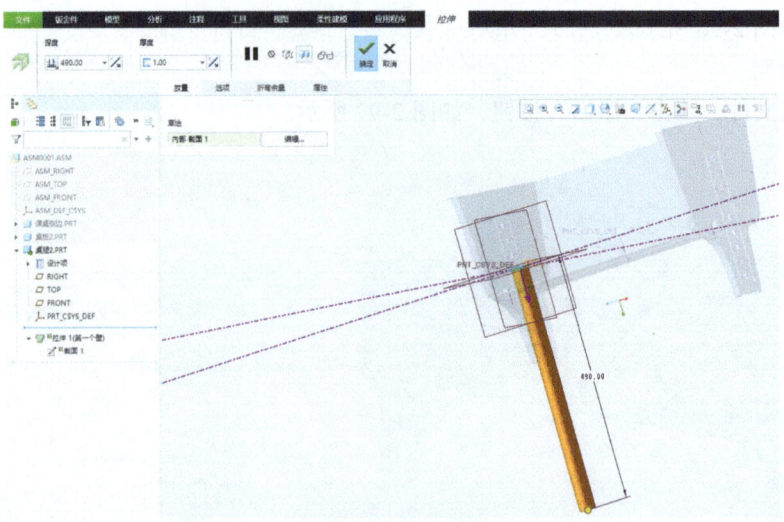

图 2-99　拉出长度

以相同的方法选择竖桌腿底部中心绘制草图，如图 2-100 所示。

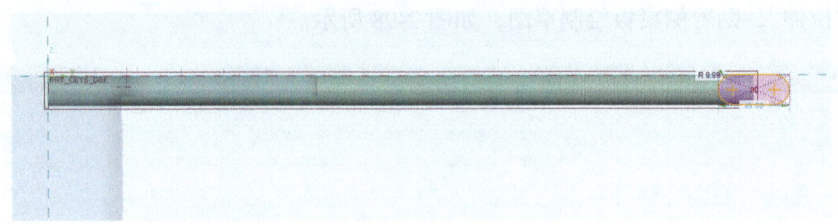

图 2-100　草图

拉出长度 450mm，如图 2-101 所示。

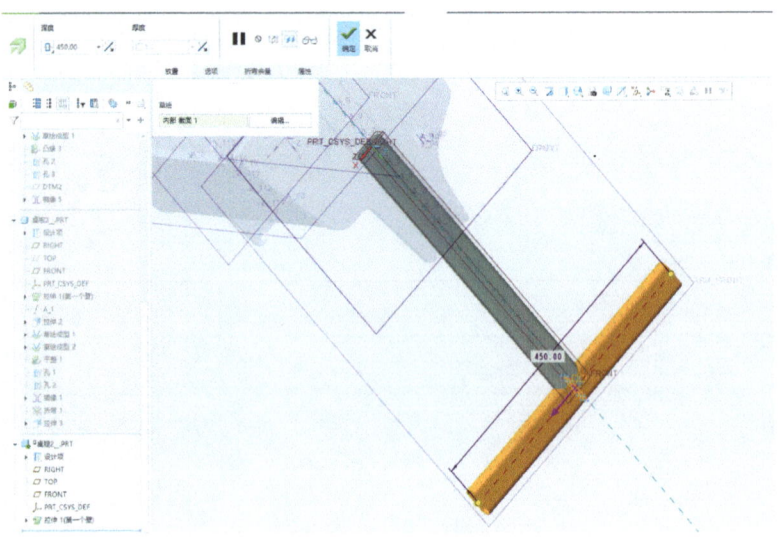

图 2-101　拉出长度

完成后如图 2-102 所示。

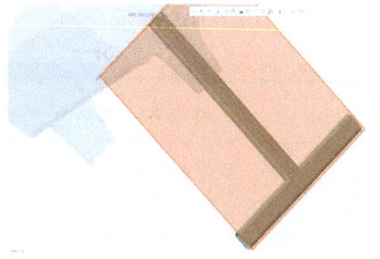

图 2-102 完成

3. 制作桌腿装配和定位孔

单击"拉伸",选择平面绘制草图,如图 2-103 所示。

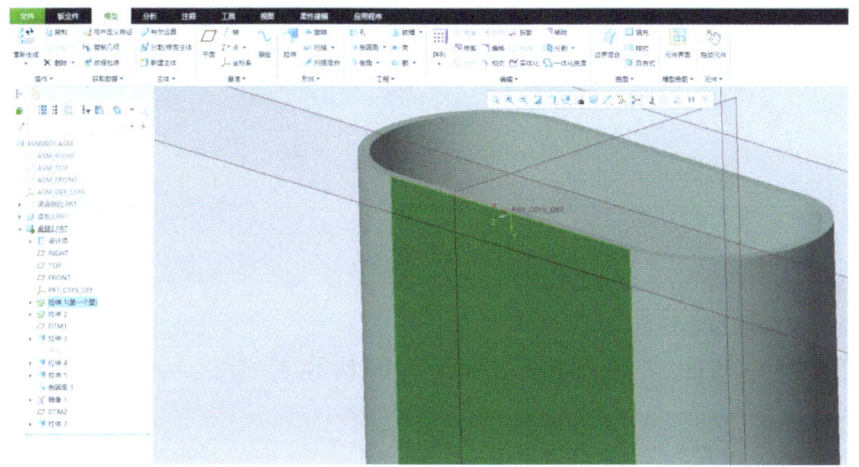

图 2-103 选择平面

尺寸如图 2-104 所示。

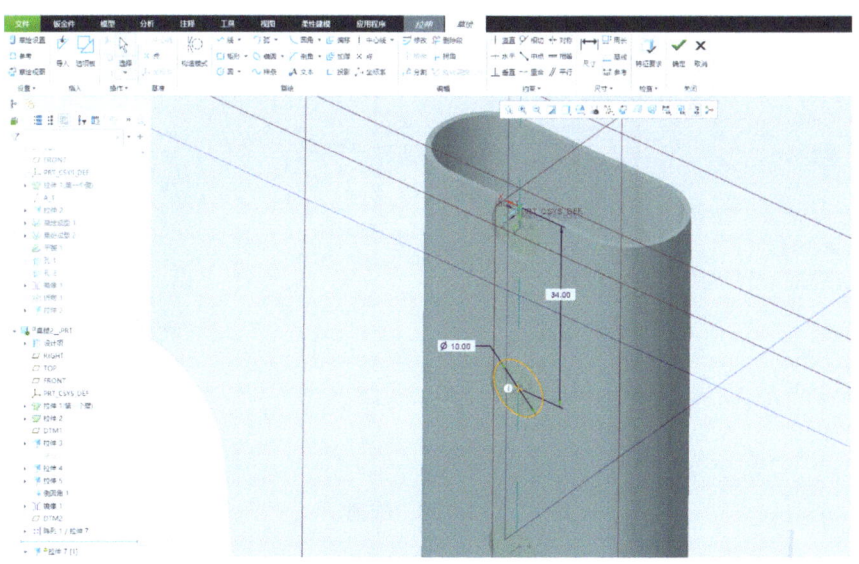

图 2-104 尺寸图

拉伸并移除材料，主体选择全部，如图2-105所示。

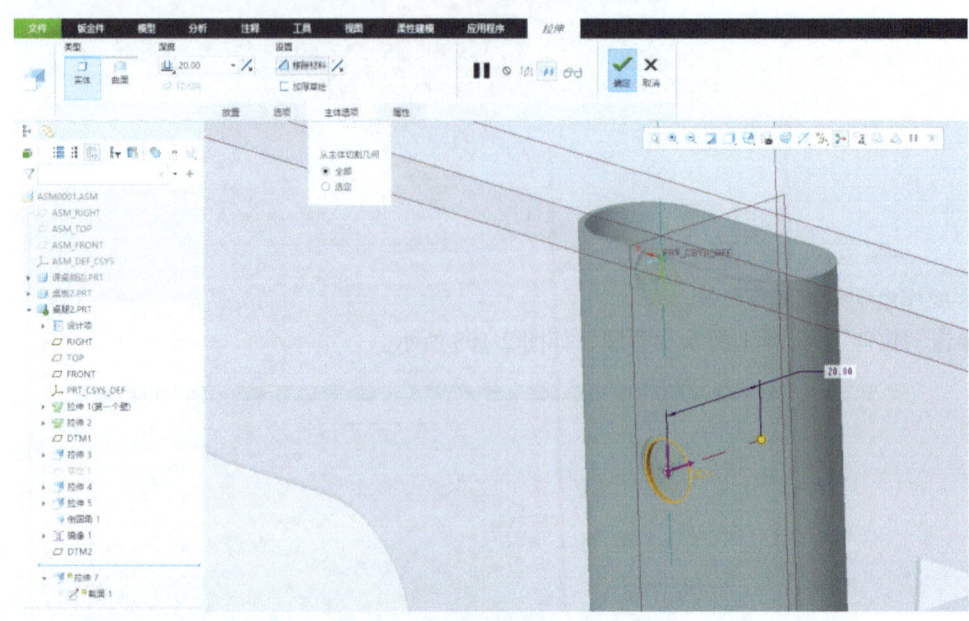

图 2-105　移除材料

4. 阵列桌腿装配和定位孔

选择前面做的孔项目，单击"阵列"，如图2-106所示。

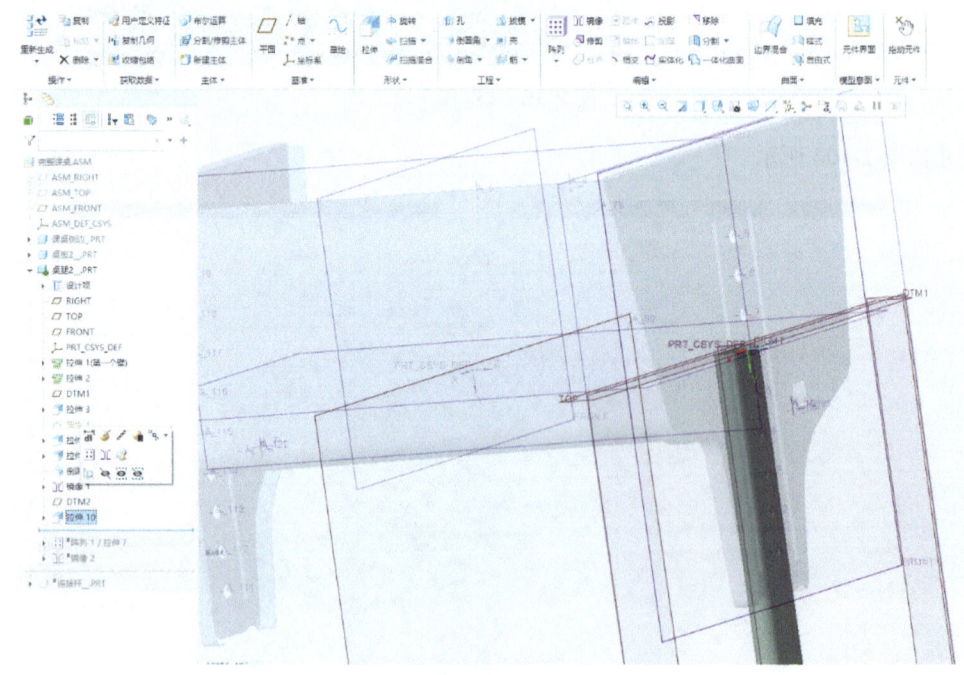

图 2-106　阵列

选择孔到上表面的距离尺寸，增量为30mm，如图2-107所示。完成孔的阵列。

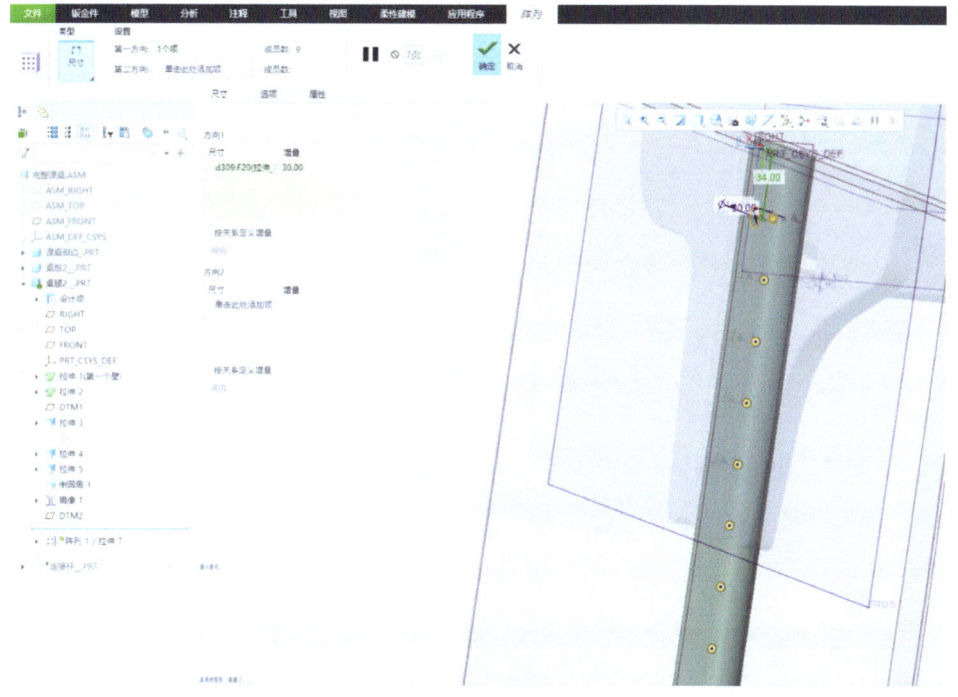

图 2-107　增量 30mm

采用制作侧桌板的起伏成型结构的方法,制作桌腿上端的压扁结构,如图 2-108 所示。

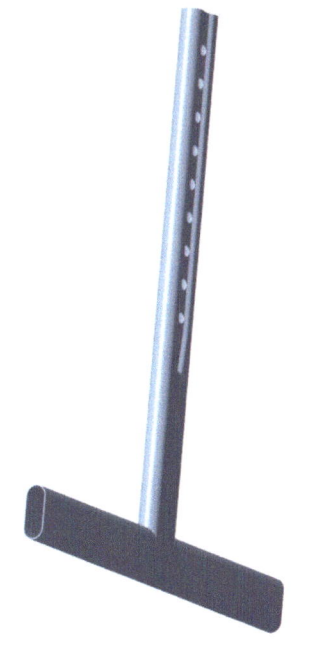

图 2-108　桌腿上端的压扁结构

5. 生成桌脚套绘制平面

选择桌腿中间平面,按住〈Ctrl〉键,再选中横桌腿表面,创建平面,如图 2-109 所示。

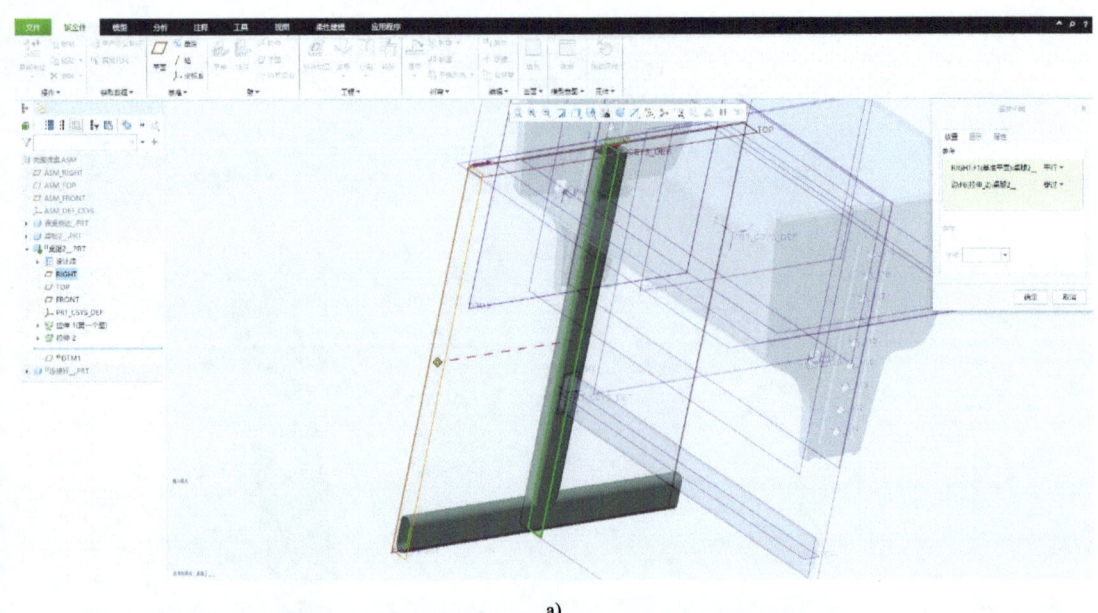

a)

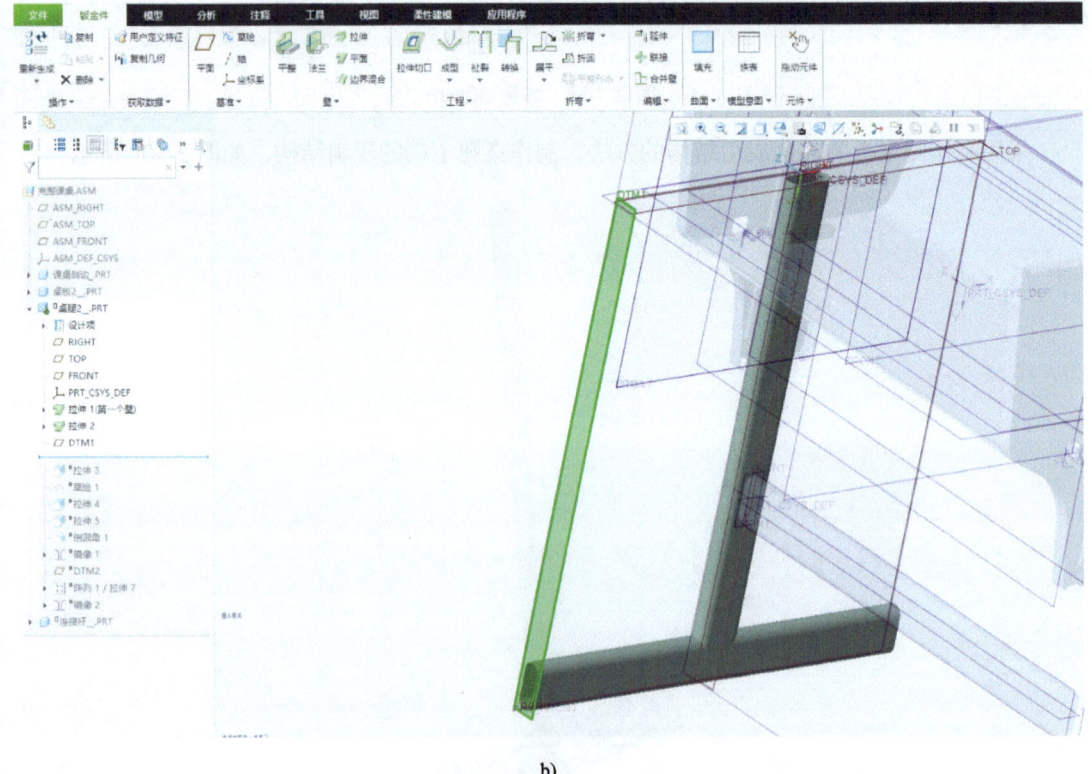

b)

图 2-109　创建平面

6. 制作桌脚套

激活装配文件,单击"创建",创建一个实体文件"桌脚套",单击"拉伸",绘制草图,如图 2-110 所示。

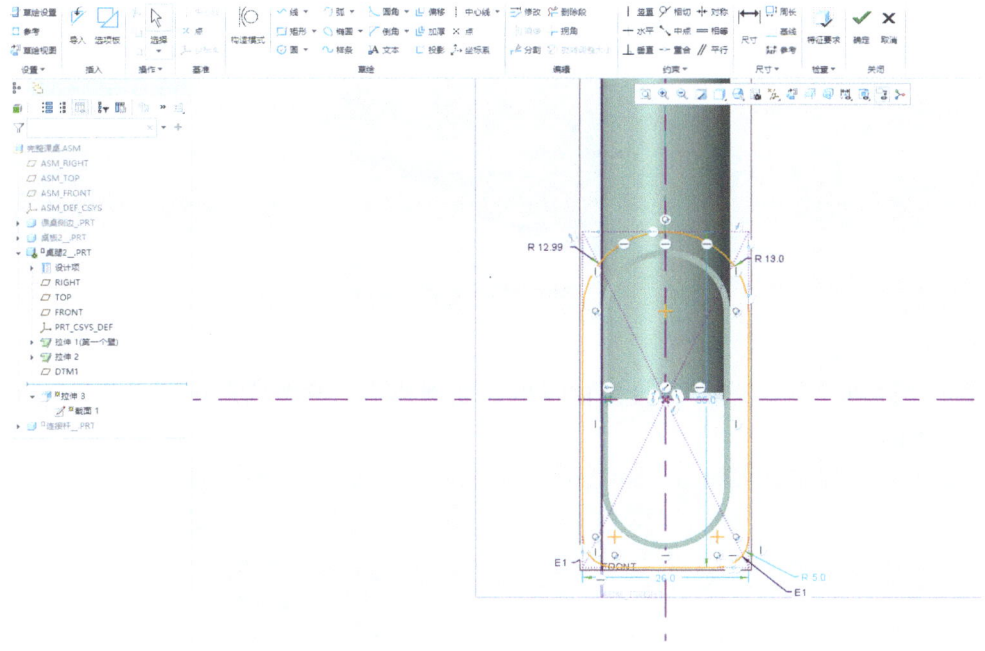

图 2-110 绘制草图

两侧均为可变，如图 2-111 所示。

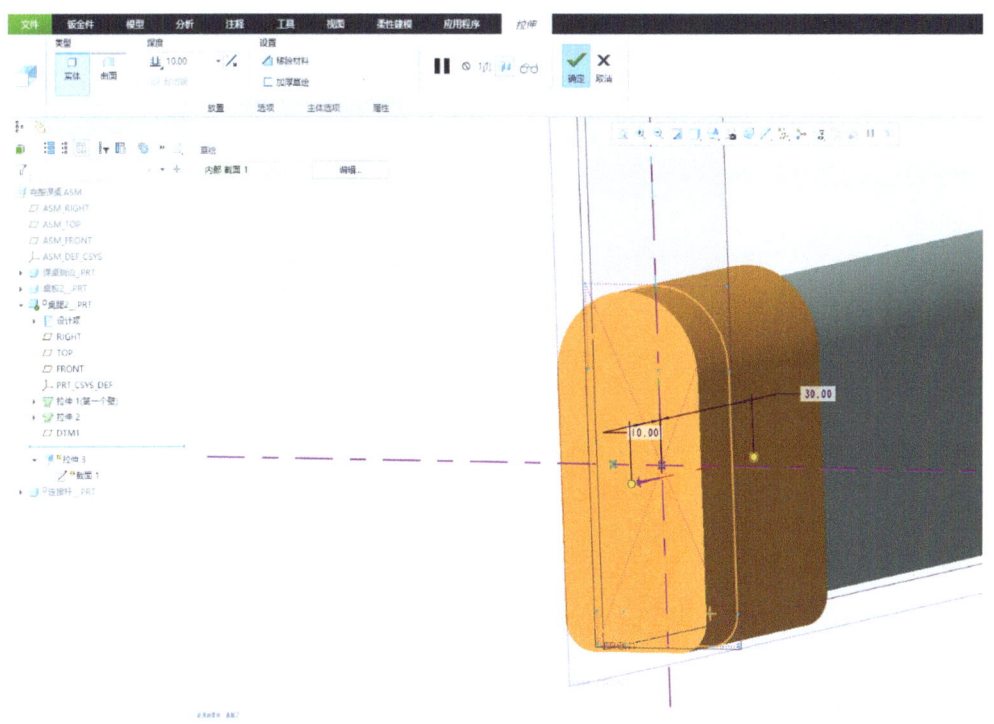

图 2-111 两侧均为可变

完成后如图 2-112 所示。

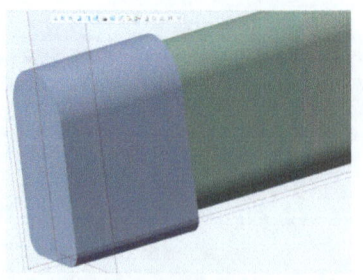

图 2-112　完成

7. 镂空桌角套

单击"拉伸"→"投影",投影横桌腿的轮廓曲线,或者选取中心点手动绘制,如图 2-113 所示。

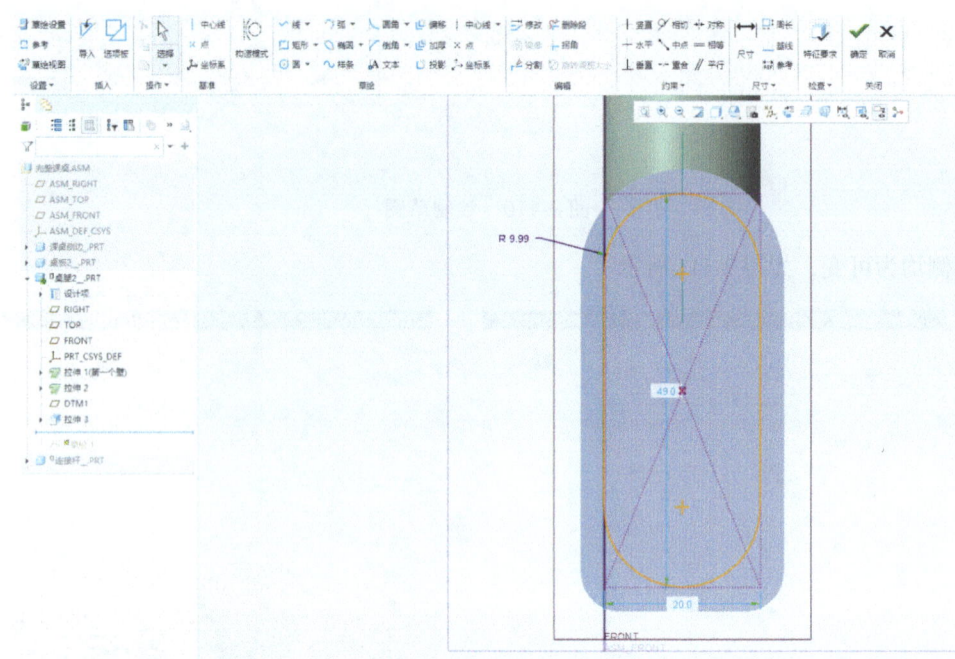

图 2-113　轮廓曲线

单击"移除材料",如图 2-114 所示。

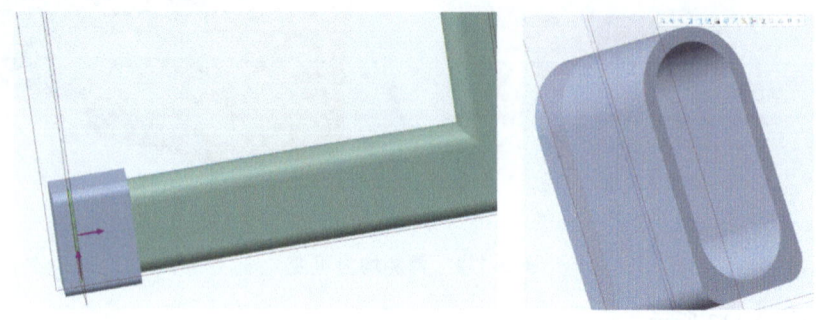

图 2-114　移除材料

8. 完善桌角套外观

单击"拉伸",绘制草图,如图 2-115 所示。

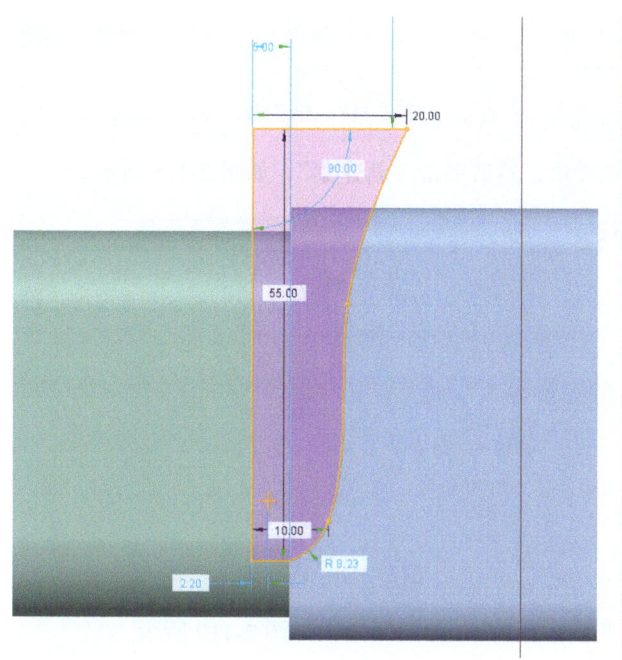

图 2-115　草图

选择"移除材料",如图 2-116 所示。

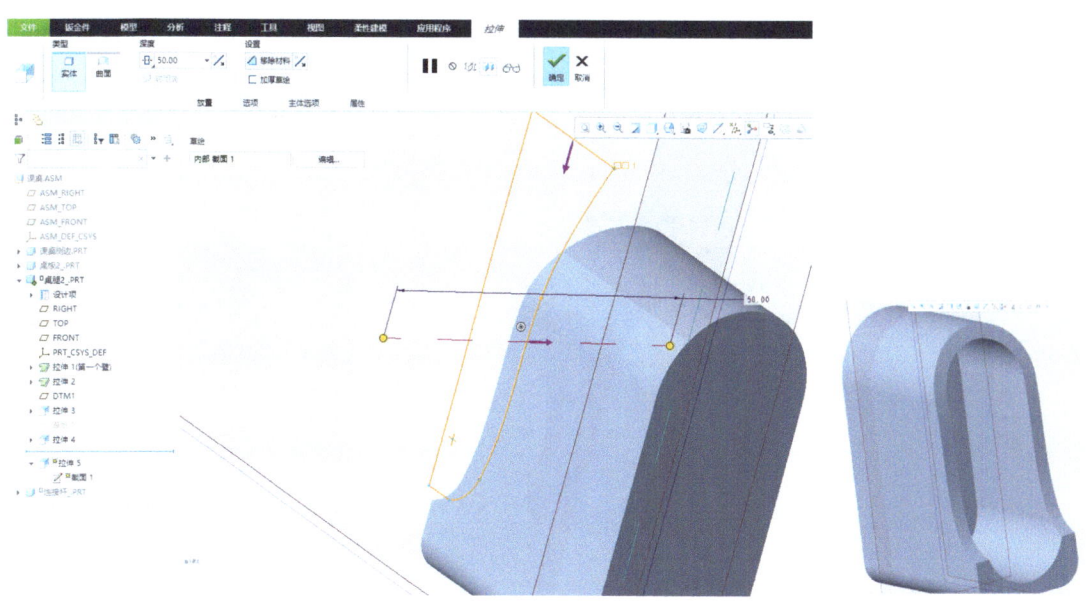

图 2-116　移除材料

9. 桌脚套倒圆角

单击"倒圆角",如图 2-117 所示。

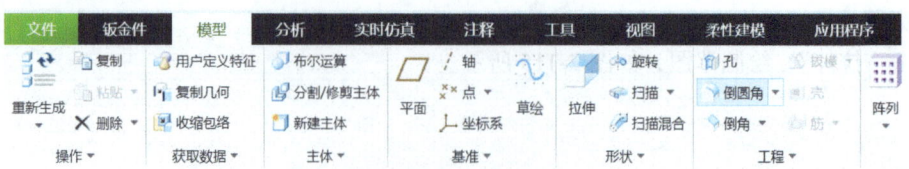

图 2-117　倒圆角

使用半径 1mm 的倒圆角，然后单击"新建集"，如图 2-118 所示。

图 2-118　新建集

选择集 2，再为外侧倒半径为 5mm 的圆角，如图 2-119 所示。
桌脚套完成后如图 2-120 所示。

图 2-119　倒半径 5mm 的圆角

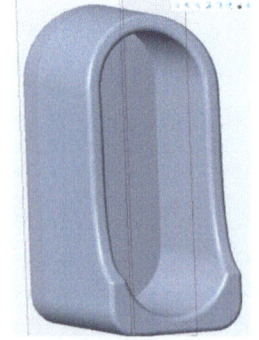

图 2-120　桌脚套完成效果

10. 镜像桌脚套

选择前面做的和桌脚有关的项目，单击"镜像"，也可先合并成一个组再镜像。单击中间平面为镜像平面。完成后，如图 2-121 所示。

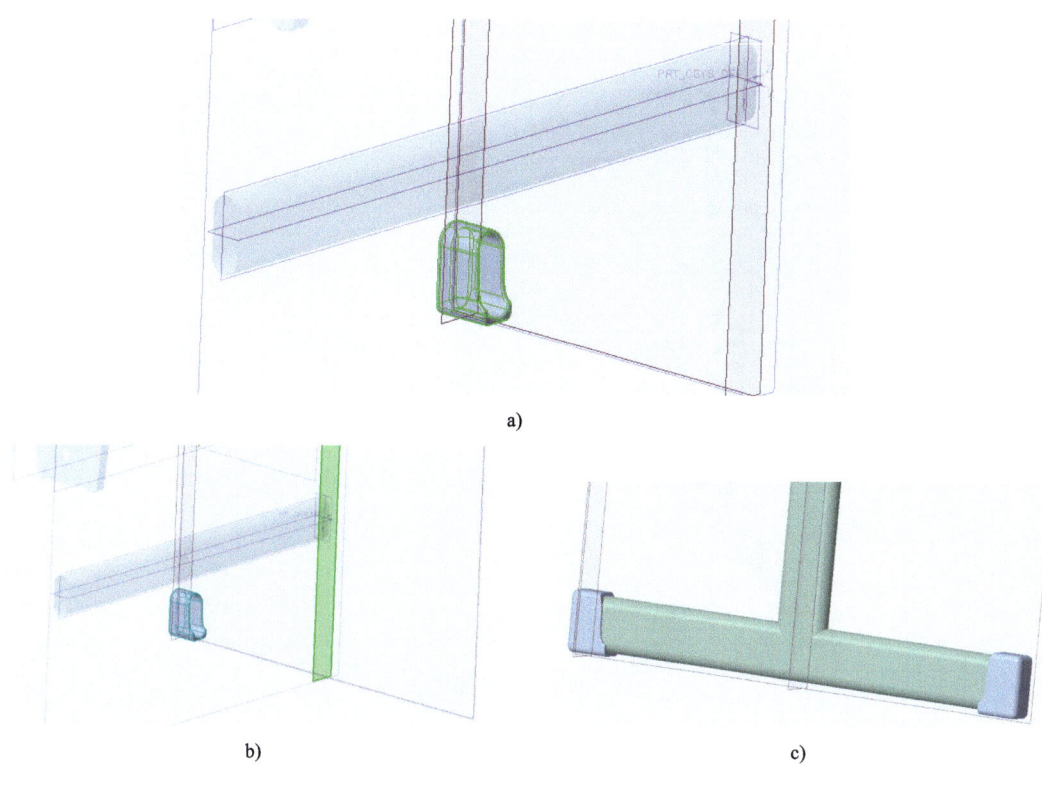

图 2-121 镜像桌脚套

11. 生成整个桌腿的镜像平面

单击"平面",如图 2-122 所示。

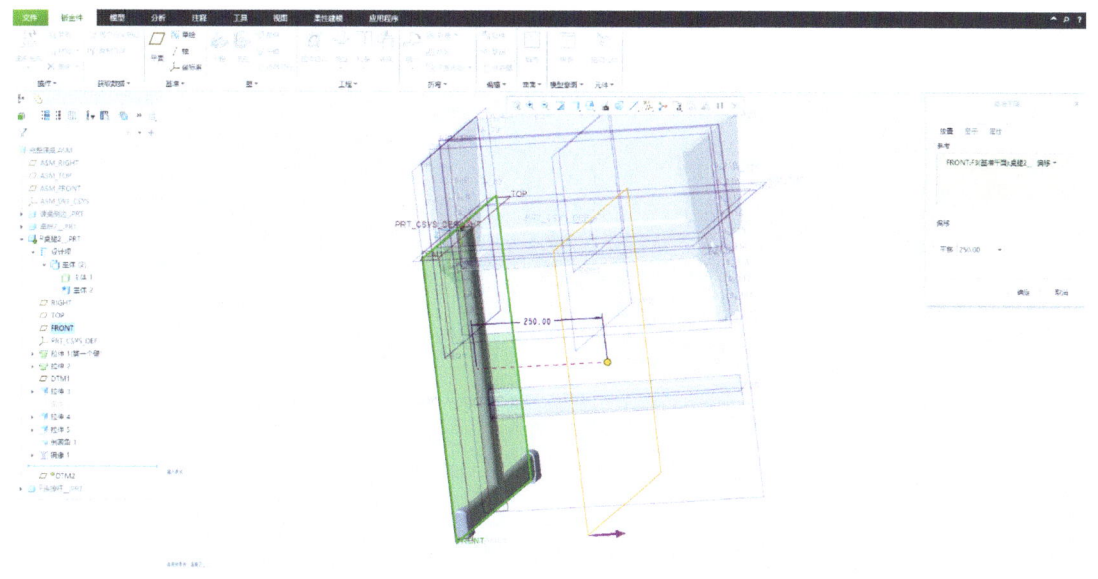

图 2-122 单击平面

完成,如图 2-123 所示。

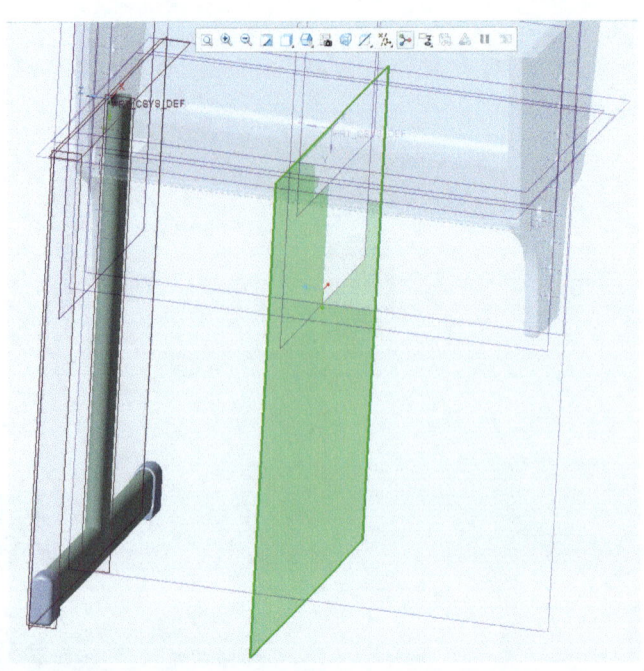

图 2-123　完成

12. 镜像整个桌腿

选择整个桌腿,单击"镜像",如图 2-124 所示。

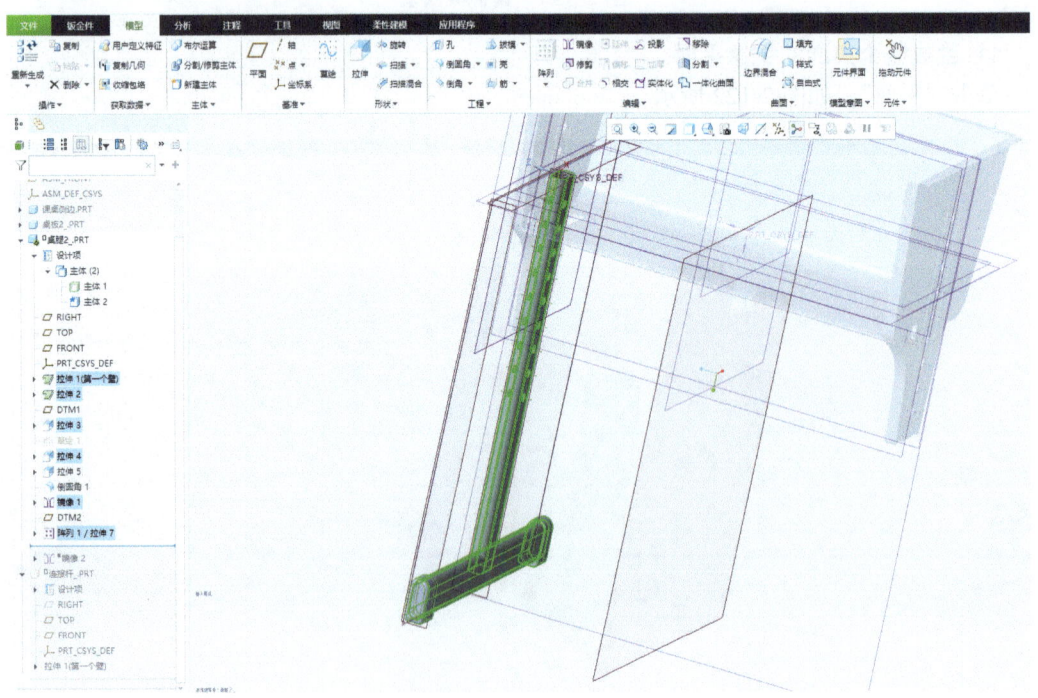

图 2-124　选择整个桌腿

选中生成的镜像平面,如图 2-125 所示。

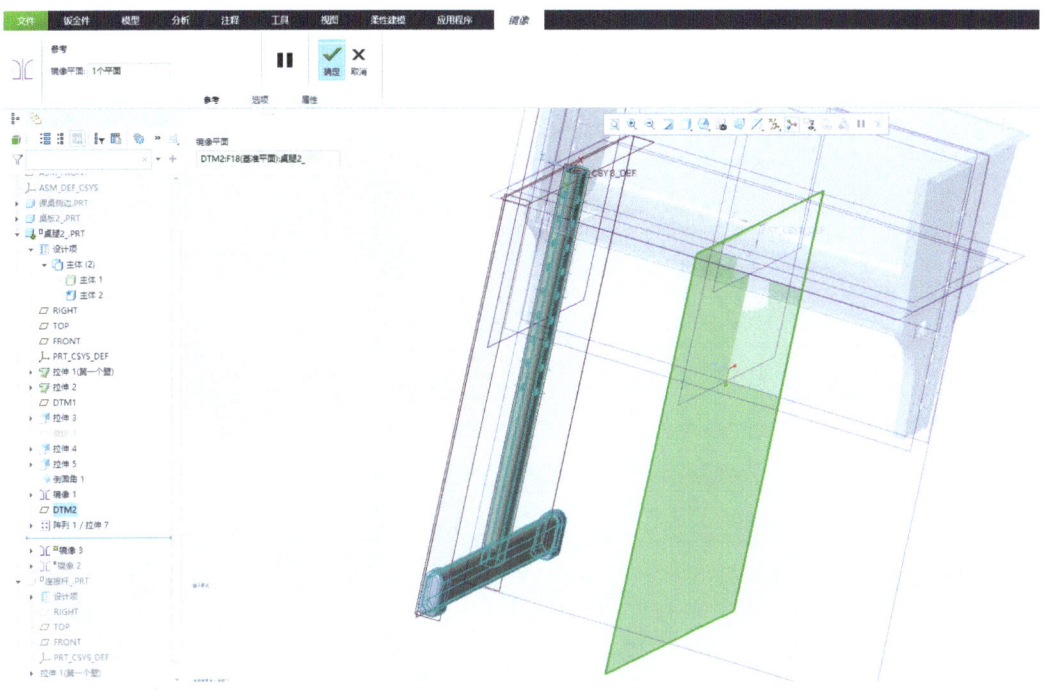

图 2-125 选中生成的镜像平面

完成桌腿,如图 2-126 所示。

13. 桌腿连接杆

激活装配文件,单击"创建",创建钣金件,文件名:连接杆,如图 2-127 所示。

图 2-126 完成桌腿

图 2-127 创建文件:连接杆

对齐两个平面,如图 2-128 所示。

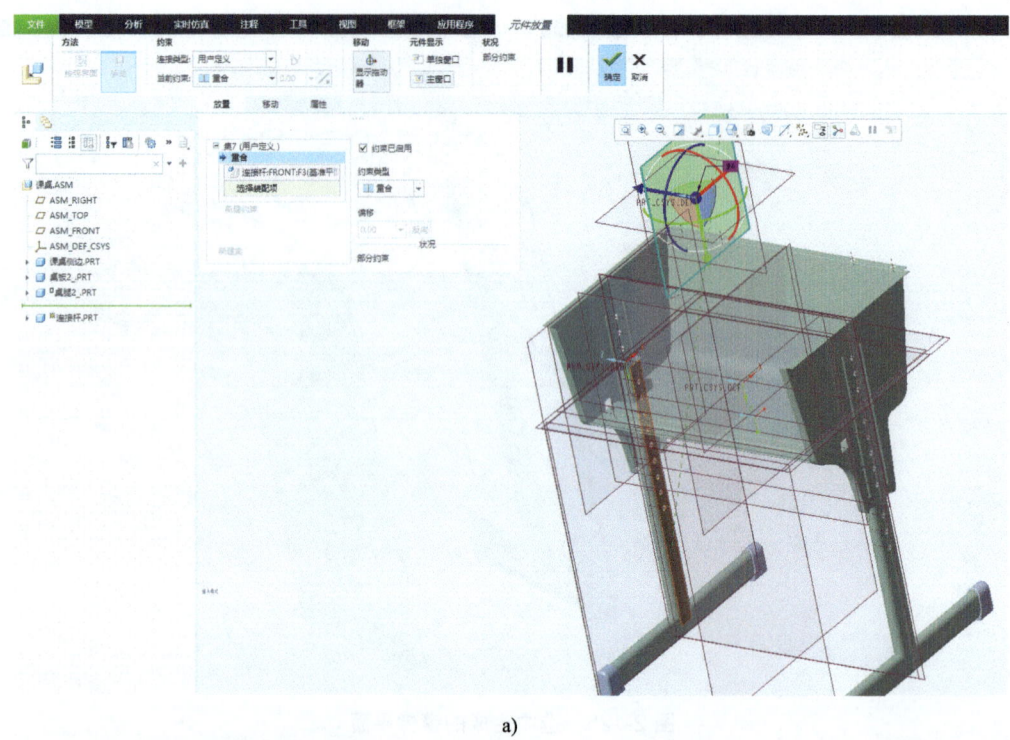

a)

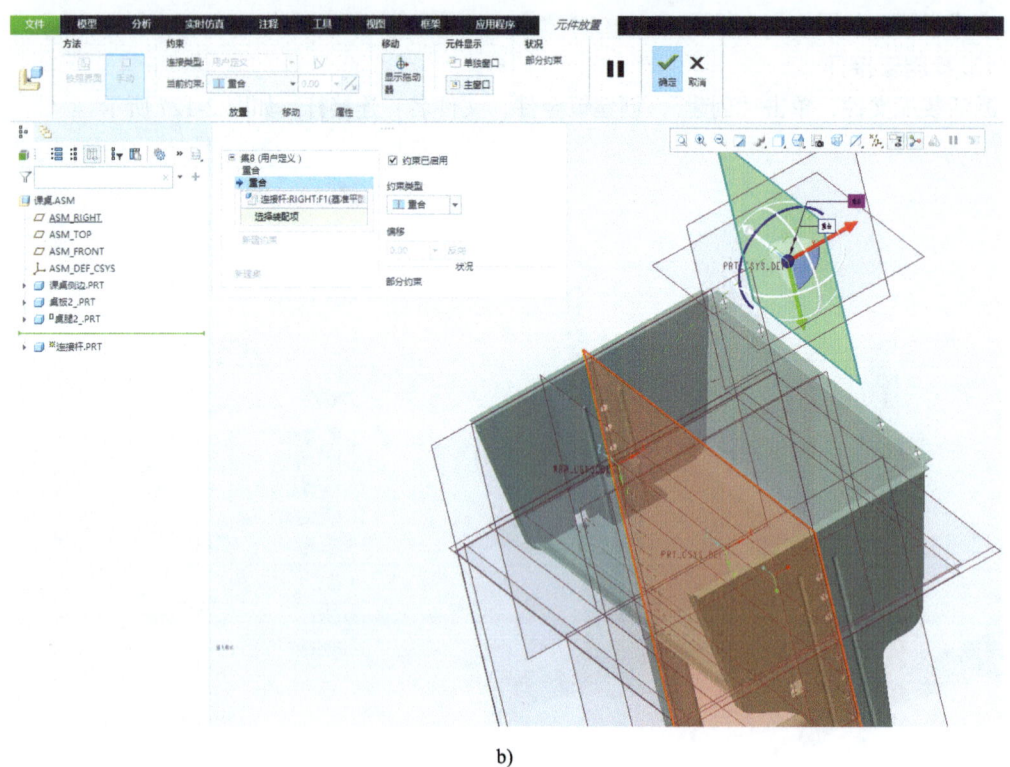

b)

图 2-128　对齐两个平面

完成平面对齐，如图 2-129 所示。

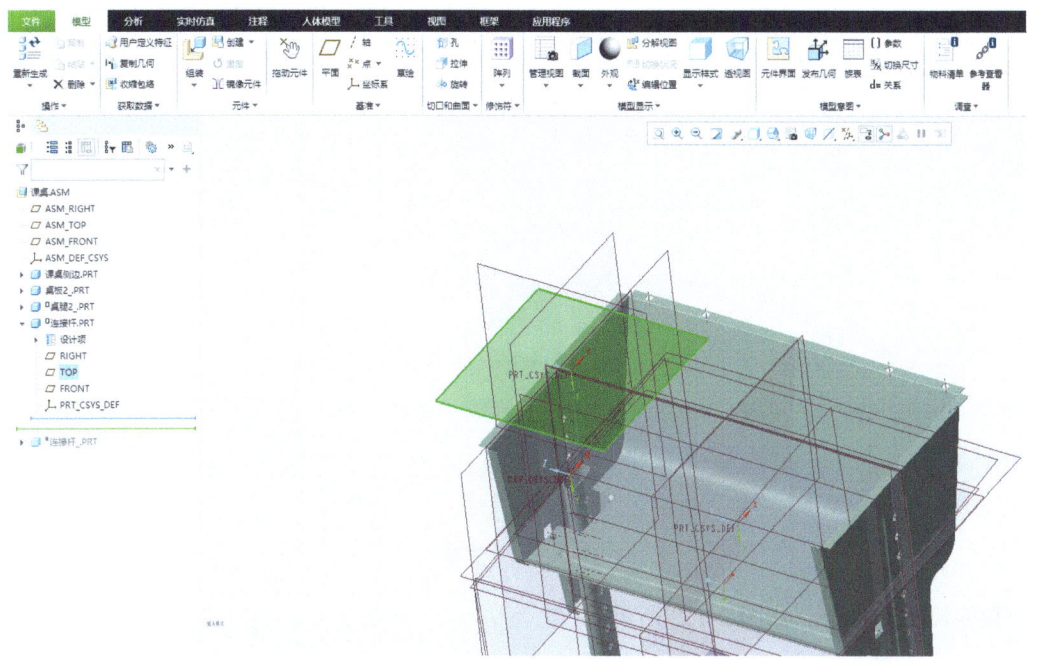

图 2-129　完成平面对齐

再单击"拉伸",如图 2-130 所示。

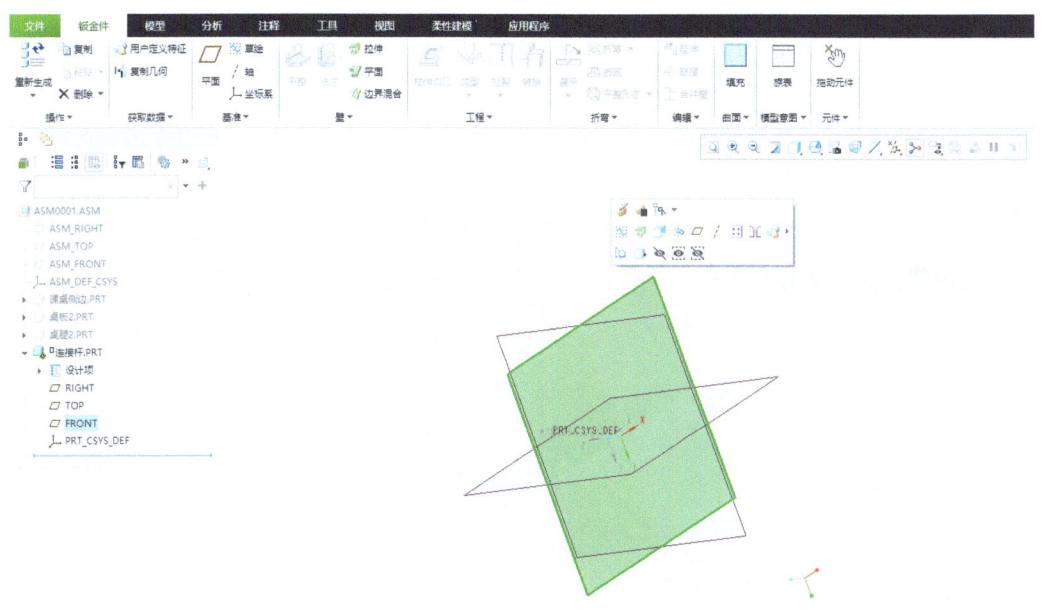

图 2-130　单击拉伸

绘制草图,如图 2-131 所示。

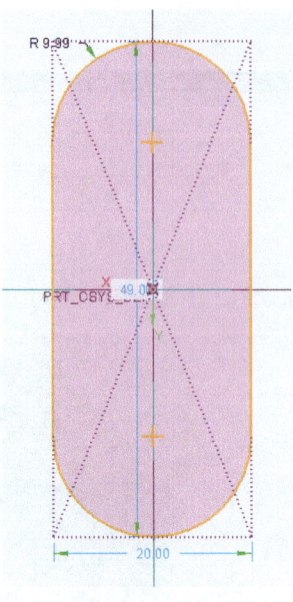

图 2-131 草图

拉伸长度 480mm，如图 2-132 所示。

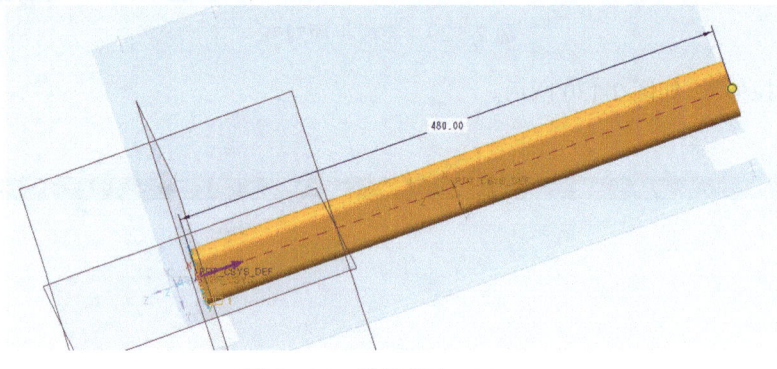

图 2-132 拉伸长度 480mm

完成拉伸，如图 2-133 所示。

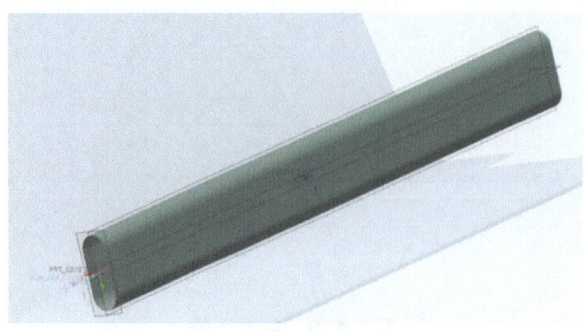

图 2-133 完成拉伸

选中桌腿文件，单击"编辑定义"，编辑桌腿的定位约束，如图 2-134 所示。

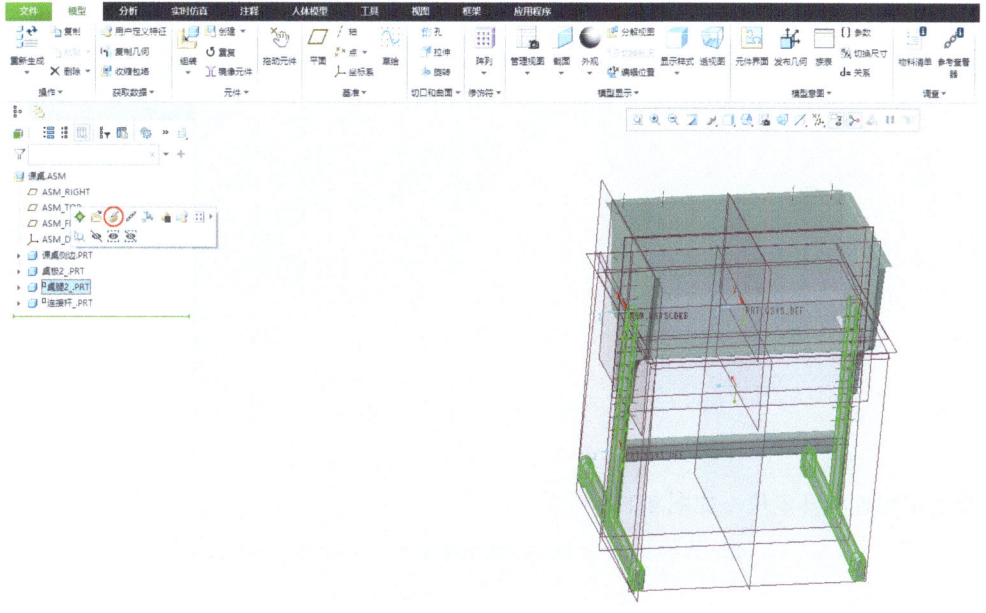

图 2-134　编辑桌腿的定位约束

删除自动定位。右键单击"自动",单击"删除",如图 2-135 所示。

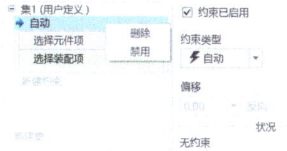

图 2-135　删除自动定位

内桌板和侧桌板打的孔的轴线对齐,如图 2-136 所示。

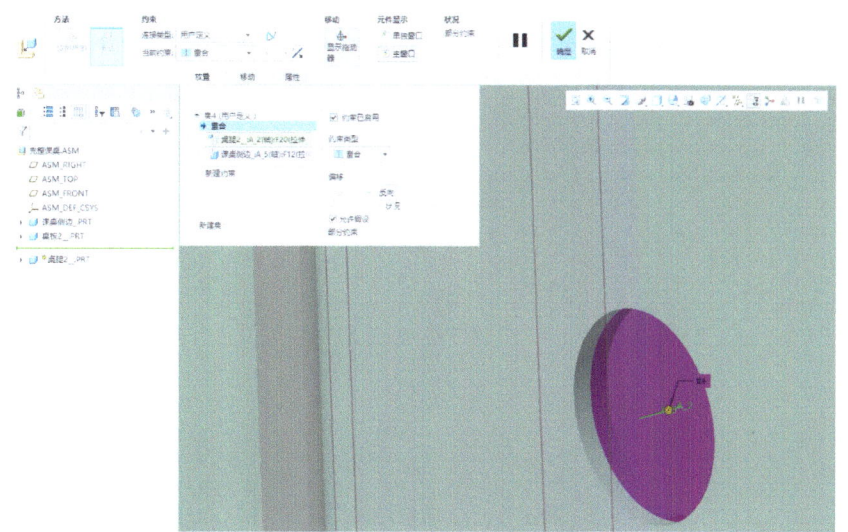

图 2-136　内桌板和侧桌板打的孔的轴线对齐

完成对齐，如图 2-137 所示。

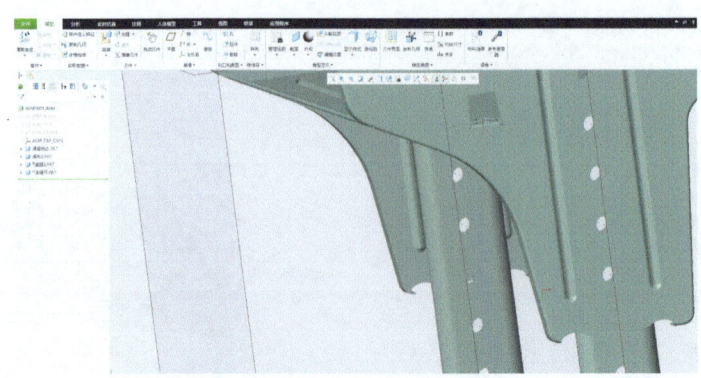

图 2-137　完成对齐

最后编辑连接杆定位，如图 2-138 所示。

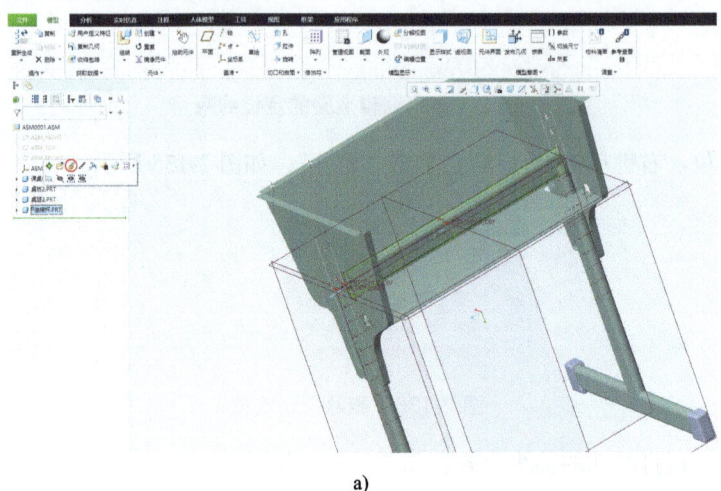

a)

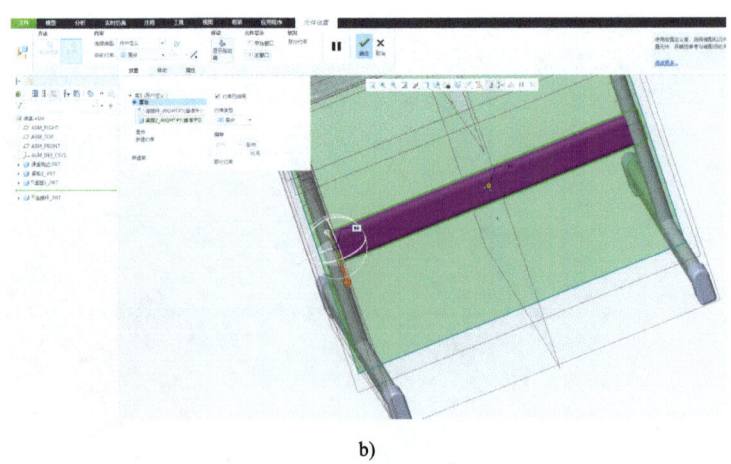

b)

图 2-138　编辑连接杆定位

调整至合适的位置。完成装配，如图 2-139 所示。

图 2-139 装配完成

（四）生成效果图、爆炸图

1. 效果图

（1）装配图　装配的基本步骤如下：

1）创建装配文件：创建一个新的装配文件。

2）添加零件：单击界面上方模型选项模块中的元件区域的组装功能，打开组装界面。在组装界面中找到想要组装的零件名称，选中零件之后，单击右下角的打开按钮，即可将选中的零件模型放置到绘图窗口中。

3）放置零件：展开放置功能，约束零件，并将其放置在要装配的指定位置。当"位置"（placement）列中显示完整约束时，零件的位置正好合适，不能移动。单击图标"√"保存以上装配操作，并重复该操作来装配其他零件。

对于标准件，可以在"工具"菜单里选择，如螺钉、定位销等，如图 2-140 所示。

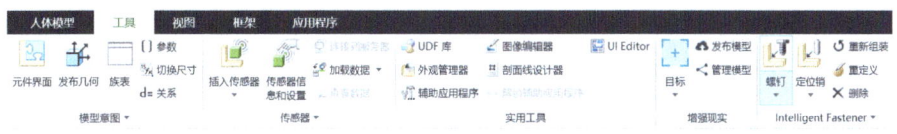

图 2-140　标准件

4）定义约束：在放置选项下选择新建约束，并分别按照约束类型考虑模块 1 和模块 2 的约束项（曲面、轴等）。

5）完成装配：一个约束完成后，可新建约束，多个约束共同完成零件的配合关系。约束全部建立之后，单击"确定"完成装配。

建立桌面模型后，按照上述步骤完成装配。

（2）效果图　运用"视图"和"外观"命令进行着色，得到效果图，如图 2-141 所示。

图 2-141　生成效果图

2. 爆炸图

爆炸图能清晰地展示各个零件之间的关系。生成爆炸图的步骤如下：

1）打开 Creo 软件，加载所需的装配体"课桌"。
2）单击"视图管理器"，切换到"分解"模式。
3）新建一个分解视图，并命名为"课桌"。
4）编辑分解位置，选择要移动的零件，然后使用鼠标左键在坐标轴上拖拽以移动零件。
5）旋转零件，选择零件后，单击旋转图标，选择旋转轴进行旋转。
6）使用引线来表达分解关系，可以通过偏移线来实现。
7）完成分解后，保存分解视图。
8）取消分解视图，以便在需要时返回原始状态。
9）如果需要，可以使用"文件"→"储存副本"来保存爆炸图的副本。
10）选择消隐视图，可以得到消隐后的爆炸视图。

按照上述步骤，生成爆炸图，如图 2-142 所示。

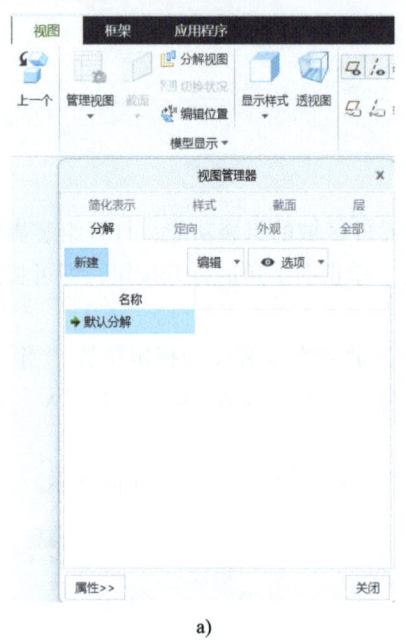
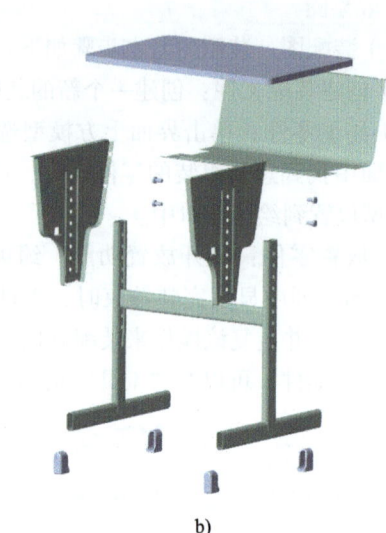

a)   b)

图 2-142　生成爆炸图

四、知识拓展

1. 钣金材料

常见的钣金材料有冷轧板、电镀锌板、热镀锌板、热轧板、不锈钢板、SD 钢板、不锈铁板、镀铝锌板、铝板和铝合金板等。各种材料的特点如下：

1）冷轧板耐蚀性较差，常作为其他材料的基材。
2）电镀锌板是采用冷轧板作为基材并电镀锌层产生的，热镀锌板是用冷轧板作为基材并在熔融的锌金属液中热镀锌层产生的。

3）热轧板常用于生产铰链之类的产品。
4）SD 钢板具有良好的耐蚀性，一般用于空调外机安装的支架。
5）不锈钢板和不锈铁板室外的耐蚀性良好，常用来生产家电的外观件。
6）镀铝锌板由于表面光洁，可用于制作家电的后背钢板；铝板和铝合金板因其密度低，常用于冰箱接水盘等。

2. 钣金装配结构

（1）卡扣装配　选择合适的卡扣和卡槽形状进行配对选用，如图 2-143 所示。根据面向装配的设计导向原则，卡扣的前端需设计一个 30° 的导向结构，以保证装配顺利。

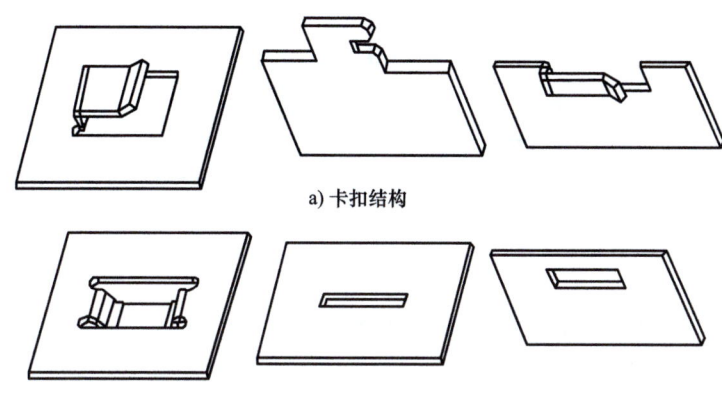

a) 卡扣结构

b) 卡槽结构

图 2-143　卡扣装配

（2）拉（铆）钉装配　拉钉（图 2-144a）装配是通过将拉钉插入两个零件的对应孔内，用拉钉枪（图 2-144b）拉动拉杆直至拉断，使外包的拉钉套变形胀大，直至大于孔的直径，从而达到将两个零件装配在一起的目的。常用的拉钉包括平头拉钉（图 2-144c）和圆头拉钉（图 2-144d）。钣金件通孔的尺寸一般比拉钉尺寸大 0.1~0.3mm。

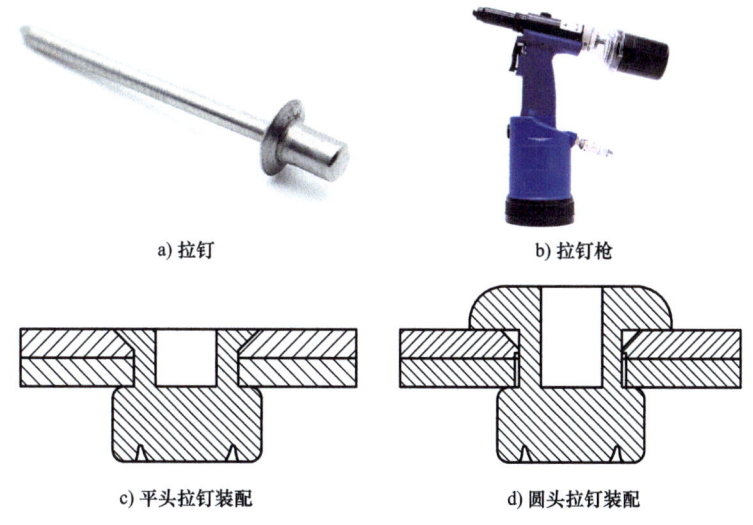

a) 拉钉　　　　　　　　　　　　b) 拉钉枪

c) 平头拉钉装配　　　　　　　　d) 圆头拉钉装配

图 2-144　拉钉装配

（3）自铆装配　一个零件（带有沉孔）和另一个零件（带有抽牙孔）配合，两个零件贴合在一起，然后通过模具冲头使得抽牙孔胀开，填充至沉孔的角孔内，从而使两个零件装配成一个整体，如图 2-145 所示。

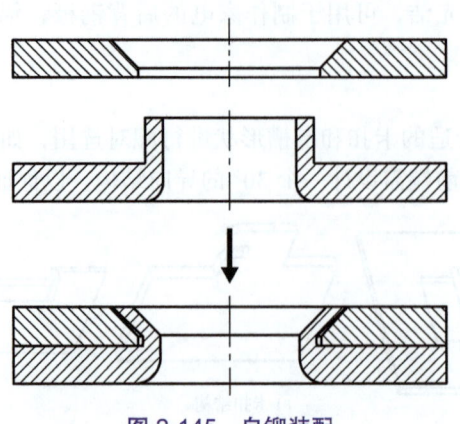

图 2-145　自铆装配

（4）螺钉机械装配

1）抽牙孔 + 自攻螺钉进行装配，如图 2-146 所示。

2）抽牙孔 + 攻牙 + 螺钉进行装配。

3）铆合螺母 + 螺钉进行装配，如图 2-147 所示。

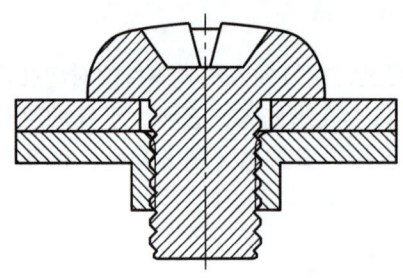

图 2-146　抽牙孔 + 自攻螺钉

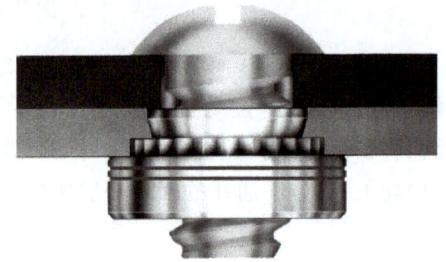

图 2-147　铆合螺母 + 螺钉

（5）点焊装配　点焊是两个钣金件在接触面处的一些点被焊接起来。焊接时，先把钣金件表面清理干净，然后把两个钣金件对齐装配好，压在两柱状铜电极之间，施加压力压紧。当通过足够大的电流时，在零件的接触处产生大量的热，中心区域的金属很快加热至高塑性或熔化状态，形成一个透镜形的液态熔池，继续保持压力，断开电流，金属冷却后，便形成一个焊点。焊点之间的距离一般不超过 35mm。当钣金件通过点焊装配时，应当在两个钣金件上添加定位特征（如定位柱和定位孔），以辅助钣金件的点焊和提高钣金件的装配尺寸精度。

五、思考与联想

精益求精——打造国产大飞机 C919 的"生命之门"

精益求精的工匠精神是怎么养成的？让我们到杭州市钱塘区的一家飞机制造企业——浙江

西子势必锐航空工业有限公司去看看。

2009年,西子航空投标C919项目,成为该项目9家机体结构供应商中唯一的民营企业。西子航空负责C919项目两扇"生命之门"——应急发电机舱门(RAT门)和辅助动力装置门(APU门)的生产制造。

RAT门位于机头侧下方,是为飞机在失去动力和辅助动力时进行应急迫降而设计的;APU门位于机身尾部,辅助动力装置APU的主要作用是在主发动机或其发电装置出现故障时,能向飞机提供应急能源。

作为飞机上唯一一种可以在飞行过程中打开的舱门,RAT门有很多特殊的工艺要求,其中铝合金鹅颈接头部件很关键,铝合金鹅颈接头的造型就像天鹅颈,在制孔过程中最难的是确定"位置度"。也就是说,要保持贴合面定位准确,要确保零件各个尺寸在合理公差范围内。另一方面,APU门位于飞机尾部的高温区域,需要具有耐高温、阻燃和耐烟等特性。为此,C919飞机设计团队创造性地选用了一种耐高温的碳纤维复合材料,这种材料在国外曾使用在火箭等航天器材上,在国内航空领域还是首次使用。不过这种复合材料硬度很高,制孔的时候非常容易开裂。因此这种材料对钻孔的刀具、技艺要求都很高。为了摸清材料特性,西子航空的研发团队从试片到原件再到组件,进行了上百次试验,就像搭积木一样,一步一步找到最适宜的使用方式。这一研发过程持续了近五年。

对于飞机气动外表面,因为要直接面对气流,蒙皮铆钉的齐平度尤为重要。铆接完之后,铆钉可能会凸出表面或者是低于表面。"C919RAT舱门的蒙皮,只有2.3mm。为满足齐平度要求,公差只有0.01mm,而我们要争的就是这0.01mm。"西子航空C919项目班长刘绍勇说,"在我们的努力下,能保证误差控制在0.01mm范围内。"

"执着专注、精益求精、一丝不苟、追求卓越"。西子航空秉持工匠精神,必将为我国航空工业的发展注入更强的动力。

六、课后思考

1)依据面向制造与装配的结构设计原则,在设计钣金件的结构时应注意什么?
2)拆解一款具有钣金件的产品,分析其钣金件的结构设计要点。

项目三

球阀结构设计

【知识目标】

1) 掌握产品结构设计的基本原则。
2) 掌握铸造壳体、轴类、盘盖类等典型零件的造型结构特点。
3) 掌握铸造壳体、轴类、盘盖类等典型零件的装配结构特点。

【技能目标】

1) 具有丰富的空间设计思维能力。
2) 具有认真制订工作计划并认真执行的能力。
3) 会设计铸造壳体、轴类、盘盖类等典型零件的造型结构和装配结构。

【素质目标】

1) 具有团队协作、勇于创新的精神。
2) 具有爱岗敬业、实事求是、精益求精的工作作风。
3) 具有良好的表达和沟通能力。

一、项目任务书

【设计任务】

设计一款型号代码为 Q11F-20 DN20（手动、1—螺纹式连接、1—浮动式直通流道、F—密封材质氟橡胶、20—公称压力 2MPa、DN20—公称通径 20mm）的球阀。参考样例如图 3-1 所示。

a) b)

图 3-1 球阀

【设计要求】

1) 完成零件的三维建模和工程图,生成三维效果图和爆炸图。

2) 零件造型结构和装配结构合理。

二、知识链接

(一) 连接结构

连接结构是产品设计中一个重要内容。构成产品的零部件需要以一定方式连接固定在一起,组成整体,以实现产品的设计功能。如图 3-1 所示的球阀是由手柄、阀体和阀盖等零件组成的。

1. 概述

(1) 连接结构的功能

1) 方便制造。结构复杂的产品很难一体制成,必须分解为若干零件和部件,然后通过连接形成一个完整的产品。

2) 便于维修。由多个零件连接组成的产品,维修时可以更换和维修部分零件,不仅操作简便,更能减少浪费。

(2) 连接结构的种类 按照不同的连接原理,连接可以分为机械连接、粘接和焊接三种连接方式。按照结构的功能不同,连接结构可以划分为以下几类:

1) 不可拆的固定连接结构。不可拆的固定连接的目的是使被连接零部件形成一个功能整体,如果拆卸将破坏所连接的零部件。常用形式包括铆接、不可拆的卡扣连接、焊接和粘接等。

2) 可拆的固定连接结构。可拆的固定连接的目的是将被连接件按设计位置固定、组合在一起,并为了方便维修或储存又可拆开。常用形式包括螺纹连接、销连接、可拆的卡扣连接、弹性连接及过盈连接等。

3) 活动连接结构。活动连接的目的是将被连接件组合在一起构成一个功能体,被连接零件间按设定的运动规律或在一定范围内做相对运动。按相对运动的形式又可分为转动连接、移动连接和柔性连接等。

（3）连接结构的设计要求　连接结构的设计要求是连接可靠、工作稳定、简单、耐久及便于加工制造和装配。

对不可拆固定连接结构，通常拆卸时应保护被连接的主体零部件，损坏连接件。对经常拆卸的固定连接结构，应考虑拆卸方便、快捷，不损坏连接的主体零部件和连接件。

对活动连接结构，主要考虑工作稳定性和使用寿命。

2. 固定连接结构

（1）固定铆接结构　使用铆钉连接两件或两件以上的零件称为铆接。固定铆接是在被连接件上加工铆钉孔，插入铆钉，通过敲击、挤压等外力，使铆钉变形、压紧被连接零件端面，从而将被连接件固定在一起的连接方法，如图3-2和图3-3所示。铆接既可用于金属件连接，也可用于非金属件连接。被连接的零件一般为薄板件。

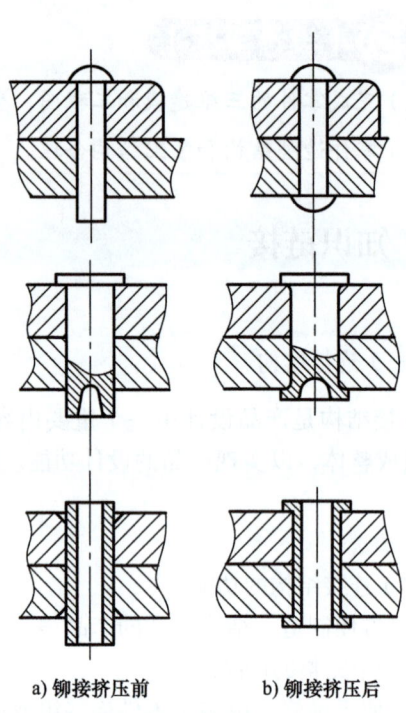

a) 铆接挤压前　　b) 铆接挤压后

图 3-2　铆钉　　　　　　　　　　　图 3-3　铆接

还有一种常用铆钉是抽芯铆钉，由铆体、钉芯组成，如图3-4所示。抽芯铆钉是一类单面铆接用的铆钉，须使用拉铆枪进行铆接。铆接时，铆钉钉芯由专用拉铆枪拉动，使铆体膨胀，起到铆接作用。这类铆钉特别适用于不便采用普通铆钉的铆接场合，广泛用于建筑、汽车、船舶、飞机、电器、家具等产品上。

1）金属铆接结构。铆接工艺简单、成本较低、抗振、耐冲击、可靠性高。在承受剧烈冲击载荷的构件上或要求热变形小的部位上可采用铆接连接方式。图3-5所示的锅体与手柄采用了固定铆接。

设计铆接时主要考虑铆钉的选择、铆钉孔的尺寸及铆接工艺等。

图 3-4　抽芯铆钉

金属铆钉是系列化生产的标准零件,选择时可参阅有关设计手册确定。

图 3-5 锅体与手柄的铆接

2)塑料铆接结构。塑料铆接常用来连接不同材质的零件,连接热固性塑料与热熔性塑料零件,或塑料零件与金属零件。塑料铆接的形式有埋头铆接、半圆型铆接、基本型铆接、低矮型铆接、中空型铆接等,如图 3-6 所示。

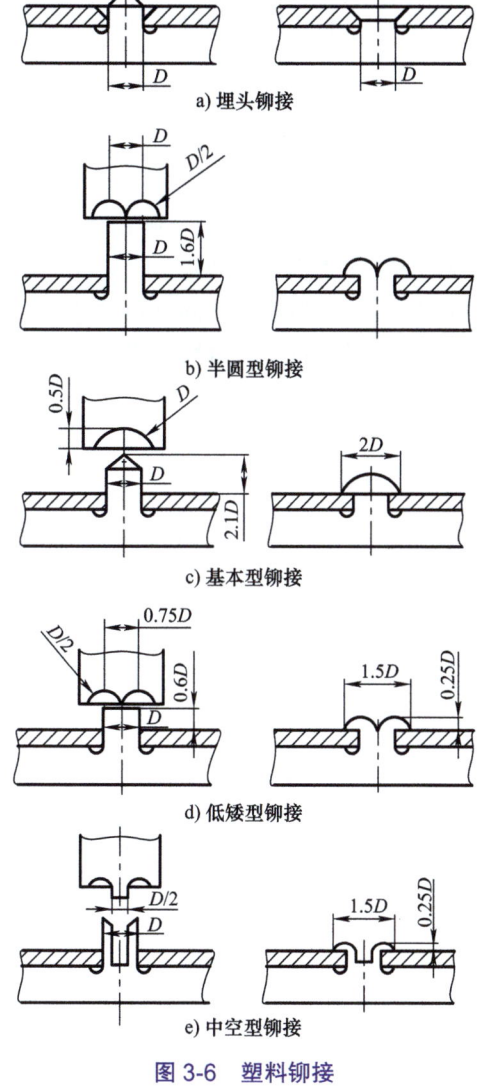

图 3-6 塑料铆接

（2）粘接结构

1）粘接结构的特点。粘接是用黏合剂将被连接件表面连接在一起的过程。粘接与其他连接方式比较，有以下特点：

① 应力分布均匀，可提高接头抗疲劳强度和使用寿命，提高构件动态性能。

② 粘接面以面承受载荷，总的机械强度比较高。

③ 结构重量轻，粘接表面平整光滑。

④ 具有密封、绝缘、隔热、防潮、减振的功能。

⑤ 可连接各种相同或不同的材料。

⑥ 工艺简单、生产效率高。

⑦ 耐高、低温性较差，存在老化问题。

2）黏合剂的种类。粘接广泛用于电器、仪表、小家电及玩具等产品中。高强度黏合剂的发展拓展了粘接的应用范围，在连接强度要求高的结构中，可将粘接与焊接、铆接组合使用。

粘接使用的黏合剂种类繁多、性能各异，适合不同要求。常用黏合剂有环氧树脂黏合剂等。

环氧树脂黏合剂应用非常普及，具有粘接强度高、收缩率小、耐介质、绝缘性好、配制简单、使用方便及使用温度范围广（−60~200℃）等优点。但脆性较大，耐热性较差。主要用于金属、塑料、陶瓷的粘接。

用特殊硅橡胶材料为基础材料制成的有机硅粘接密封胶，具有更优的耐温性，可在 −60~315℃ 范围内长期使用，除了具有卓越的耐温性，还有粘接性好、防潮、减振、抗漏电和耐老化性能，广泛用于耐温要求高的场合的粘接和密封。如图 3-7 所示的蒸气熨斗的水箱即采用了粘接方式固定密封。

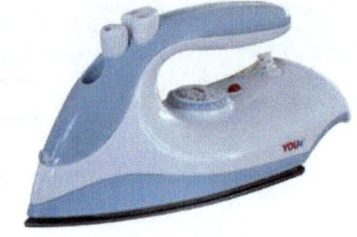

图 3-7　采用粘接密封的蒸气熨斗

3）粘接结构的接头形式。粘接结构的接头形式有对接、搭接、斜接等多种形式，如图 3-8 所示。

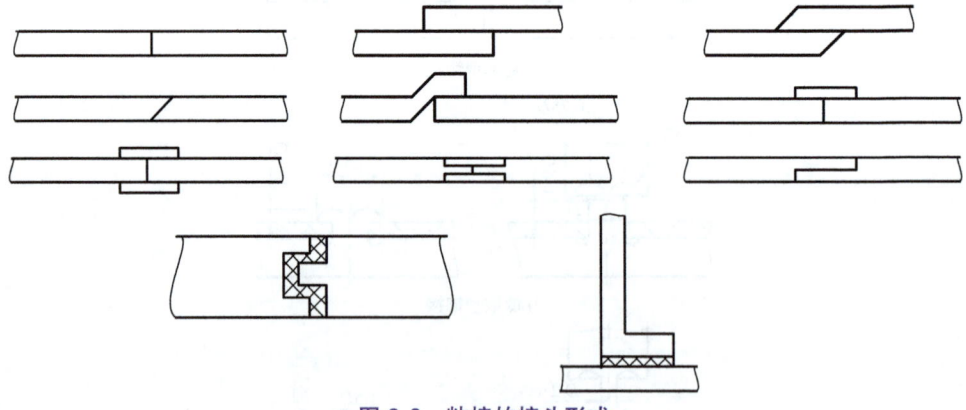

图 3-8　粘接的接头形式

4）粘接应注意的问题。粘接的工艺过程比较简单，但为获得理想的粘接效果，还应注意以下几点：

① 增大粘接面积，提高接头抗冲击、抗剥离能力是设计粘接接头的原则。因此，搭接是较好的胶接接头形式。

② 材料的胶接表面状况对胶接质量有直接影响，胶接前需要对材料进行表面处理，其主要工序包括清洗、除油和除锈；喷砂或机械加工，使胶接面具有一定的表面粗糙度；化学处理形成活性易胶接表面等。

③ 选择黏合剂品种时需考虑粘接件材料的种类和性质（金属或非金属、刚性或柔性等）、接头使用环境（受力状况、温度、湿度、介质等）和允许的胶接工艺条件（固化温度、压力等）等。

（3）超声波焊接结构　采用超声波焊接时，两结合面接头形状的设计对于获得良好的连接效果起着重要的作用。其接头形式通常设计为以下几种：

1）平齐式：此种接头需要很长的焊接时间和很大的焊接能量，而且焊后焊缝周边会有熔胶溢出，影响外观，如图 3-9a 所示。

2）三角式：在结合面上做一条截面为三角形的超声线，这样会减小焊接能量和时间，但是仍然会有小部分溢料，影响外观，如图 3-9b 所示。

3）止口式：为了防止溢胶影响外观，将超声线做在止口内，防止塑料熔体溢出，如图 3-9c 所示。

4）阶梯式：此接头形式比止口式防溢料效果更好，如图 3-9d 所示。

5）榫槽式：此结构可防止内外烧化，如图 3-9e 所示。

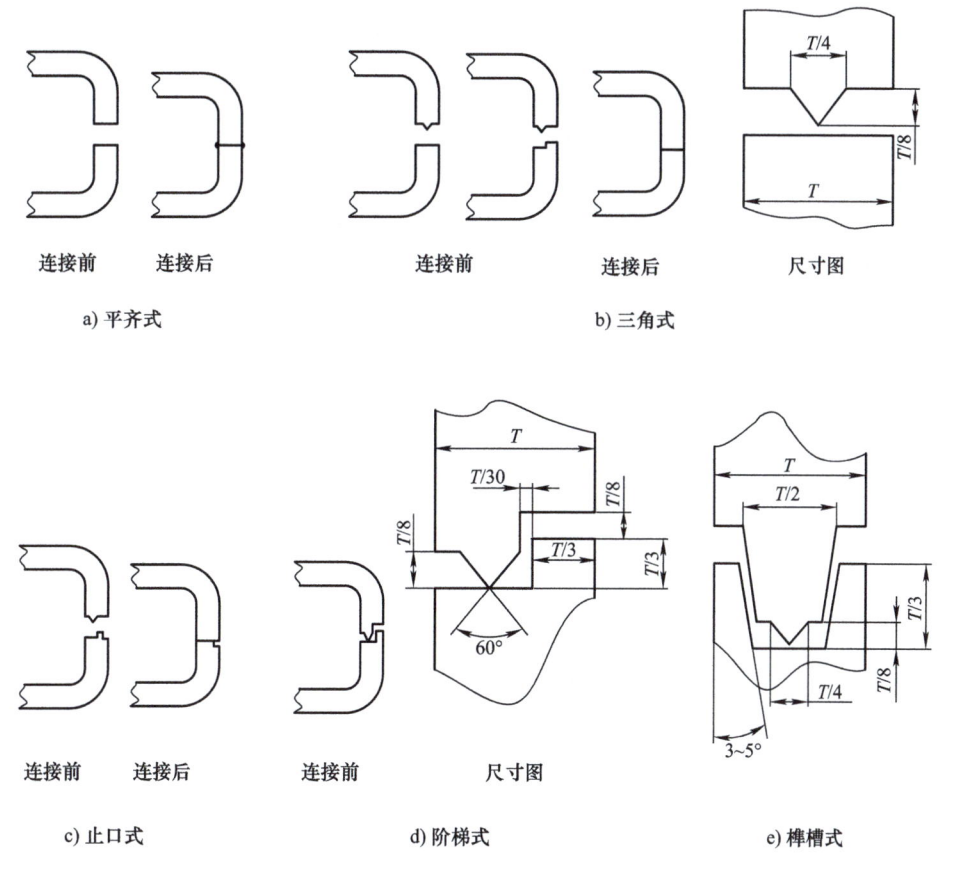

图 3-9　超声波焊接结构

3. 可拆卸的固定连接结构

（1）螺纹连接　螺纹连接是应用广泛的一种可拆固定连接形式，主要用于零件的紧固。螺纹连接件属于系列化生产的标准件，其常用的型式、规格、尺寸等可在标准件手册或设计手册中查到。

一般工业产品中使用的螺纹连接件主要有螺栓、螺柱、螺钉及螺母等，常见连接方式如图 3-10 所示。

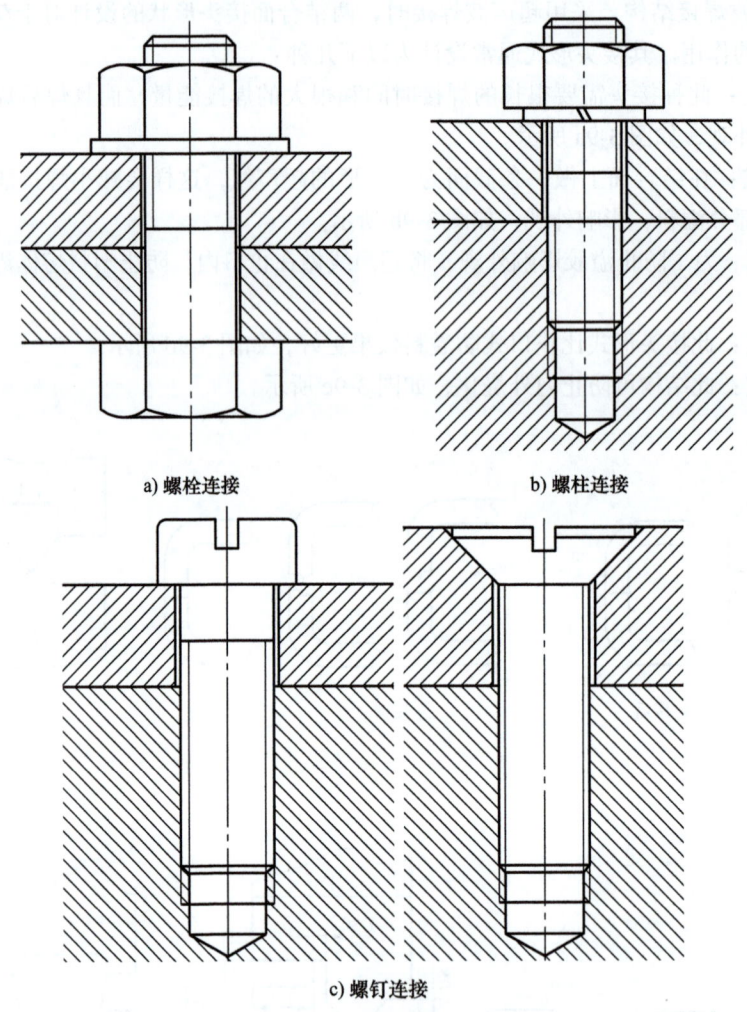

a) 螺栓连接　　　b) 螺柱连接

c) 螺钉连接

图 3-10　常见螺纹连接

螺柱、螺栓主要用于一些连接强度要求高的结构中，一般与螺母、垫圈配合使用。

螺钉的种类较多，按头部形状不同可分为圆柱头、平头、圆头、半圆头、六角头、沉头及半沉头螺钉等；按端头施加扭力部位的形状特征不同可分为外六角、内六角、十字槽、一字槽螺钉等；按主要用途和功能不同又可分为普通机用螺钉、木螺钉、自攻螺钉等。螺钉广泛用于工业产品中零部件的连接固定，如机壳的封口部位、内部零件与机壳、机架的固定等。

管道与管接头的连接一般也采用螺纹连接结构，如图 3-11 所示。

如图 3-12 所示的眼镜的镜框、鼻梁托和镜脚均由螺钉连接。

图 3-11 管接头

图 3-12 眼镜

（2）销连接　销连接是利用各种销插入被连接部件的连接部位，从而实现零部件连接、固定或定位的一种连接形式。销连接需要在零部件的连接部位预制与销配合的孔（锥孔或圆柱孔）。

销属于标准件，常用的销连接如图 3-13~ 图 3-15 所示。

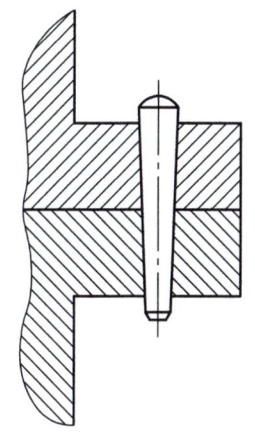
图 3-13　起定位作用的圆锥销

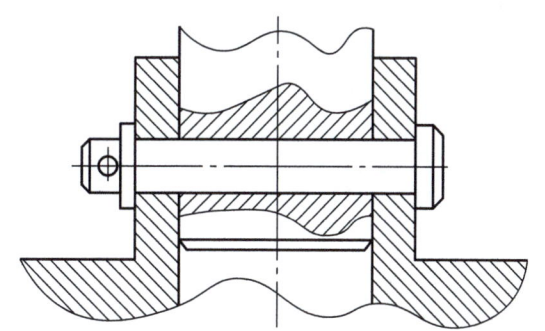
图 3-14　起转动连接作用的销

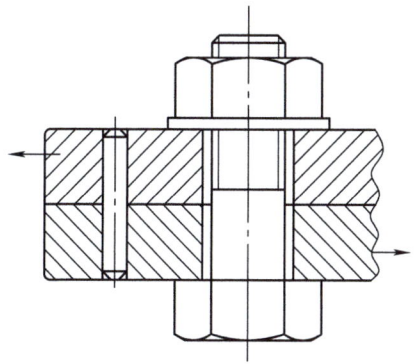
图 3-15　起抗剪切作用的圆柱销

（3）键连接　键主要用于连接轴与轴上的零件，传递转矩，使轴上的零件与轴同步转动。键属于标准件，包括平键、半圆键、楔键及花键等。用于高速运转轴的键连接，设计时应考虑平衡问题，应对称布置。

图 3-16 所示为常用的平键连接。半圆键对轴的强度影响较大，不适于传递大转矩，且不能传递轴向力。使用半圆键连接需考虑设置轴向定位和紧固装置，如图 3-17 所示。

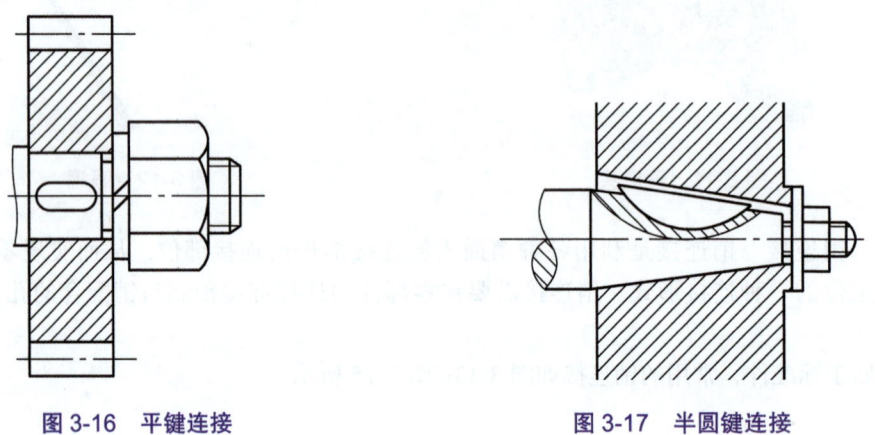

图 3-16　平键连接　　　　　　　　图 3-17　半圆键连接

楔键连接易造成毂与轴的偏心，故主要用于对中性要求不高、低速和载荷平稳的工作场合，如图 3-18 所示。

花键连接具有承载能力强、对中性好、平衡性好及连接维护方便等优点，但加工成本较高，如图 3-19 所示。

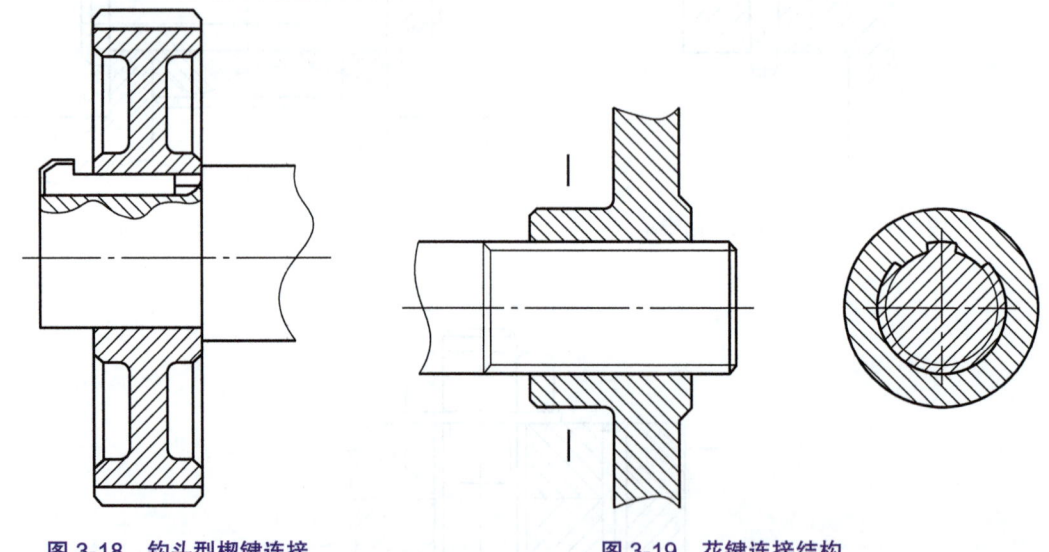

图 3-18　钩头型楔键连接　　　　　　图 3-19　花键连接结构

（4）卡箍连接　管道的连接固定是产品设计中常见的问题。对于要求可靠性高、工作负荷大、长期固定使用的刚性管道连接，多采用螺纹或法兰连接。管箍常用于要求拆装方便的管道连接场合，多用于软管的连接（如摩托车、燃气灶具与燃气管道的软管连接等）。图 3-20 所示为常见的卡箍；图 3-21 所示为使用卡箍连接管道的形式。

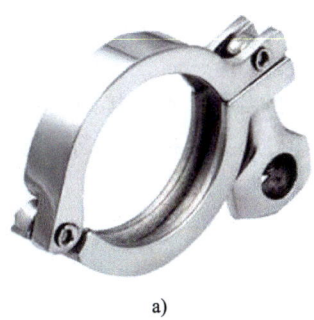
a)

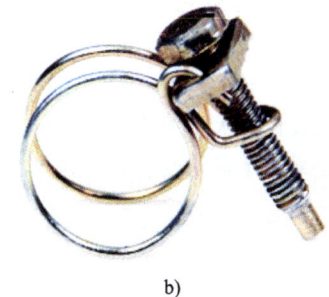
b)

图 3-20　常见的卡箍

（5）过盈配合连接　过盈配合连接主要用于轴与孔的连接，轴的尺寸比孔略大，通过连接面的摩擦力传递或抵抗转矩和轴向力。如轴承内孔与轴之间的配合。过盈量、过盈配合面积大小决定连接的紧固性和拆装的方便性，过盈量、过盈配合面积小的过盈配合连接，拆装容易、传递力小；过盈量、过盈配合面积大的过盈配合连接，拆装困难、传递力大。

如图 3-22 所示的叉子头与杆通过过盈配合实现连接。

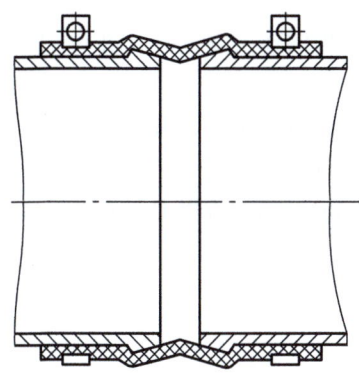

图 3-21　卡箍连接管道

图 3-22　叉子头与杆的过盈配合连接

（6）弹性变形连接　弹性变形连接指利用连接件整体或局部的弹性变形实现零件之间的连接与固定。这种连接方式结构简单、拆装简便，无需其他零部件。如图 3-23 所示的喷雾瓶与瓶盖的连接、眼镜盒与盒盖的连接等。

a) 喷雾瓶

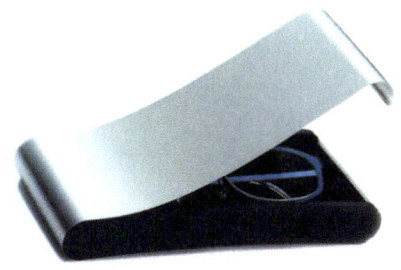
b) 眼镜盒

图 3-23　弹性变形连接

（7）插接　在单元面材上切出插缝或榫头，然后互相插接，通过互相钳制而形成立体形态。插接结构安装和拆卸较方便。

插接和木榫连接相似，但是插接要求零件的材料有一定的弹性，而榫接则主要应用于木制材料。美国设计师大卫·奎克（David Kawecki）设计的"迷题"扶手椅（Puzzle Chair）和可拆卸儿童桌椅采用了插接结构，如图3-24和图3-25所示。

图3-24　"迷题"扶手椅

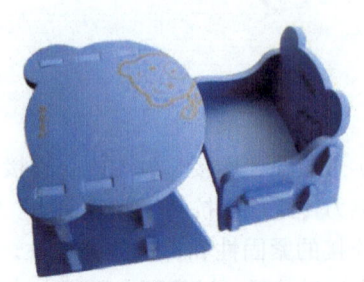

图3-25　可拆卸儿童桌椅

4. 活动连接结构

在产品设计过程中，设计活动连接结构主要是选择合理的连接方式，限制不需要的运动自由度。活动连接结构必须稳定、可靠、精巧，以满足产品的使用要求。

（1）移动连接结构　被连接的两零件间只有单一方向的直线相对运动的连接称为移动连接结构。如抽屉的推拉移动导轨、滑盖式手机的滑动导轨、折叠伞的伞柄伸缩结构及气缸和液压缸活塞与缸体的配合结构等都属于移动连接结构。如图3-26所示的管钳中，上钳口的上下移动采用了简单的螺杆结构。

（2）转动连接结构

1）滚动轴承连接。滚动轴承连接具有摩擦小、承载能力强、工作稳定可靠等优点，且滚动轴承属于系列化生产的标准件，选用方便，如图3-27所示。

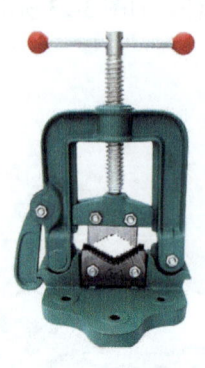

图3-26　管钳

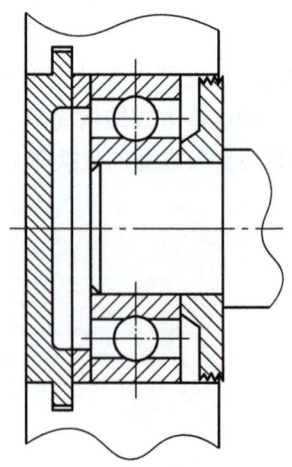

图3-27　滚动轴承连接

2）滑动轴承连接。图3-28所示为常用的滑动轴承连接结构。

3）铰接。用转动副将两个零件连接起来，称为铰接。图3-29所示的折叠凳子多处采用了铰接连接结构；图3-30所示为德国设计师戴维·费歇尔（David Fischer）设计的连座桌椅；图3-31所示为"mydoob"折叠衣架。

图3-28　滑动轴承

图3-29　折叠凳子

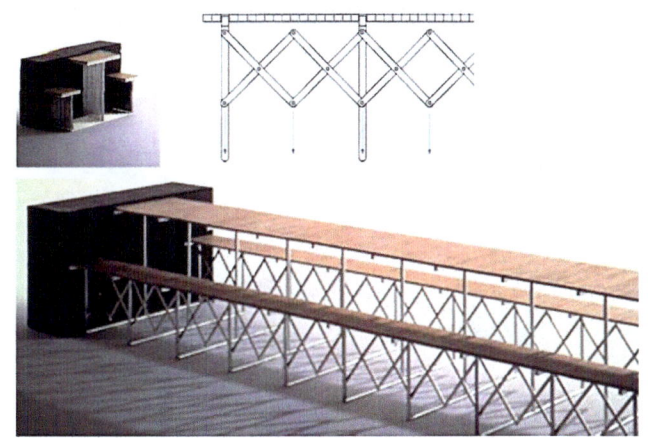

图3-30　连座桌椅

图3-31　"mydoob"折叠衣架

4）阻尼转轴连接。具有阻尼的可转动组件轴称为阻尼转轴，用于连接产品零部件。很多电子产品采用阻尼转轴连接，如图3-32所示的笔记本电脑。

阻尼转轴结构按不同的应用场景可分为一字式阻尼转轴、包裹式阻尼转轴、弹片式阻尼转轴等，零件安装阻尼转轴部位的结构根据转轴的结构设计，常用阻尼转轴的结构如图3-33所示。一般是根据产品的形状和连接的力的大小设计阻尼转轴连接。

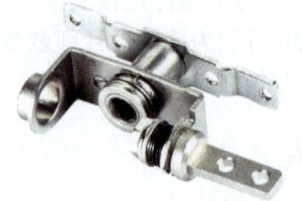

图 3-32　笔记本电脑采用的阻尼转轴连接　　　　图 3-33　阻尼转轴

5）螺旋运动连接。螺旋运动连接结构在产品设计中应用非常广泛，例如注塑机中用于供料的螺旋输送机，通过螺旋轴及螺旋面的旋转推进实现散料的输送。螺旋运动常见的应用是实现旋转与直线移动的转换，如图 3-26 所示的管钳中，采用了螺旋运动连接结构，实现螺杆的上下移动。图 3-34 所示水杯的瓶盖和瓶体采用了螺纹连接方式。

6）万向节连接。万向节连接结构如图 3-35 所示，可实现多自由度的转动。此类活动连接结构在一些需要随时调整构件角度的产品结构中应用甚广。如机动车的手动变速杆转动结构、汽车内可调方向空调排风口等。

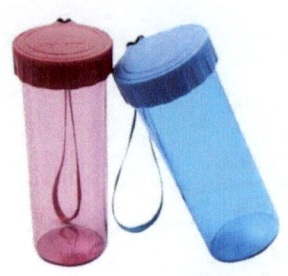

图 3-34　水杯采用的螺纹连接　　　　图 3-35　万向节连接结构

（3）柔性连接结构　柔性连接是允许被连接零部件的位置、角度在一定范围内变化或连接构件可发生一定范围内的形状、位置变化而不影响运动传递或连接关系的连接形式。常见的柔性连接形式有弹簧连接和手风琴式连接等。图 3-36 所示的折叠急救屋采用了手风琴式连接。

图 3-36　折叠急救屋采用的手风琴式连接

（二）密封结构

对于某些产品来说，密封是必须考虑的结构问题，如果密封效果不好就会影响产品功能。如钢笔漏墨、水龙头漏水、冰箱泄氟、轮胎泄气等，均属于密封不佳导致的产品故障。

1. 概述

（1）密封结构的作用　密封结构的作用是制造一个相对封闭的空间。对不同的产品，密封的功能和要求不同。

（2）密封结构的种类　密封的方法有很多，可以按密封材料、工艺、结构特征、效果等来划分。因为产品的密封结构通常是在零件结合面上，所以按密封结构的运动状态可将密封结构分为静态密封和动态密封两种。

1）静态密封：指在相对静止的结合面上的密封结构。静态密封主要用于各种固定连接处，如管道的法兰接口处、发动机机盖与机身结合面等。静态密封一般都需要以一定的压力保持密封效果。

静态密封又可按其具体实施方式与方法分为垫片密封、填料密封、胶密封、螺纹密封、管箍密封、自紧密封等。

2）动态密封：指运动接触面间的密封，典型例子是活塞与活塞缸之间的密封。动态密封因运动需要在结合面处留有间隙，密封状况直接影响产品工作效果。

动态密封按密封状态，可分为接触密封、无接触密封等。按实施方式和结构特点，可分为填料密封、机械密封、动力密封和迷宫密封等。

（3）密封结构的材料　密封常用材料有钢垫片（冲压成形，用于发动机缸体等密封）、铜垫片（液压系统的静密封）。

聚四氟乙烯成型件主要用于阀门等密封。如生料带常用于水暖管、燃气管道接头等螺纹密封。

橡胶用于水阀门、低压无腐蚀管道对接头等密封。

密封圈有O形圈、V形圈、Y形圈、唇形圈等，由橡胶、聚氨酯等制成，属于标准化零件，广泛用于液压、气动系统的动、静密封。

毛毡主要用于机械系统油封等。

密封胶有环氧树脂、氯丁胶等。

选择密封材料时，要依据产品的特点（如工作温度、接触介质、运动状况等）、密封的要求（可靠性、耐久性等）、密封方式、维护维修（装拆方便性、互换性、频繁程度）、制造工艺性和成本等因素进行合理选择。

2. 静密封结构

（1）垫片密封　在密封结合面间夹入金属或非金属垫片实现密封。垫片密封需要一定的压力施加在垫片上，使垫片变形后充满空隙。垫片密封通常用螺纹紧固件施加预紧力。图3-37所示为常见垫片；图3-38所示为玻璃罐头瓶的密封结构形式，玻璃瓶口需有螺纹结构。

图3-37　常见垫片

图3-38　玻璃罐头瓶

图3-39所示为常用的法兰连接的垫片密封结构形式。

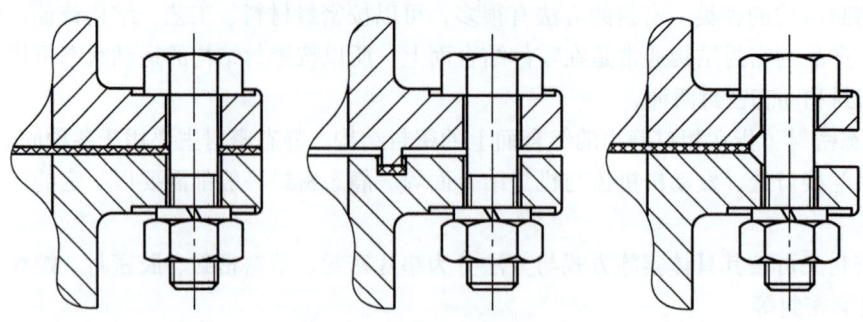

图3-39　法兰连接垫片密封

（2）填料密封　填料密封使用橡胶、石棉绳等柔软材料，通过挤压变形填充密封间隙。图3-40所示为填料密封结构。

（3）O形密封圈密封　O形密封圈有系列化产品供应，使用方便。O形密封圈的材料有多种，耐油橡胶材料制品最常见，此外，还有聚氨酯、聚四氟乙烯或金属等制成的密封圈。图3-41所示为非金属O形密封圈密封常用结构。金属O形密封圈一般采用圆管焊接制成，材料多为不锈钢，也可用低碳钢管、铝管或铜管制作。为提高密封性能，金属O形密封圈表面需镀覆或涂金、银、铜及氟塑料等。

图3-40　填料密封　　　　　　　图3-41　O形密封圈密封

金属O形密封圈分为充气式和自紧式两种。充气式是在环内充惰性气体，可增加环的回弹力，用于高温场合。自紧式是在环的内侧圆周上制若干小孔，介质进入环内使环具有自紧性，用于高压场合。

金属O形密封圈的密封性能优良，适于高温、高压、真空和低温等条件。

（4）自紧密封结构　自紧密封依靠介质压力增加密封性，压力越大，密封效果越好。图3-42所示为两种典型的自紧密封结构。

（5）螺纹连接密封　如图3-43所示，螺纹连接密封一般需在螺纹处放置密封胶、麻线或生料带等，以提高密封效果，常用于水暖管件的连接。

（6）研合面密封结构　研合面密封指依靠结合面精密研配消除间隙，再通过螺栓等施加压力形成密封的结构，如图3-44所示。

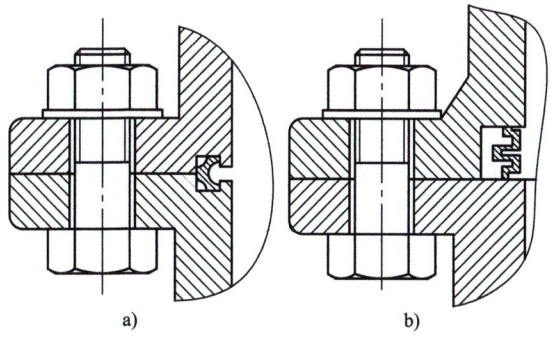

图 3-42　自紧密封结构　　　　　图 3-43　螺纹连接密封

（7）其他静密封结构

1）高频热封。电磁感应铝箔封口膜由纸板、铝箔、黏合剂和密封膜等组成，用电磁感应封口机通过加热的方式，将黏合层与瓶口密封，感应受热后纸板与铝箔分离，铝箔封口层与瓶口封合，达到密封、防潮、防漏效果，此外还具有防伪性和防盗性。图 3-45 所示的塑料瓶采用高频热封方法黏合密封，瓶盖采用螺纹结构密封。

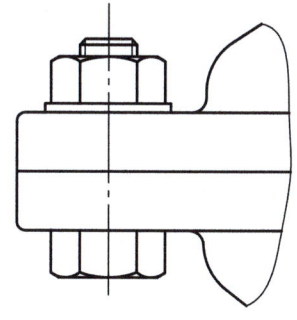

图 3-44　研合面密封　　　　　　图 3-45　塑料瓶封盖

2）金属罐身筒卷合密封。图 3-46 所示的金属易拉罐是采用镀锡薄板冲制的底盖与罐身筒卷合而成的密封容器。

3）磁性密封。冰箱的门要求密封严密，但又需经常开启。冰箱门的密封一般采用镶磁性条的中空合成橡胶专用密封条密封结构，如图 3-47 所示。

图 3-46　金属易拉罐密封结构　　　　图 3-47　磁性密封

4）弹性变形密封。燃气管道与燃气软管连接处靠软管产生弹性变形套在燃气管道接头上进行密封，如图3-48所示。

5）冠形瓶盖密封。冠形瓶盖也称为王冠盖，是一种盖裙带有21~24个波褶的浅型金属盖，与冠形瓶口配合，盖底带有软木、塑料或溶胶内衬。封盖时，盖裙与瓶口封锁环啮合密封，开启时需用专用启盖器开启。适用于普通密封、压力密封和真空密封，广泛应用于白酒、啤酒、调味品和饮料的包装瓶，如图3-49所示。

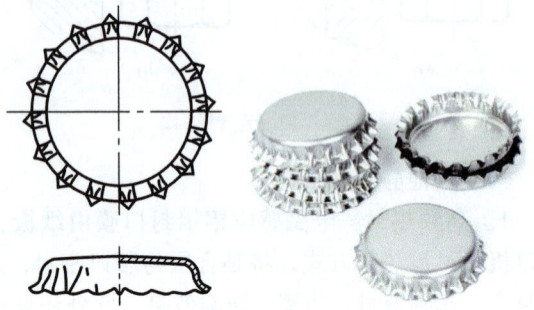

图3-48　燃气管道接头　　　　　　　　　图3-49　冠形瓶盖密封结构

6）连拉环密封盖。如图3-50所示的连拉环密封盖结构，设置有拉环和易拉开的封闭薄膜。

7）塞盖密封。塞盖密封是利用塞盖塞进瓶口部分产生的径向压缩力和摩擦作用实现对瓶口的密封，所用材料多为软木、弹性塑料及橡胶等，如图3-51所示。

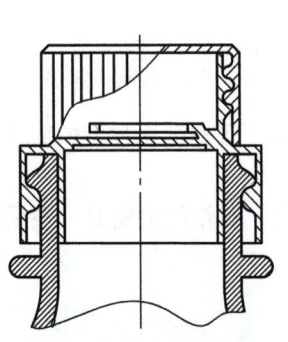
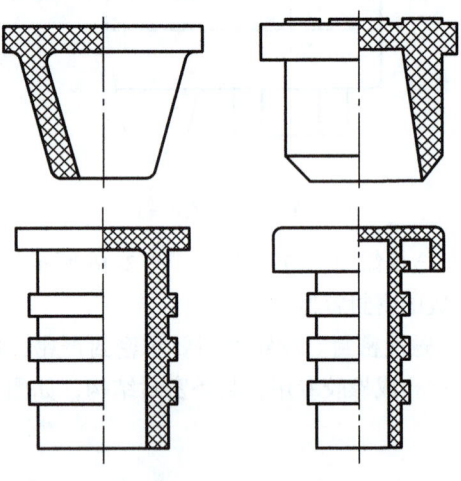

图3-50　连拉环密封盖结构　　　　　　　　图3-51　塞盖密封结构

3. 动密封结构

（1）接触密封结构

1）毛毡密封。毛毡密封主要用于伸出机械旋转轴的轴承盖内、滑动部件与导轨接合的裸露端部等位置的密封，起保护作用的毛毡密封件结构简单、成本低，但容易脏污失效，不适用于高速场合。图3-52所示为毛毡密封用于轴承盖的密封结构。

2）唇形圈密封。唇形圈因截面形状呈唇状而得名。一般唇形圈均带有金属骨架和螺旋弹簧，起自紧作用。在自由状态下，唇形圈内径比轴颈的直径尺寸小，当安装到轴上以后，其唇口产生一定的弹性变形,加上自紧弹簧的收缩力,唇形圈对轴产生一定的抱紧力,从而堵住间隙,防止泄漏,达到密封的目的。唇形圈为系列化标准件,有多种截面和结构形式,尺寸系列可在机械设计手册中查到。图 3-53 所示为常用唇形圈密封。

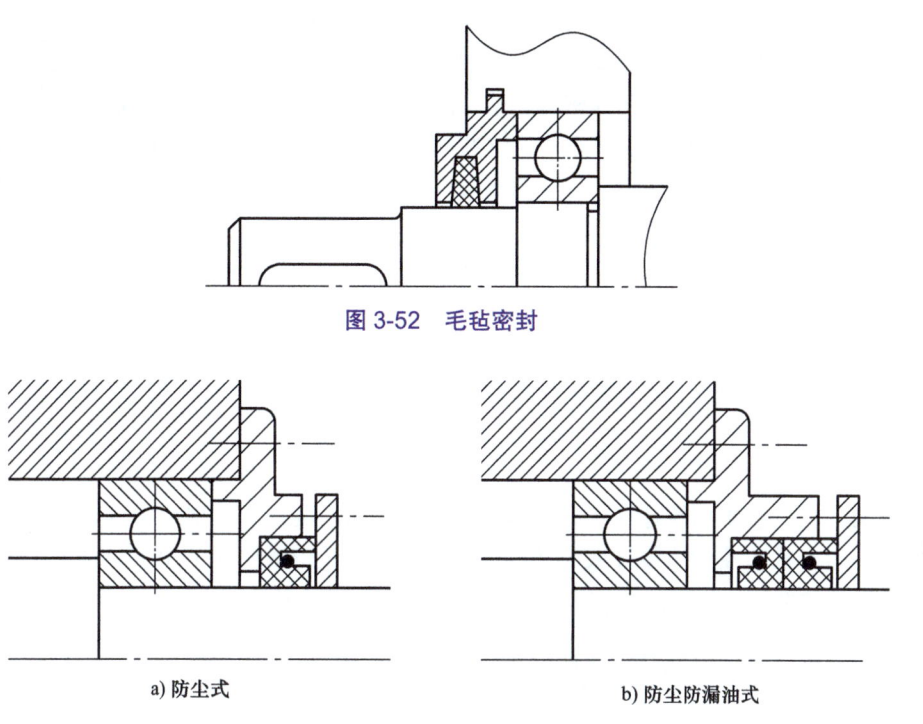

图 3-52 毛毡密封

a) 防尘式　　　　b) 防尘防漏油式

图 3-53 常用唇形圈密封

3）成形密封圈密封。成形密封圈外观上与唇形圈相似,但一般没有骨架,且用途与唇形圈不同。一般成形密封圈按其截面形状命名,如 V 形密封圈、Y 形密封圈、U 形密封圈、L 形密封圈等。

成形密封圈常用材料为合成橡胶、夹布橡胶、合成塑料等,也可用皮革、铝、铜、不锈钢等材料制作,一般采用模压成形,塑料、金属制密封圈也可采用机加工成形。

成形密封圈主要用于液压缸、气缸等的活塞杆、活塞的动密封,分别用于密封轴和孔。可单个使用,也可成组使用,结构简单、摩擦阻力小。成形密封圈内、外径尺寸有一定余量,安装后产生一定的变形,并可借助介质的压力形成自紧密封。轴用和孔用成形密封圈的安装结构有所不同,图 3-54 所示为采用 V 形密封圈密封活塞的典型结构。

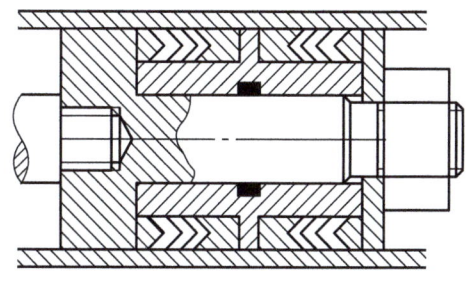

图 3-54 V 形密封圈的应用

图 3-55 所示为 U 形密封圈用于液压缸活塞或活塞杆密封的典型应用结构。

（2）非接触密封结构

1）浮动环密封。浮动环密封是利用特殊结构形成油膜阻隔区实现密封，主要用于压缩机的轴密封。浮动环密封由多个浮动环组成，重量轻，以很小的间隙套在轴上，轴旋转时浮动环处于浮动状态。高压密封油由入口注入密封腔中，向两端溢出。浮动环的侧面间隙及与轴之间的间隙都很小，这些间隙对油的流动形成节流阻隔，从而形成一个油膜区。从两端溢出的密封油经回收装置再回到油箱。

2）离心密封。离心密封是利用转子高速旋转时带动液体产生离心力将液体甩出，从而形成阻隔区，达到密封目的。

3）干气密封。干气密封是在密封面间利用空气形成一特殊的阻隔区，达到密封目的，主要用于旋转式空压机的轴封。

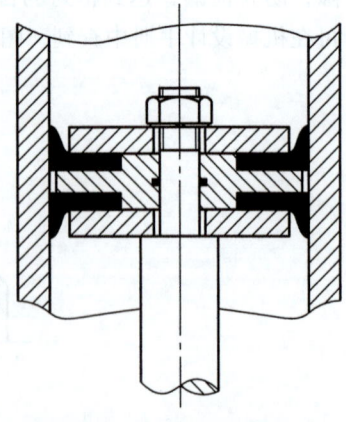

图 3-55　U 形密封圈的应用

（三）箱体类零件结构

箱体类零件一般采用铸造成形，铸造是将熔融金属液浇注、压射或吸入铸型型腔，冷却凝固后获得一定形状和性能的零件或毛坯的金属成形工艺。铸造构件常用于对刚度、强度有较高要求及造型与内部结构比较复杂的产品，如图 3-56~图 3-59 所示。

图 3-56　铸铁角花

图 3-57　铸铜工艺品

图 3-58　铸铜水龙头

图 3-59　铸铁箱体

1. 铸造件的特点

与其他成形制造方式相比，铸造件具有以下特点：

（1）有较高的刚度、强度　铸造箱体一般壁厚较大，适合于对刚度、强度要求较高的产品外壳，如齿轮减速器的箱体等。除了作为外壳，还可在铸造件上制作其他结构部件，如汽车发动机将活塞缸体直接制作在壳体上。铸造件也可以作为底座或支架，如轴承支座。

（2）形状和尺寸的适应性强　铸造工艺适合生产具有复杂内腔的零件。铸件的尺寸可小至几毫米，大至几十米；重量从几克至数百吨。

（3）对材料的适应性强　适用于大多数金属材料的成形，对不宜锻压和焊接的材料，铸造具有独特的优点。

（4）成本低　铸造原材料来源丰富，铸造件的形状接近于零件，可减少切削加工量，从而降低铸造成本。

（5）其他　铸铁材料具有减振和耐磨、润滑性能。作为高速运动部件的壳体能起到一定的减振、降噪作用，如作为发动机、压缩机中运动部件的支承；还能起到减少摩擦、磨损的作用，如作为机床的导轨。

2. 铸造件的常用材料

（1）铸铁　铸铁流动性好，体收缩和线收缩小，容易获得形状复杂的铸造件，在铸造时加入少量合金元素可提高其耐磨性能。铸铁的内摩擦大、阻尼作用强，故动态刚性好；铸铁内存在游离态石墨，故具有良好的减摩性和切削加工性，且价格便宜，易于大量生产。但铸造件的壁厚超过临界值时，力学性能将显著下降，故不宜设计成很厚大的结构件。

（2）铸钢　铸钢熔点高、流动性差、收缩率大，吸振性低于铸铁，弹性模量较大。铸钢的综合力学性能高于铸铁，不仅强度高，且具有优良的塑性和韧性。此外，铸钢的焊接性好，可实现铸焊联合制造重型零件。

（3）铝合金　铝与一些元素形成的铸铝合金密度小，而且大多数可以通过热处理强化，使其具有足够高的强度、较好的塑性、良好的低温韧性和耐热性、良好的机加工性能，非常适合制作产品外壳，如硬盘壳体等。

（4）铸造铜合金　铸造铜合金有高的力学性能，良好的耐磨性和耐蚀性，并可以焊接。用于要求强度高、耐磨、耐蚀的铸件，如轴套、水龙头配件等。

3. 铸造件的结构

（1）铸造件的结构设计要求

1）易铸。造型简单、起模方便。

2）无缺陷。无缩孔、变形、开裂等缺陷。

3）省材。尽量做到无冒口。

4）生产率高。工艺简单、易机械化生产，降低工人劳动强度。

（2）铸造件的外形结构

1）尽量使分型面少且平，如图 3-60 所示。

2）外形尽量简单、平直、少凸台，如图 3-61 所示。

3）起模斜度。合理设置起模斜度，如图 3-62 所示。

4）铸造圆角。如图 3-63 所示，铸造件拐角处应设计铸造圆角，铸造圆角半径一般取壁厚的 0.2~0.3 倍。

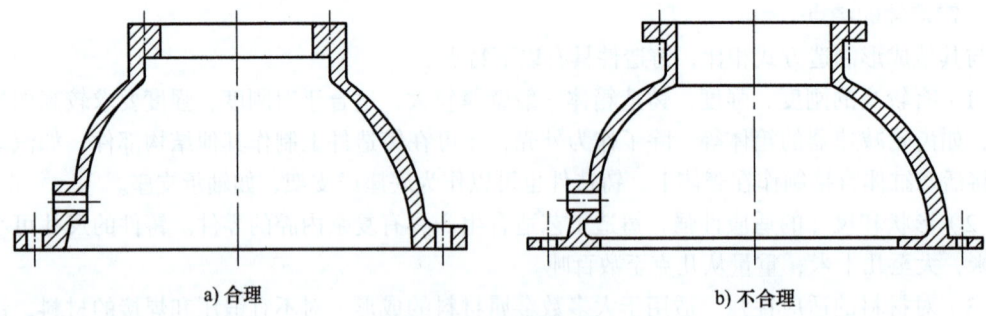

图 3-60　分型面少且平

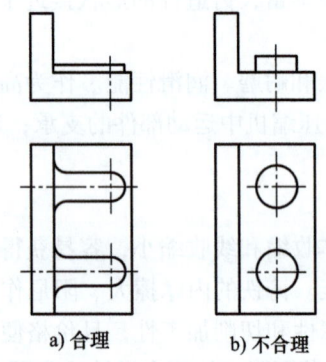

图 3-61　外形应简单、平直、少凸台

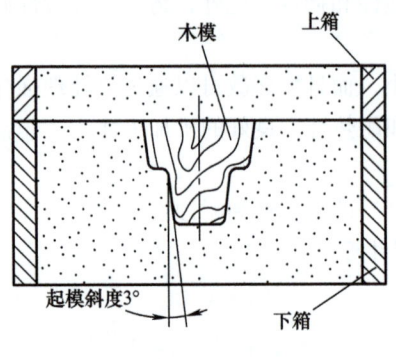

图 3-62　起模斜度

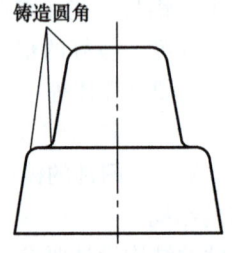

图 3-63　铸造圆角

（3）内腔结构要求

1）制芯简单。

2）下芯容易。

3）安装稳固。

4）排气通畅。

5）清理方便。

6）尽量减少型芯。

7）型芯要稳固、易于清理。

（4）壁厚设计

1）合理设计铸造件壁厚。设计铸造件的壁厚时需要考虑多方面的因素，表3-1给出了铸造件的外壁、内壁与肋的厚度参考值。

表 3-1　铸造件外壁、内壁与肋的厚度

零件质量 /kg	零件最大外形尺寸 /mm	外壁厚度 /mm	内壁厚度 /mm	肋的厚度 /mm	应用举例
5	300	7	6	5	盖、拨叉、杠杆、端盖、轴套
6~10	500	8	7	5	盖、门、轴套、挡板、支架、箱体
11~60	750	10	8	6	盖、箱体、电动机支架、支架、托架
61~100	1250	12	10	8	盖、箱体、液压缸体、支架、溜板箱体
101~500	1700	14	12	8	油盘、盖、壁、带轮
501~800	2500	16	14	10	箱体、床身、轮缘、盖
801~1200	3000	18	16	12	小立柱、箱体、滑座、床身、床鞍、油盘

2）铸造件壁厚应尽可能均匀。铸造件壁厚应尽可能均匀，如果厚薄间没有很好的过渡可能导致产品变形，或产生裂纹，并且在较厚的区域内部可能不致密，产生凹陷，如图3-64所示。表3-2给出了壁厚的过渡形式与尺寸。

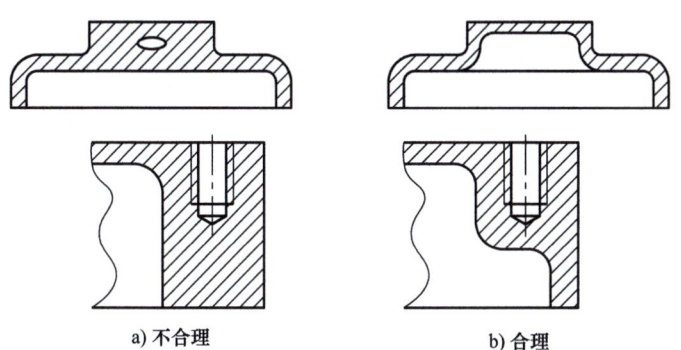

a) 不合理　　　　b) 合理

图 3-64　铸造件壁厚均匀

表 3-2　壁厚的过渡形式与尺寸

图例		过渡尺寸 /mm									
$b \leq 2a$	铸钢可锻铸铁非铁合金	$(a+b)/2$	<12	12~16	16~20	20~27	27~35	35~45	45~60	60~80	80~110	110~150
		R	6	8	10	12	15	20	25	30	35	40
	铸铁	R	$\geq (a+b)/6$									
$b>2a$	铸铁		$L \geq 4(b-a)$									
	铸钢		$L \geq 5(b-a)$									

(续)

图例		过渡尺寸 /mm
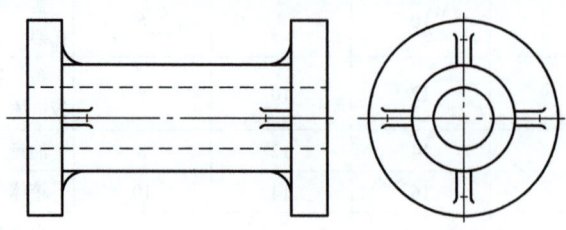	$b \leq 1.5a$	$R \geq (2a+b)/2$
	$b > 1.5a$	$L = 4(b+a)$

3）注意铸造件壁与壁的连接。在易出现裂缝处设防裂筋，如图 3-65 所示。

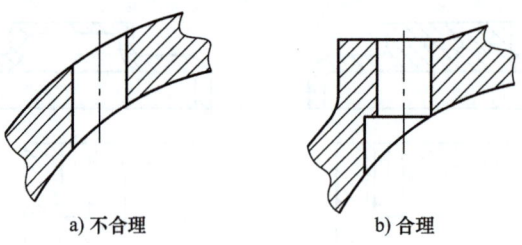

图 3-65　防裂筋

（5）孔　孔的轴线应与进口和出口的端面垂直，孔的轴线不垂直于孔的进口或出口的端面时，钻头容易产生偏斜或弯曲，甚至折断，应尽量避免在曲面或斜壁上钻孔，提高生产率，保证精度，如图 3-66 所示。

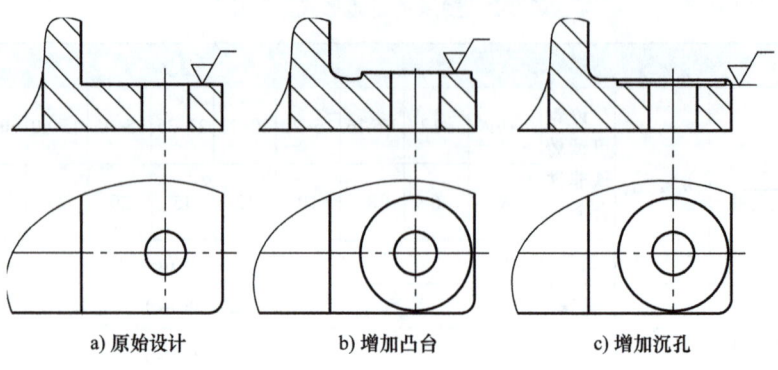

a) 不合理　　　　　　b) 合理

图 3-66　孔

（6）凸台、沉孔　减少机械加工面积，可减少加工工时，降低机械加工成本。如图 3-67 所示，在图 3-67a 中，支座零件的螺栓孔上表面加工面积较大。在改进的设计（图 3-67b、c）中，通过增加凸台或沉孔的方式优化零件设计，减少了加工面积，从而减少机械加工量和刀具消耗。

a) 原始设计　　　b) 增加凸台　　　c) 增加沉孔

图 3-67　凸台或沉孔

（7）让刀槽、退刀槽　零件加工部位的结构应便于刀具正确地切入及退出。插齿时要留有退刀槽，这样大齿轮可滚齿或插齿，小齿轮可以插齿加工。刨削时，在平面的前端要有让刀的部位，即让刀槽，如图3-68所示。

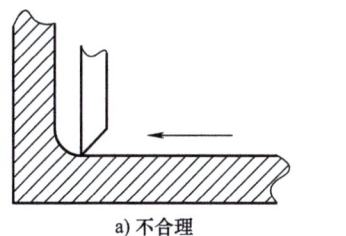
a）不合理

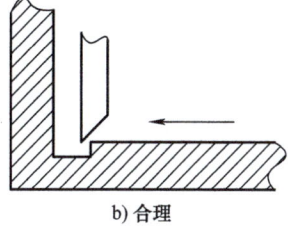
b）合理

图3-68　让刀槽

（四）轴类零件结构

轴是组成机器的重要零件，产品中做回转运动的零件一般需安装在轴上，通过轴实现传动。轴的工作状况好坏直接影响到机器的性能和质量。

1. 轴的分类

根据承载情况不同，轴可分为心轴、传动轴和转轴三类。

1）心轴只承受弯矩，不承受转矩，起支承作用。

2）传动轴主要承受转矩，不承受弯矩或承受很小的弯矩，仅起传递动力的作用。

3）转轴既承受弯矩又承受转矩，是机器中最常用的一种轴。

根据轴线形状，轴可分为直轴（图3-69）、曲轴（图3-70）、挠性钢丝轴（图3-71）。

1）直轴应用较广，根据外形，分为直径无变化的光轴（图3-69a）和直径有变化的阶梯轴（图3-69b）。为了减轻重量等原因，有时制成空心轴（图3-69c），空心轴一般直径较大，其内孔可以用于输送液体和放置其他机构等，如车床主轴是一种典型的空心轴。

2）曲轴是用于将直线往复运动转换为旋转运动或将旋转运动转换为直线往复运动的轴，如汽车发动机曲轴、内燃机曲轴、空气压缩机曲轴等，如图3-70所示。

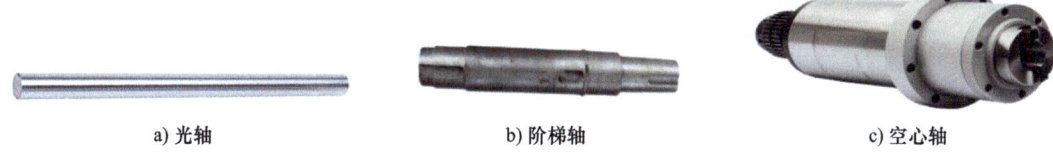

a）光轴　　　　　　　b）阶梯轴　　　　　　　c）空心轴

图3-69　直轴

3）挠性钢丝轴由几层紧贴在一起的钢丝层构成，如图3-71所示。挠性钢丝轴挠性好，可以在传递转矩的同时在一定范围内改变轴线方向，将运动灵活地传递到指定位置。但挠性钢丝轴传递的转矩较小，且不能承受弯矩，主要用于传递运动为主的机械装置中，如装配流水线上的电动螺钉扳手、医疗器械等。

2. 轴的常用材料

轴的主要失效形式为疲劳破坏，轴的材料应具有较好的强度、韧性及耐磨性。一般用途的轴常用优质碳素结构钢，如35、45、50钢等，以45钢应用最为广泛；轻载或不重要的轴可采用 Q235、Q275 等普通碳素钢；重载或重要的轴可选用合金结构钢，合金结构钢力学性能好，但价格较贵，选用时应综合考虑。轴的毛坯一般采用轧制圆钢和锻件，轴的常用材料及其主要力学性能见表 3-3。

图 3-70　曲轴

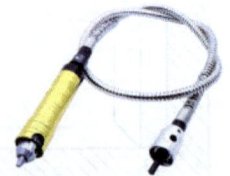

图 3-71　挠性钢丝轴

表 3-3　轴的常用材料及其主要力学性能

材料牌号	热处理类型	毛坯直径/mm	硬度（HBW）	抗拉强度 R_m/MPa	屈服极限 R_{eL}/MPa	应用说明
Q275~Q235	—	—	—	149~610	275~235	用于不重要的轴
35	正火	≤100	149~187	520	270	用于一般轴
		>100~300	143~187	500	260	
	调质	≤100	156~207	560	300	
		>100~300		540	280	
45	正火	≤100	170~217	600	300	用于强度、韧性中等的重要轴
		>100~300	162~217	580	290	
	调质	≤200	217~255	650	360	
40Cr	调质	25	207	1000	800	用于强度高、磨损严重、冲击小的重要轴
		≤100	241~286	750	550	
		>100~300		700	500	
35SiMn	调质	25	229	900	750	可代替 40Cr，用于中、小型轴
		≤100	229~286	800	520	
		>100~300	217~269	750	450	
42SiMn	调质	25	220	900	750	与 35SiMn 相同，但专供表面淬火用
		≤100	229~286	800	520	
		>100~200	217~269	750	470	
		>200~300	217~255	700	450	
40MnB	调质	25	207	1000	800	可代替 40Cr，用于小型轴
		≤200	241~286	750	500	
35CrMo	调质	25	229	1000	350	用于重要的轴
		≤100	207~269	750	500	
		>100~300		700	500	
38CrMnMo	调质	≤100	229~285	750	600	可代替 35CrMo
		>100~300	217~269	700	550	

产品结构设计与实践

3. 轴的结构设计

轴的表面结构特征主要有外圆、内孔、圆锥、螺纹、花键、销孔、键槽、倒角等。

（1）轴的结构设计基本要求　由于影响轴结构的因素很多，故轴的结构设计具有较大的灵活性和多样性，但应满足下列基本要求：

1）轴和轴上的零件应有准确的轴向和周向的定位与固定。

2）轴上的零件应便于装拆和位置调整。

3）为节省材料和减轻重量，轴的尺寸在满足强度和刚度要求的同时应尽量小。

4）应具有良好的工艺性。

5）受力布局要合理，以提高轴的刚度和强度。

6）结构应尽量避免应力集中，以提高疲劳强度。

由于需满足上述要求，轴的结构多采用阶梯轴。图3-72所示为阶梯轴的典型结构，自右向左由①~⑦7段组成，各段的名称：①、④两段用于安装轮毂的轴段称为轴头，③、⑦两段用于安装轴承的轴段称为轴颈，②、⑥两段用于连接轴头和轴颈的轴段称为轴身，⑤段称为轴环，直径不等的相邻两轴段之间的环型轴端称为轴肩。

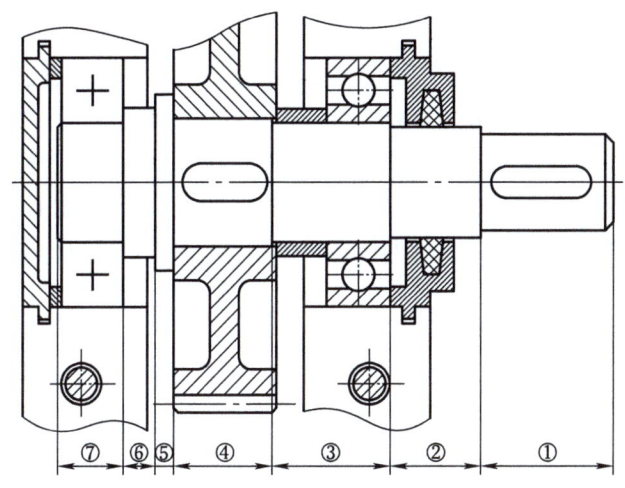

图3-72　阶梯轴结构

（2）轴结构设计的步骤和方法

1）拟定轴上零件的装配方案。轴的结构形式取决于轴上零件的装配方案，因而进行轴的结构设计时，必须拟定合理的装配方案。图3-72所示阶梯轴的结构方案，中间段直径大，分别向左右两端直径逐渐减小，圆柱齿轮、套筒、右端轴承及轴承端盖和联轴器依次由轴的右端装配与拆卸，左端轴承和轴承端盖依次由轴的左端装配与拆卸。

2）确定轴的各段直径。由于设计初期，轴的长度、支反力作用点和跨距等都是未知的，往往无法确定弯矩的大小和分布情况，因而还不能按轴所受的实际载荷来计算和确定轴的直径。此时，通常先根据轴所传递的转矩，按扭转强度来初步估算轴的直径，其方法如下：

设轴所传递的转矩为T，其强度条件为

$$\tau = \frac{T}{W_p} \approx \frac{9.55 \times 10^6 \frac{P}{n}}{0.2d^3} \leq [\tau] \tag{3-1}$$

式中　τ——扭转切应力（MPa）；
　　　T——转矩（N·mm）；
　　　W_p——轴的抗扭截面系数（mm³）；
　　　n——轴的转速（r/min）；
　　　P——轴传递的功率（kW）；
　　　d——计算剖面处轴的直径（mm）；
　　　$[\tau]$——许用扭转切应力（MPa），见表 3-4。

由式（3-1）可得轴的直径计算公式为

$$d \geqslant \sqrt[3]{\frac{9.55 \times 10^6 P}{0.2[\tau]n}} = C\sqrt[3]{\frac{P}{n}} \tag{3-2}$$

式中　C——与许用切应力 $[\tau]$ 有关的系数，其值见表 3-4。

表 3-4　轴常用材料的 $[\tau]$ 及 C 值

轴的材料	Q235、20	45	40Cr、35SiMn
$[\tau]$/MPa	12~20	30~40	40~52
C	160~135	118~107	107~98

注意：用式（3-2）求得的直径值，对于只承受转矩的传动轴，可作为最终计算值；对于转轴，只能作为轴上受扭段的最小直径 d_{min}。估算出轴的最小轴径后，可根据轴上零件的装配方案和定位要求，依次确定各轴段的直径。确定各轴段的直径时，应注意下列几点：

① 应考虑键槽对轴的强度削弱。例如计算最小轴径时，若该处有一个键槽，则直径的计算值应加大 3%~5%；若有两个键槽，则应加大 7%~10%，然后圆整至标准值。

② 轴上装配标准件处，其轴段直径必须符合标准件的标准直径系列值（如联轴器、滚动轴承、密封件等）。

③ 轴上车制螺纹部分的直径，必须符合外螺纹大径的标准系列值。

④ 与零件（如齿轮、带轮等）相配合的轴头直径，应采用按优先数系制定的标准尺寸，见表 3-5。

⑤ 非配合轴段的直径，可不取标准值，但一般应取整数。

表 3-5　轴的标准直径　　　　　　　　　　　　　　　　　（单位：mm）

12	14	16	18	20	22	24	26	28	30	32	34	36
38	40	42	45	48	50	53	56	67	71	75	80	85
90	95	100	105	110	120	130	140	160	170	180	190	200

3）确定轴的各段长度。根据各轴段处装配零件的宽度、相邻零件间的间距要求以及机器（或部件）总体布局要求等，可确定各轴段的长度。确定轴的各段长度时，应注意以下几点：

① 当零件需要轴向定位时，则该处轴段的长度应比所装零件的宽度（或长度）短 2~3mm，以保证零件沿轴向可靠定位，如装齿轮和带轮的轴段。

② 装轴承处的轴段长度一般与轴承宽度相同。

③ 轴段长度的确定应考虑轴系中各零件之间的相互关系和装拆工艺要求，如图 3-72 中联

轴器和右端轴承之间的轴段②即是根据轴承端盖的装拆要求和厚度确定的。

4）轴上零件的定位与固定。为了保证机器能够正常工作，轴上零件和轴本身都应进行准确的定位和可靠的固定。轴上零件的定位和固定一般分为轴向定位与固定和周向固定两大类。

① 轴上零件的轴向定位与固定。轴向定位与固定的方法很多，常见的有轴肩、轴环、套筒、各种挡圈、圆锥面、圆螺母及紧定螺钉等定位方式，其特点和应用见表3-6。

表3-6 轴上零件轴向定位和固定方式、特点及应用

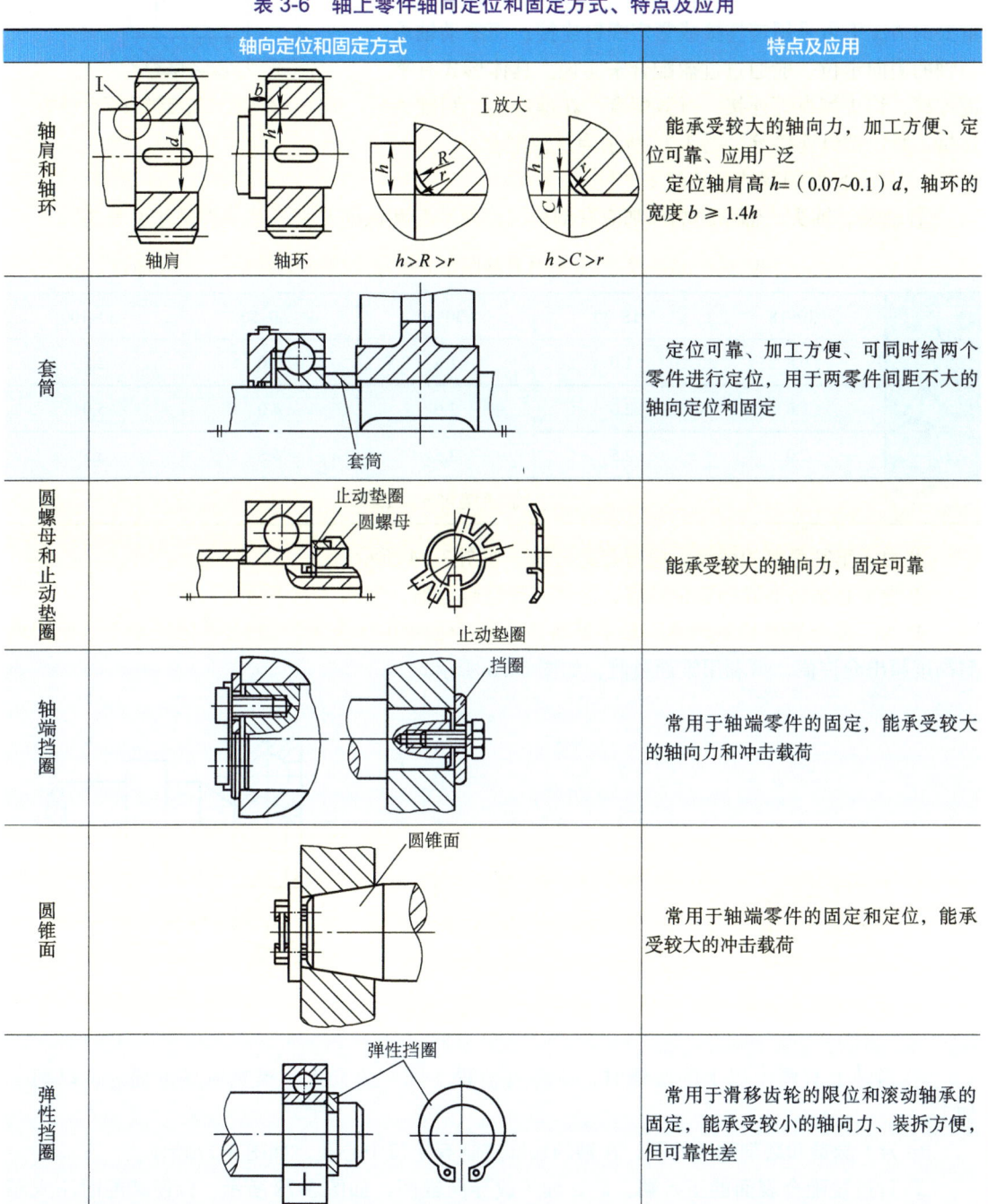

轴向定位和固定方式	特点及应用
轴肩和轴环	能承受较大的轴向力，加工方便、定位可靠、应用广泛 定位轴肩高 $h=(0.07\sim0.1)d$，轴环的宽度 $b \geq 1.4h$
套筒	定位可靠、加工方便、可同时给两个零件进行定位，用于两零件间距不大的轴向定位和固定
圆螺母和止动垫圈	能承受较大的轴向力，固定可靠
轴端挡圈	常用于轴端零件的固定，能承受较大的轴向力和冲击载荷
圆锥面	常用于轴端零件的固定和定位，能承受较大的冲击载荷
弹性挡圈	常用于滑移齿轮的限位和滚动轴承的固定，能承受较小的轴向力、装拆方便，但可靠性差

② 轴上零件的周向固定。为了传递转矩，防止零件与轴产生相对转动，轴上零件与轴必须有可靠的周向固定。固定方法应根据载荷的大小和性质、轮毂与轴的对中要求和重要性等因素来确定。如齿轮与轴多采用平键连接；在重载、冲击或振动情况下，可采用过盈配合加键连接；在传递转矩较大，轴上零件需做轴向移动或对中要求较高的情况下，可采用花键连接；轻载或不重要的情况下可采用销连接或紧定螺钉连接；而滚动轴承与轴的周向定位一般通过过盈配合来实现。具体形式有平键连接、钩头型楔键连接、过盈配合、花键连接、圆锥销连接、紧定螺钉连接等。图3-73所示为过盈配合。

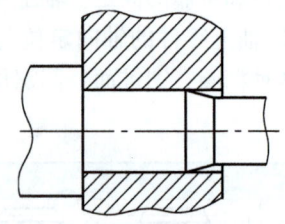

图3-73 周向固定过盈配合结构

5）具有良好的制造和装配工艺性。

① 轴端、轴头、轴颈的端部都应有倒角，以便装配和保证安全，其结构尺寸见表3-7。

表3-7 轴肩尺寸 h、零件孔端圆角半径 R 和倒角 C 的值　（单位：mm）

轴径 d	>10~18	>18~30	>30~50	>50~80	>80~100
r	0.8	1.0	1.6	2.0	2.5
R 或 C	1.6	2.0	3.0	4.0	5.0
h_{min}	2.0	2.5	3.5	4.5	5.5
b	轴环的宽度 $b \geq 1.4h$				

② 为了车制完整的螺纹，应留有退刀槽，如图3-74所示。

③ 为了磨削出准确的定位轴肩，应留有砂轮越程槽，如图3-75所示。

④ 为了便于拆卸滚动轴承，轴肩高度 h 一般为轴承内圈高度的2/3。若因结构上的原因轴肩高度超出允许值，可利用锥面过渡，如图3-76所示。

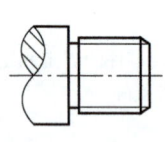
图3-74 退刀槽

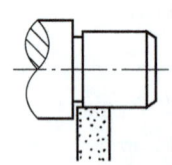
图3-75 砂轮越程槽

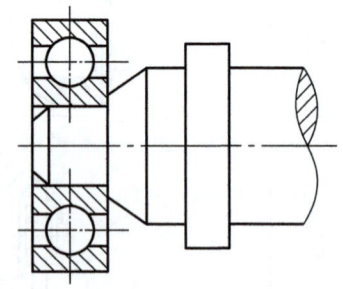
图3-76 锥面过渡

⑤ 当轴上有两个以上的键槽时，应将键槽置于同一方向上，槽宽应尽量统一，以利于加工。

⑥ 为了测量和磨削轴的外圆，在轴的端部应制有定位中心孔，如图3-77所示。

⑦ 对过盈配合表面的压入端，最好加工成导向锥面，如图3-78所示，以便装配时压入零件，图中 $e \geq 0.01d + 2mm$。

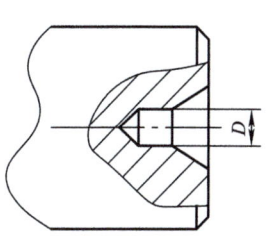

图 3-77 定位中心孔

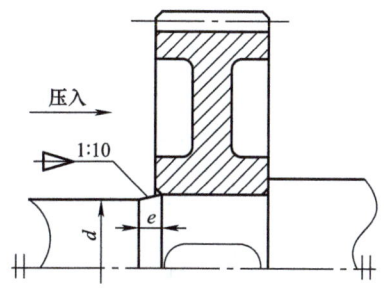

图 3-78 导向锥面

（五）盘盖类零件结构

盘盖类零件是机械工程中常见的一类零件，通常包括端盖、压盖、法兰盘、齿轮、带轮等，如图 3-79 所示。这类零件一般具有回转体结构，其轴向（纵向）尺寸一般小于径向（横向）尺寸，也可能是方形体或组合形体。它们的结构特点通常包括一个端面，用于与其他零件结合，以及键槽、轮辐、均布孔等结构，有的零件上还有齿形（如齿轮等）。

a) 法兰盘

b) 端盖

c) 带轮

图 3-79 盘盖类零件

1. 盘盖类零件的材料和毛坯选用

盘盖类零件材料采用钢材、铸铁、铸钢、铝或非金属材料。毛坯选用圆钢、铸件或锻件。带轮、飞轮、手轮等受力不大或以承压为主的零件，一般选用铸铁材料，通过铸造成形；在单件生产时，也可用低碳钢焊接成形。套环、垫圈等零件毛坯，根据受力情况及形状、尺寸等不同，可分别采用铸造成形、锻造成形或直接用圆钢获得。模具的毛坯一般采用合金钢通过锻造成形。

2. 圆柱齿轮的结构设计

盘盖类零件中最典型的是齿轮，它是各类机械设备中的重要传动零件。齿轮轮齿表面应有足够的强度、硬度，同时齿轮本身也应有一定的强度和韧性。当齿轮尺寸较小时，可选用普通的锻造方法。当齿轮直径小于 100mm 时，可用圆钢为毛坯；当齿轮直径大于 500mm 时，锻造成形比较困难，可用铸造方法，材料选用铸钢或球墨铸铁。铸造齿轮一般以轮辐结构代替锻钢齿轮辐板结构，若单件生产大型齿轮的毛坯，常采用焊接方法制造；若大批量生产中小齿轮，可采用热轧或精密模锻方法制造。仪器、仪表中受力不大的齿轮，还可用工程塑料通过注塑成型。

齿轮的结构设计，一般在主要参数和几何尺寸确定之后进行，通常是先按齿轮的直径大小选定合适的结构形式，再根据经验公式完成结构设计。因齿轮的轮齿部分的基本参数在制图课中已有讲解，在此不再赘述。

（1）实心式齿轮　齿顶圆直径 $d_a \leqslant 200mm$ 的钢制齿轮，一般采用锻造毛坯的实心式结构，如图3-80所示。当 $e \leqslant 2.5m$ 时，应将齿轮做成齿轮轴，如图3-81所示。

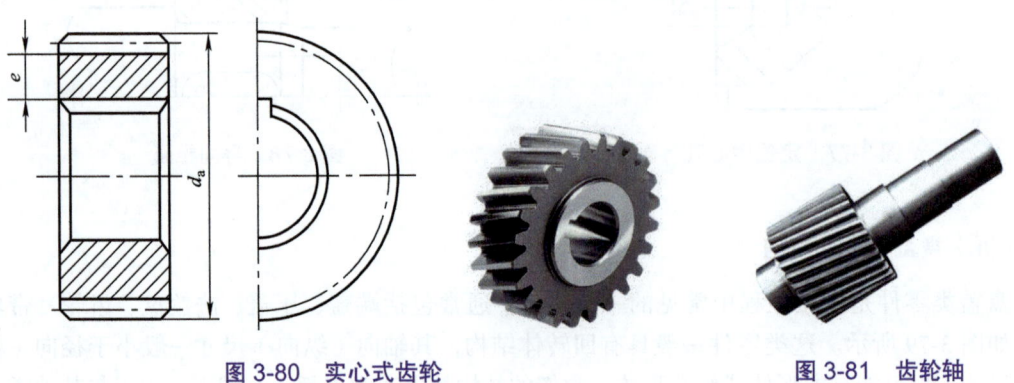

图3-80　实心式齿轮　　　　　　　　图3-81　齿轮轴

（2）孔板式齿轮　当齿轮齿顶圆 $d_a = 200\sim500mm$ 时，可采用孔板式结构，这种结构的齿轮一般用锻钢制造，如图3-82所示（齿型和键槽部分的尺寸按国家标准设计）。

$$b = \Psi_d d_1 \tag{3-3}$$

式中　Ψ_d——齿宽系数，一般齿宽系数0.3，可查机械设计手册得到；

　　　d_1——主动齿轮分度圆直径。

注意：齿宽系数不是越宽越好。齿宽还对齿轮受力的分布有影响，具体的设计尺寸需根据齿轮的强度和模数来确定。

其余各部分尺寸由经验公式确定。

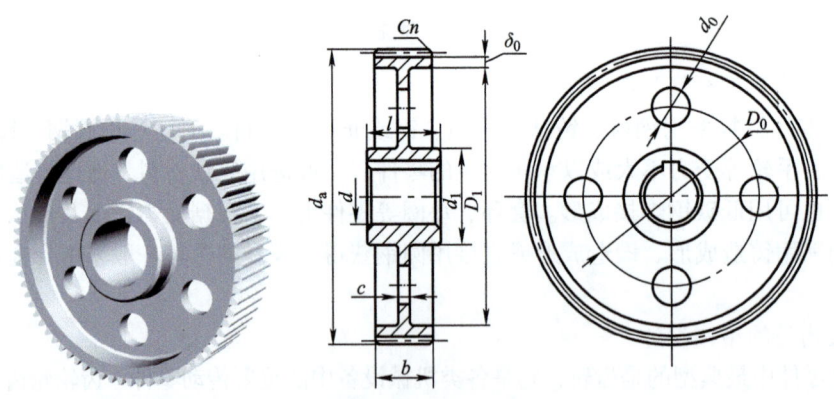

图3-82　孔板式齿轮

$d_1 = 1.6d$；$\delta_0 = (2.5\sim4)m$，但不小于 $8\sim10mm$；$D_0 = 0.5(D_1+d_1)$；$d_0 = 0.25(D_1 - d_1)$；$c = (0.2\sim0.3)b$，不小于10mm；$l = (1.2\sim1.5)d$，$l \geqslant b$。

（3）轮辐式齿轮　当齿轮齿顶圆 $d_a > 500mm$ 时，可采用轮辐式结构，这种结构的齿轮常采用铸钢或铸铁制造，如图3-83所示（齿型和键槽部分的尺寸按国家标准设计）。其各部分尺寸按经验公式确定。

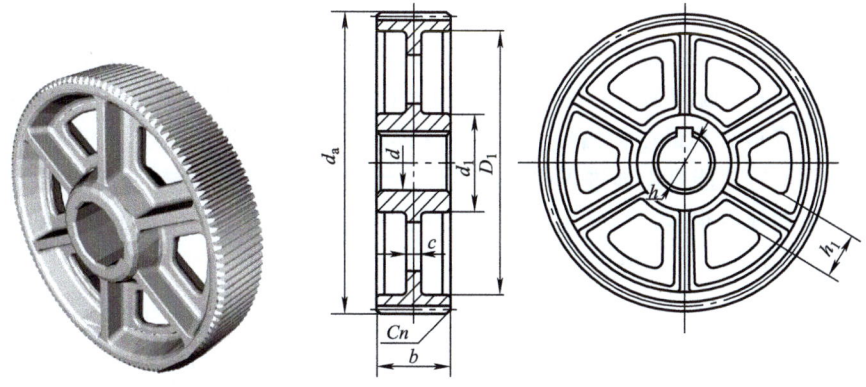

图 3-83 轮辐式齿轮

$d_1 = 1.6d_s$（铸钢）；$d_1 = 1.8d_s$（铸铁）；$D_1 = d_s - (10\sim12)m$；$h = 0.8d_s$；$h_1 = 0.8h$；$c = 0.2h$；$n = 0.5m$。

3. V带轮的结构设计

（1）V带轮的材料　与普通V带配合使用的V带轮，一般采用铸铁铸造，常用材料的牌号是HT150和HT200，带速较高以及特别重要的场合可用钢制带轮。为了减轻重量，也可用铝合金和工程塑料制造带轮。

（2）V带轮的结构　普通V带轮的结构由轮缘、轮辐和轮毂三部分组成，如图3-84所示。轮缘是带轮安装传动带的外缘环部分。轮毂是带轮与轴配合的部分。轮辐是连接轮缘及轮毂的部分。在带轮上，与所配用V带的节面处同一位置的槽形轮廓宽度称为基准宽度B，基准宽度处的带轮直径称为基准直径d，V带在规定的张紧力下，位于带轮基准直径上的轴线长度称为基准长度L_d，该值已经标准化，可查相应国家标准确定。

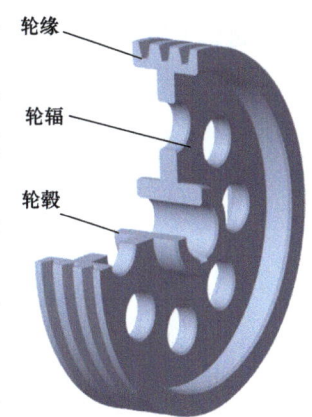

图 3-84　V带轮结构

普通V带轮按轮辐结构的不同，可分为实心式V带轮（图3-85a）、辐板式V带轮（图3-85b）、孔板式V带轮（图3-85c、e）、轮辐式V带轮（图3-85d、f）。以V带轮的基准直径为依据，当基准直径≤2.5倍V带轮所匹配的轴的直径时，选择实心V带轮；基准直径≤300mm时，采用辐板式结构；基准直径≤400mm时，采用孔板式结构，基准直径>400mm时，选择轮辐式结构。

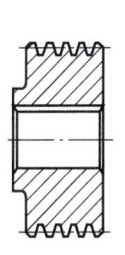 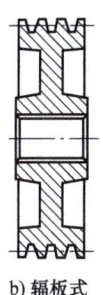 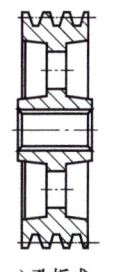 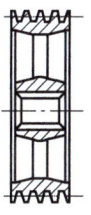 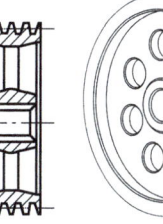 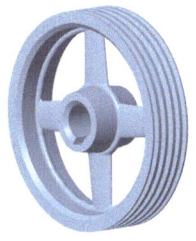

a) 实心式　　b) 辐板式　　c) 孔板式　　d) 轮辐式　　e) 孔板式V带轮　　f) 椭圆轮辐式V带轮

图 3-85　V带轮结构种类

4. 滚子链链轮

（1）滚子链链轮的主要参数　链轮是链传动的主要零件。国家标准仅规定了滚子链链轮齿槽的齿面圆弧半径 r_e、齿沟圆弧半径 r_i 和齿沟角 α（图 3-86a）的最大和最小值。各种链轮的实际端面齿形均应在最大和最小齿槽形状之间。这样处理使链轮齿廓曲线设计有很大的灵活性。但链轮齿形应保证链节能自由地进入或退出啮合，受力均匀，不易脱链，便于加工。符合上述要求的端面齿形曲线有很多，最常用的是"三圆弧一直线"齿形。图 3-86b 所示的端面齿形由三段圆弧（$\widehat{aa}$、$\widehat{ab}$ 和 $\widehat{cd}$）和一段直线（bc）组成。

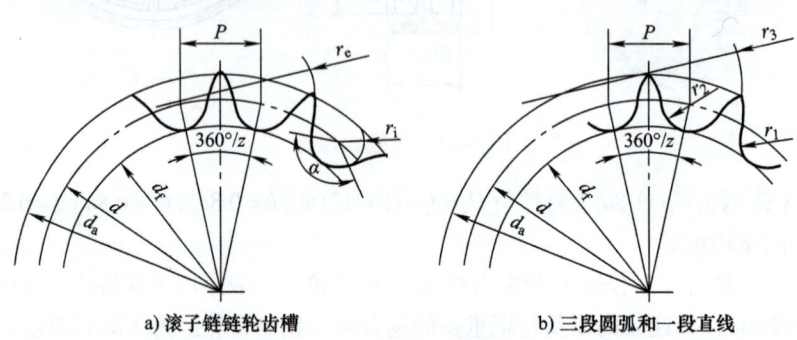

图 3-86　滚子链链轮齿槽

链轮上被链条节距等分的圆称为分度圆，其直径用 d 表示（图 3-86）。在已知节距 p 和齿数 z 的情况下，选用"三圆弧一直线"齿形时，链轮主要尺寸的计算式为

$$\left. \begin{array}{l} 分度圆直径\, d = \dfrac{p}{\sin\dfrac{180°}{z}} \\[2mm] 齿顶圆直径\, d_a = p\left(0.54 + \cot\dfrac{180°}{z}\right) \\[2mm] 齿根圆直径\, d_f = d - d_1 \end{array} \right\} \qquad (3\text{-}4)$$

式中　p ——节距（mm）；

　　　z ——齿数；

　　　d_1 ——滚子直径（mm）；

　　　d ——分度圆直径（mm）。

链轮的齿形用标准刀具加工，零件图上一般不绘制端面齿形，只需标注 d、d_a、d_f，且标明按国标齿形制造和检验即可，但为了车削毛坯，需将轴向齿形画出。链轮轴向齿形两侧呈圆弧状（图 3-87），以便链节进入和退出啮合。轴向齿形的具体尺寸见表 3-8 及机械设计手册。

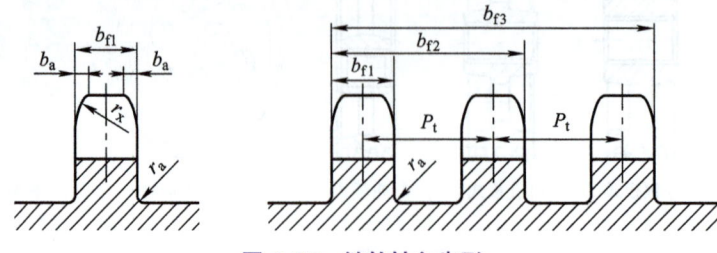

图 3-87　链轮轴向齿形

表 3-8 轴向齿形尺寸

名称		代号	计算公式		备注
			$p \leqslant 12.7mm$	$p > 12.7mm$	
齿宽	单排	b_{f1}	$0.93b_{f1}$	$0.95b_{f1}$	$p > 12.7mm$ 时，经制造厂同意，也可使用 $p \leqslant 12.7mm$ 时的齿宽。b 为内链节内宽
	双排、三排		$0.91b_{f1}$	$0.93b_{f1}$	
	四排以上		$0.88b_{f1}$		
倒角宽		b_a	$b_{a公称}=0.06p$		适用于 081、083、084 规格链条
			$b_{a公称}=0.13p$		适用于其余 A 或 B 系列链条
倒角半径		r_x	$r_x = p$		
齿侧凸缘（或排间槽）圆角半径		r_a	$r_a \approx 0.04p$		
链轮总齿宽		b_{fm}	$b_{fm} = (m-1)p_t + b_a$		m 为排数

（2）滚子链链轮的材料　链轮齿应具有足够的强度和耐磨性，故齿面多经热处理。小链轮的啮合次数比大链轮多，所受冲击力也大，所用材料一般优于大链轮。常用的链轮材料有碳素钢（如 Q235、Q275、45）、灰铸铁（如 HT200）等，重要的链轮可采用合金钢。

（3）滚子链链轮的结构　滚子链轮分为单排链轮和双排链轮。链轮通常由轮齿、轮缘、轮辐和中心孔等结构组成。轮齿是链轮的主要工作部分，与链条的滚子相啮合，传递动力和运动。

常用链轮的结构：小直径链轮可制成实心式（图 3-88a）；中等直径的链轮可制成孔板式（图 3-88b）；直径较大的链轮可设计成组合式，如轮毂和齿圈焊接（图 3-88c）、轮毂和齿圈用螺栓连接（图 3-88d）。若轮齿因磨损而失效，可更换齿圈。链轮轮毂部分的尺寸可参考 V 带轮。

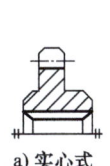
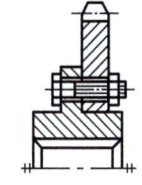

a) 实心式　　b) 孔板式　　c) 轮毂和齿圈焊接　　d) 轮毂和齿圈用螺栓连接

图 3-88　链轮的结构

（4）滚子链链轮结构实例　如图 3-89 所示的滚子链链轮，分度圆直径 d=85.6mm，齿数 z=14，节距 p=19.05mm。

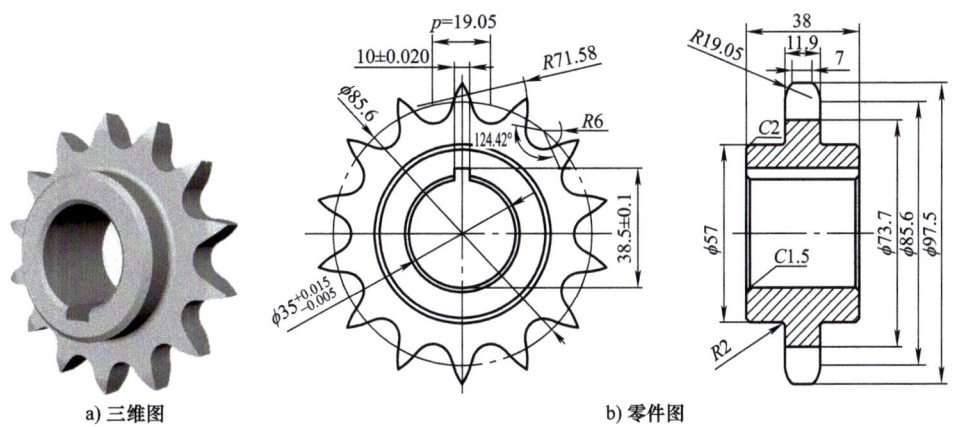

a) 三维图　　　　　　　　　　b) 零件图

图 3-89　滚子链链轮

三、项目实施

（一）球阀解析

阀门是流体输送系统中的控制部件，具有截止、调节、导流、防止逆流、稳压、分流或溢流泄压等功能。阀门的品种和规格繁多，可采用多种控制方式，如手动、电动、液动、气动、电磁液动、电液动、气液动、齿轮驱动等；可以在压力、温度或其他形式传感信号的作用下，按预定的要求动作，或者不依赖传感信号而进行简单的开启或关闭，阀门依靠驱动或自动机构使启闭件做升降、滑移、旋摆或回转运动，从而改变其流道面积的大小，以实现其控制功能。球阀是一种典型的阀门，其主要特点为：流体阻力小、开关迅速、方便、密封性好、寿命长、可靠性高，而且阀体内通道平整光滑，适于输送黏性流体、浆液和固体颗粒。

1. 球阀的构成及基本参数

球阀主要由阀体、阀杆、球芯、阀盖和省力机构等构成。

本次设计的球阀公称压力为 2MPa、公称通径为 20mm，长度为 115mm、高度为 122mm（带扳手）、宽度为 75mm。

2. 球阀的工作原理

球阀的主要功能是切断或接通管道中的流体回路。球阀的工作原理是：借助驱动装置，在阀杆端施加一定的转矩并传递给球芯，使它旋转 90°，球芯的通孔则与阀体通道中心线重合或者垂直，便完成了全开或全关的动作。

3. 球阀的材料选择

球阀阀体和阀盖的主要材料有灰铸铁、铸钢、铬镍钛不锈钢等。对于密封圈，根据不同的温度和压力，可以选用一般复合材料、石墨、柔性石墨、油浸聚四氟乙烯石棉盘根等。阀杆的主要材料有合金钢、不锈钢等。阀杆螺母的材料一般采用碳素钢。扳手的材料一般使用球墨铸铁或铸钢。

本设计中，阀体和阀盖的材料选择 ZG230-450 铸钢，密封圈采用聚四氟乙烯，阀芯和阀杆采用 40Cr，螺母、螺柱使用 Q235，扳手也采用 ZG230-450 铸钢，填料压紧套采用 35 钢。

4. 球阀的结构类型

按球芯和阀体的结构形式不同，球阀可以分四大类。

（1）按球芯的支承方式分类　按球芯的支承方式不同，球阀可分为浮动球阀和固定球阀两大类。浮动球阀的特点是结构简单、制造方便、工作可靠；固定球阀的特点是转矩小，阀体形变小，密封性能稳定，使用寿命长，适用于高压、大通径场合。

（2）按球芯的安装方式分类　按球芯的安装方式不同，球阀可分为顶装式、底装式、侧装式和斜装式。本次球阀设计选用了侧装法兰连接二分体式球阀，其特点是将阀体沿与阀门通道轴线相垂直的截面分为不对称的左右两半，球芯从截分面孔道装入，左、右两半阀体用法兰连接。

（3）按球阀与管道的连接形式分类　按球阀与管道的连接形式不同，球阀可分为法兰连接球阀、螺纹连接球阀以及焊接连接球阀。

（4）按照驱动方式分类　按照驱动方式不同，球阀可分为气动球阀、电动球阀、手动球阀等。

本设计采用手动、螺纹式连接、浮动式直通流道。球阀的结构组成如图 3-90 所示。

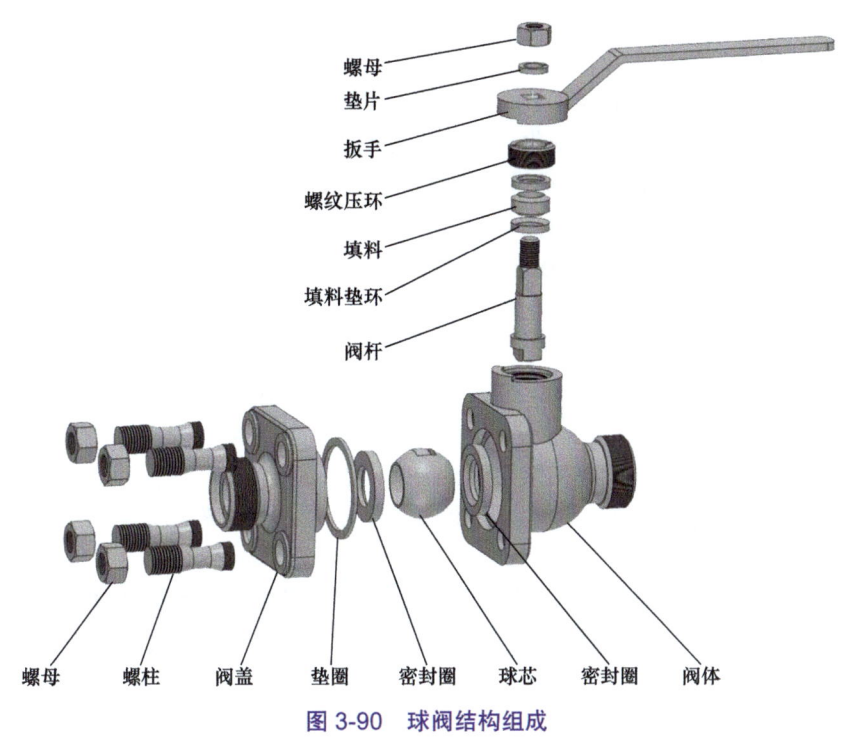

图 3-90　球阀结构组成

（二）零件设计

1. 球芯

（1）球芯直径　球芯的直径大小影响球阀结构的紧凑性，因此应尽量缩小球芯直径。球芯半径一般按 $R=(0.75\sim0.95)d$ 计算（d 为球芯通道孔直径）。

由 $d=20\text{mm}$，可取球芯直径 $D=35\text{mm}$。

（2）球芯宽度　球芯宽度 B 视球芯和球芯通道孔直径尺寸而定，一般以不伤阀座为准，且保证 n 值。取球芯宽度 $B=27\text{mm}$，如图 3-91 所示。

（3）球芯的阀杆扁式圆半径　球芯的阀杆扁式圆半径需尽量取标准铣刀尺寸。根据国标铣刀规格，铣刀的宽度取 10mm，球芯的阀杆扁式圆半径取 16mm。

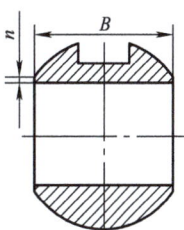

图 3-91　球芯宽度

2. 阀体

阀体是阀门中的重要零件，阀体的重量通常占整个阀门总重量的 70% 左右。

（1）阀体的主要功能

1）作为液体介质的流动通道。

2）承受工作介质压力、温度、冲蚀和腐蚀。

3）作为阀门总装配的"基础件"，在阀体内部构成一个空间，以容纳启闭件、阀杆等零件。

4）在阀体端部设置连接结构，满足阀门与管道系统安装使用要求。

5）承受阀门启闭载荷和在安装使用过程中因温度变化、振动和水击等影响所产生的附加载荷。

（2）阀体流道

1）阀体端口为圆形，介质流道尽可能设计成直线或流线型，尽可能避免介质流动方向的突然改变和通道形状截面积的急剧变化，以减少流体阻力、腐蚀和冲击。

2）在设计直通式阀体时，保证通道喉部的流通面积至少等于阀体端口的截面积。

（3）阀体的结构　阀体的结构取决于阀体与管道、阀体与阀盖的连接。

1）阀体的结构形式。根据适用场合不同和通径大小，常见阀体结构有以下几种：

① 整体式阀体：DN<50mm。

② 二分体式：阀体由左右两部分组成，通过螺栓将这两部分连接成一体。

③ 三分体式：阀体由三部分组成，这三部分是在阀座处沿着与通道方向垂直的界面分隔开，螺栓将这三部分连接成一体。

根据本设计的设计条件，阀体的结构形式选二分体式。

2）阀体与管道的连接形式。阀体与管道的连接形式主要有螺纹连接、法兰连接和焊接连接三种。本设计选择螺纹连接。

3）阀体的结构长度。阀体的结构长度是指阀体通道终端垂直于阀门轴线的两个平行平面之间的距离。根据所给的公称压力和公称通径来确定其结构长度。由此，根据已给条件可知结构长度为115mm。

4）阀体内腔直径。阀体内腔直径 = 球芯直径 +2 倍的间隙量，间隙量一般取 1.5~6mm，如果装配需要，可适当加大。本设计取 43mm。

5）阀体壁厚。就制造方法而言，阀体有铸造、锻造、锻焊、铸焊以及管板焊等。通常从经济性考虑，公称通径等于或者大于 50mm 的阀门采用铸造，小于 50mm 的采用锻造。但是随着现代铸造和锻造技术的发展，已经突破了这种限制。锻造阀体已向大口径方向发展，而铸造阀体逐渐向小口径方向发展。任何一种阀门既可锻造又可铸造，可根据用户要求以及制造厂已有的制造设备而定。

铸造阀体是目前应用最广的一种结构形式。其最大优点是通过铸件造型，既能达到要求的几何造型，特别是流道形状，又可少受重量方面的限制。

铸造阀体的阀体与阀盖为法兰连接，非圆形的阀盖法兰用于公称压力 ≤ 2.0MPa 的阀门及通径 ≤ 65mm 的各压力级阀门；圆形的阀盖法兰用于公称压力 ≥ 2.5MPa 的阀门。

本设计压力等于 2.0MPa，因此，在条件允许以及美观的情况下，采用方型法兰。

阀体壁厚的确定方法主要有查表法、插入法和计算法。

在给定了阀门的设计标准时，可查《阀门设计手册》中的数据直接选用。对于铸钢阀体，考虑最小允许工艺壁厚；对于砂型铸造，通常工艺壁厚不小于 5.5mm，精密铸造的工艺壁厚不小于 4.5mm。

插入法适用于最小壁厚不能直接从设计标准中查出的情况。

设计时，采用《阀门设计手册》所列公式计算，确定阀体的壁厚。对于圆形阀体，低压和中压阀门一般采用薄壁公式，而钢制高压阀门则在适当情况下采用厚壁公式计算。

由于所给条件的工作压力属于中低压，所以采用薄壁计算公式进行计算。计算公式如下：

$$S_b = S'_b + C \tag{3-5}$$

$$S'_b = \frac{pD}{2[\sigma_L] - P} \tag{3-6}$$

式中 D ——球阀内腔的最大直径（mm）；

S_b ——考虑附加余量的壁厚（mm）；

S'_b ——按强度计算的壁厚（mm）；

P ——设计压力（MPa）；

$[\sigma_L]$ ——材料许用拉应力（MPa）；

C ——附加余量（mm）。

将 $D = 43$mm，$P = 2$MPa，$[\sigma_L] = 28$MPa 代入，可得 $S'_b = 1.6$mm。

C 为考虑铸造偏差、工艺性和介质腐蚀等因素而附加的裕量，由《阀门设计手册》可取 C 为 4mm。

又因设计必须大于考虑腐蚀裕量后的最小壁厚，在此选用壁厚为 6mm。

（4）阀体法兰　阀体与阀盖的连接形式主要有五类，包括螺纹连接、法兰连接、对夹连接、焊接连接、自紧式密封结构连接。本设计采用法兰连接。设计与计算时综合考虑了以下问题：

1）法兰强度和刚度直接影响法兰连接的安全性和密封性。因此，法兰尺寸应足以承受由于流体压力和其他载荷引起的应力。

2）螺栓应力的确定及密封垫片的比压值的选取。为保证垫片的密封性，必须考虑拧紧螺栓而引起的法兰中的应力。

3）考虑由于阀门使用过程中温度的变化、振动、水击，以及由于管路传递载荷而引起的法兰中的应力。

4）考虑材料的高温力学性能。

在设计法兰时，将法兰、螺栓、垫片与管件视为一个整体受压元件，同时加以统筹考虑。

法兰设计的主要内容有：确定法兰的形式和密封面的形式；选择垫片（材料、形式和尺寸）；确定螺栓直径、数量和材料；确定法兰颈部尺寸、法兰宽度和厚度尺寸等。

在此设计中，法兰连接与壳体制成一体，法兰连接结构的尺寸虽然较大，但拆卸方便，密封可靠，可用于各种压力的阀门。

（5）螺栓的布置和设计　螺栓的最小间距应该满足扳手操作空间的要求，查《阀门设计手册》得到推荐的螺栓最小间距和法兰的径向尺寸。

当此设计中螺栓公称直径选用 12mm 时，需要满足螺栓中心到阀盖外壁不小于 20mm，螺栓中心到法兰外壁不小于 16mm。

本设计中的球阀属于小型阀，适用于一般工况，因此，在保证安全、密封的情况下，采用较大间距的安装方法。

推荐的螺栓最大间距计算公式为

$$S = 2d_B + 6\delta_f/(m + 0.5) \tag{3-7}$$

式中 d_B ——螺栓公称直径（mm）；

δ_f ——法兰有效厚度（mm）；

m ——垫片系数。

根据《阀门设计手册》，选用 O 形垫片，材料为无织品或无石棉纤维的合成橡胶，垫片系数 m 取 1.0。

由此，将螺栓公称直径 12mm、法兰有效厚度 12mm 代入式（3-7），得 S =72mm。

在此设计中，基于美观和安全的考虑，螺栓在以法兰中心为圆心、半径为 35mm 的圆上阵列分布，分布在法兰的四个角上。

（6）阀体用于球芯定位的结构　阀体上端设计 90° 圆心角的凸台，与扳手上的 180° 圆心角的凸台配合，用于扳手的转角限位，保证球芯 2 个极限位置（完全打开、完全关闭）的准确性。

3. 阀杆

浮动球阀的阀杆与阀体的连接直接影响球阀的工作性能，它除了能够传递较大的转矩外，还应保证有足够的活动性。这一点是保证阀门可靠密封不可缺少的条件。阀杆与球芯连接端设计成具有两个侧平面的扁式，能传递较大的转矩。

根据阀门的计算转矩初步确定阀杆直径，阀杆直径最小处为 ϕ14mm。具体计算方法在此不做介绍，如需要可参考相关设计手册。

操作扳手打开阀门时，应保证阀杆的扁式部分与通道垂直、扳手与通道平行。

阀杆上端设计螺纹，用于将扳手固定于阀杆上。

（三）装配图绘制

根据前面的设计与分析，利用 AutoCAD 软件绘制球阀的装配图，如图 3-92 所示。

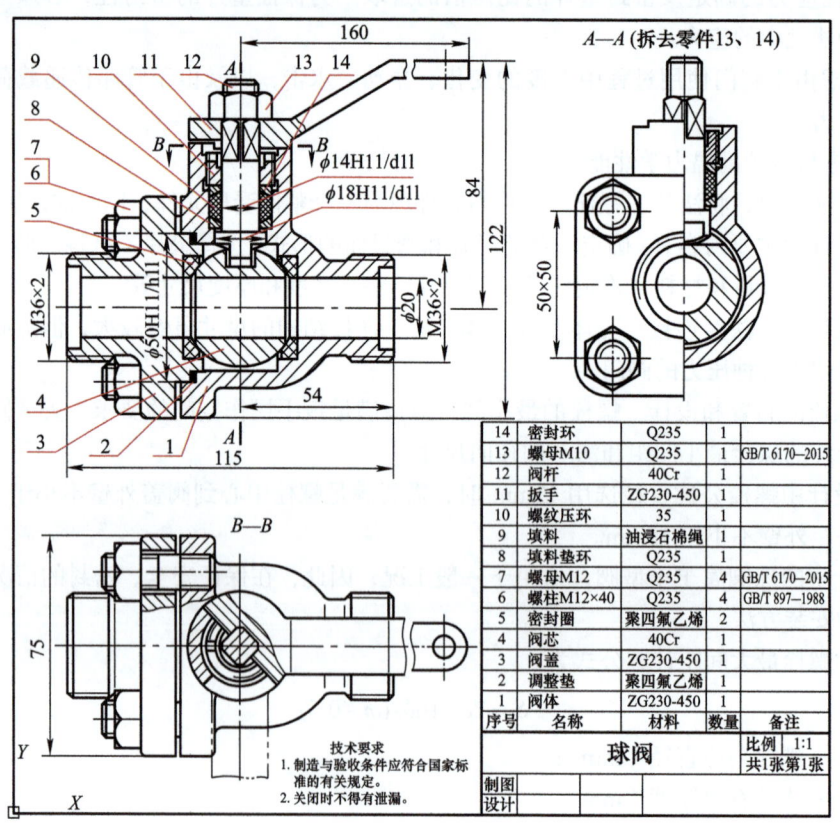

图 3-92　球阀装配图

（四）三维建模

1. 零件实体建模

运用三维软件进行零件实体建模，主要零件的三维效果图如图 3-93~ 图 3-98 所示。

图 3-93　扳手

图 3-94　阀盖

图 3-95　阀杆

图 3-96　阀体

图 3-97　球芯

图 3-98　密封圈

2. 球阀的装配

将所有零件按照装配要求进行装配，球阀的装配效果图如图 3-99 所示。

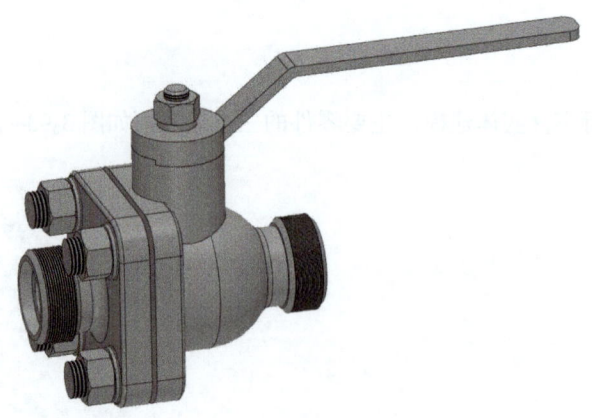

图 3-99 球阀的装配效果图

（五）工程图绘制

绘制球阀零件工程图的一般步骤：运用三维软件生成工程图后，导入到 AutoCAD 软件，进行尺寸标注等内容的完善，如图 3-100~ 图 3-105 所示。

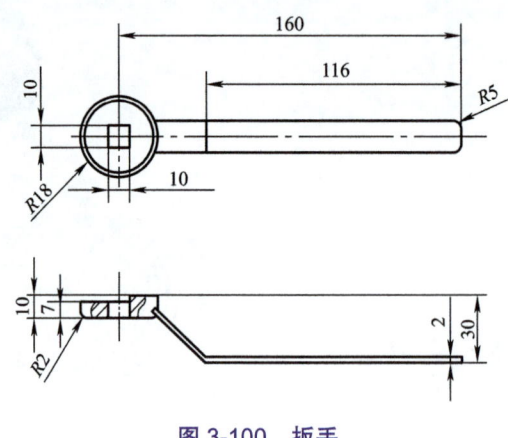

图 3-100 扳手

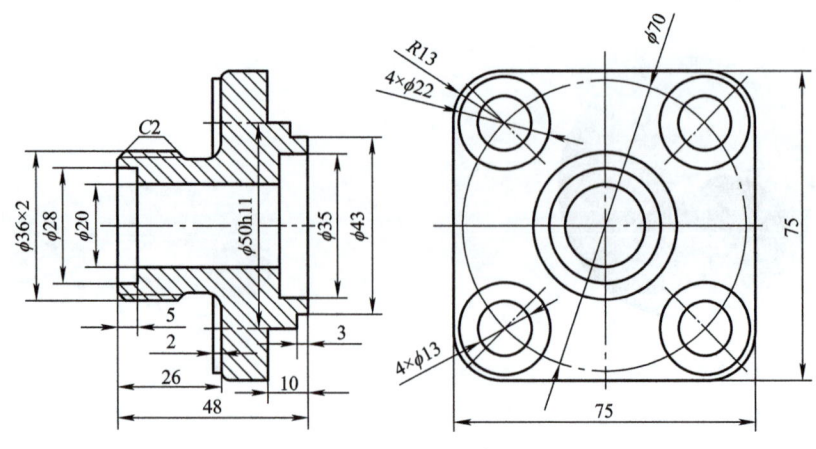

图 3-101 阀盖

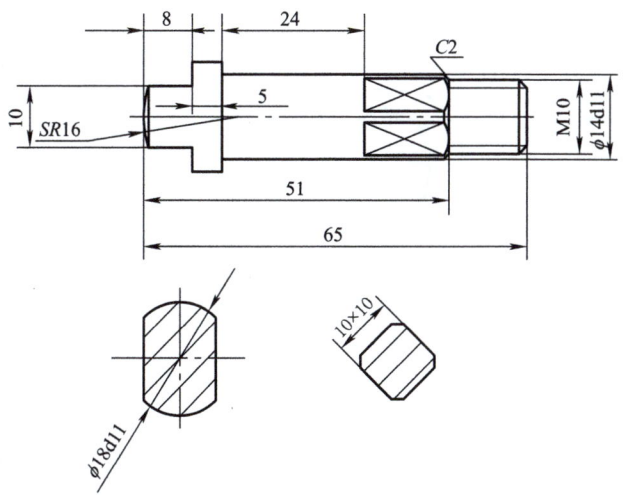

图 3-102 阀杆

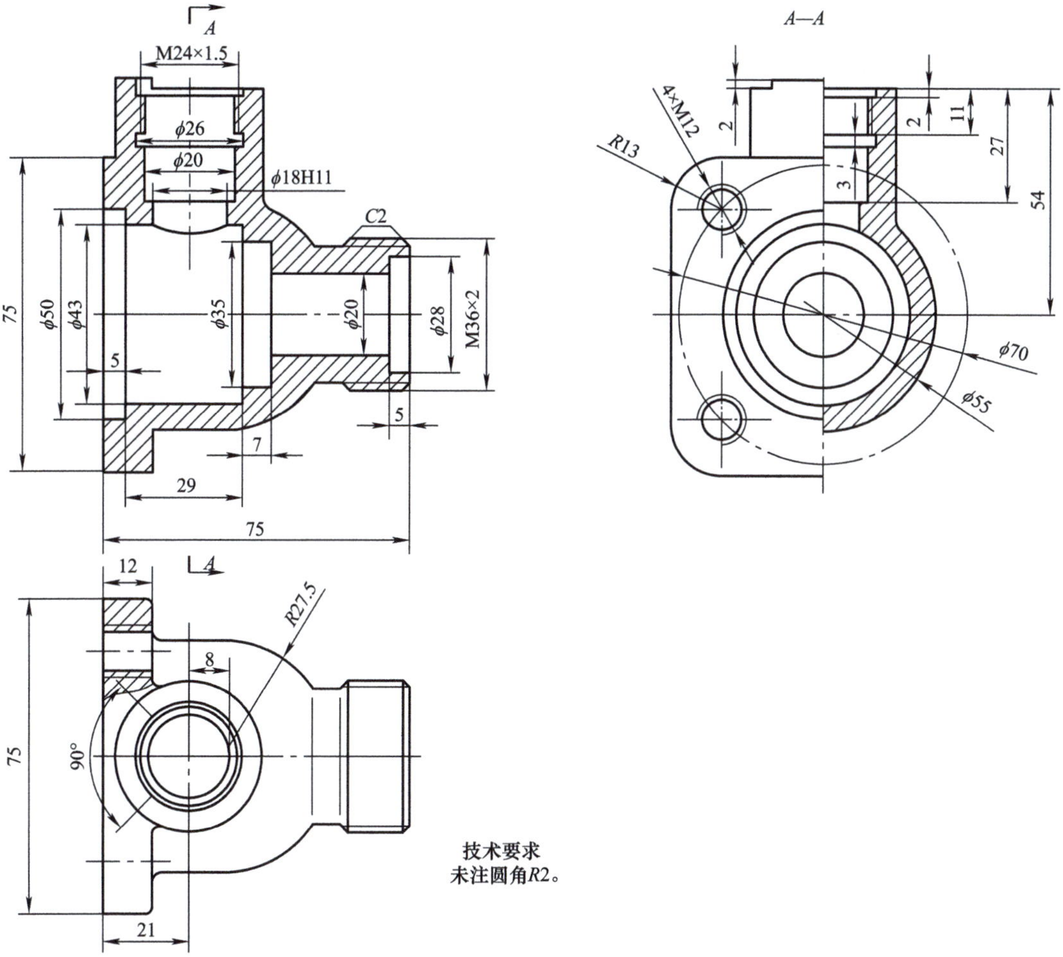

技术要求
未注圆角R2。

图 3-103 阀体

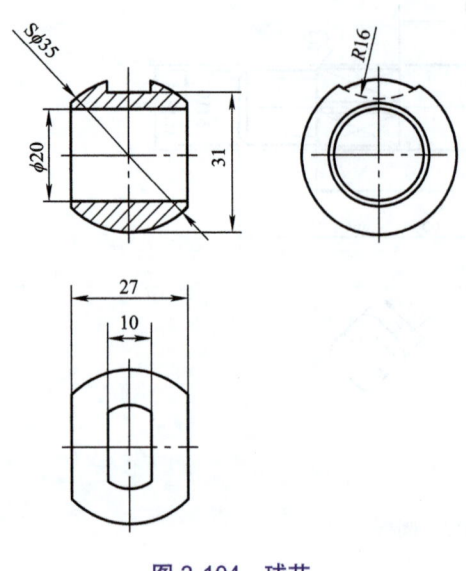

图 3-104 球芯

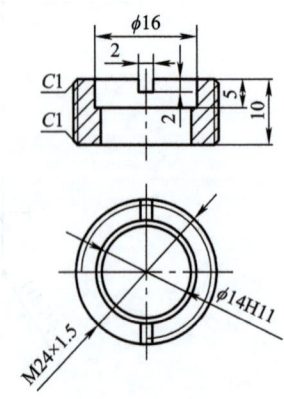

图 3-105 螺纹压环

四、知识拓展

（一）铸造工艺

1. 铸造工艺概念

铸造是一种历史悠久的制造方法，在机械制造业中占有重要的地位。铸造技术的发展也很迅速，特别是19世纪末和20世纪上半叶，出现了低压铸造、陶瓷铸造、连续铸造等铸造工艺。

铸造是将熔融的金属液浇注入模具内，经冷却凝固获得所需形状和性能的零件的制作工艺。铸造工艺成本低、灵活性大，可以获得复杂形状和大型的铸造件，在机械制造中占有很大的比重。

由于现今对铸造质量、铸造精度、铸造成本和铸造自动化等要求的提高，铸造技术向着精密化、大型化、高质量、自动化和清洁化的方向发展。我国在精密铸造技术、连续铸造技术、特种铸造技术、铸造自动化和铸造成形模拟技术等方面发展迅速。

铸造工艺可分为砂型铸造工艺和特种铸造工艺。

2. 砂型铸造

砂型铸造是一种以型砂为主要造型材料制作铸件的传统铸造工艺。

砂型铸造一般采用重力铸造，有特殊要求时也可采用低压铸造、离心铸造等工艺。砂型铸造的适应性很广，小件、大件、简单件、复杂件、单件、大批量都可采用。砂型铸造用的模具多用木材制作，称为木模，木模的缺点是易变形、易损坏。除单件生产的砂型铸件外，还可以使用尺寸精度较高，并且使用寿命较长的铝合金模具或树脂模具，虽然价格有所提高，但仍比金属型铸造用的模具便宜得多，在小批量及大件生产中，价格优势尤为突出。此外，砂型比金属型耐火度更高，因而如铜合金和黑色金属等熔点较高的材料也多采用这种工艺。但是，砂型铸造也有不足之处：因为每个砂质铸型只能浇注一次，获得铸件后铸型即损坏，必须重新造型，所以砂型铸造的生产效率较低；又因为型砂的整体性质软而多孔，所以砂型铸造的铸件尺寸精度较低，表面也较粗糙。

3. 特种铸造

（1）压力铸造　压力铸造是指金属液在其他外力（不含重力）的作用下注入铸型模具的工艺。广义的压力铸造包括采用压铸机的压力铸造和真空铸造、低压铸造、离心铸造等；狭义的压力铸造专指压铸机的金属型压力铸造，简称压铸。这几种铸造工艺是有色金属铸造中最常用的，也是相对价格最低的。

（2）金属型铸造　金属型铸造是用金属（耐热合金钢、球墨铸铁和耐热铸铁等）制作的铸造用中空铸型模具的现代工艺。

金属型的铸型模具能反复多次使用，每浇注一次金属液，就获得一次铸件，寿命长、生产效率高。金属型的铸件不但尺寸精度高，表面粗糙度值低，而且在浇注相同金属液的情况下，其铸件强度比砂型的高，更不容易损坏。因此，在大批量生产有色金属的中、小铸件时，只要铸件材料的熔点不过高，一般都优先选用金属型铸造。但是，金属型铸造也有不足之处：因为耐热合金钢和在其上面做出中空型腔的加工都比较困难，所以金属型的模具造价高，不过总体和压铸模具费用比起来则便宜多了。对小批量生产而言，分摊到每件产品上的模具费用明显过高。又因为金属型的模具受模具材料尺寸和型腔加工设备、铸造设备能力的限制，所以对尺寸特别大的铸件也无能为力。因而在小批量及大件生产中，很少使用金属型铸造。此外，金属型模具虽然采用了耐热合金钢，但耐热能力仍有限，多用于铝合金、锌合金、镁合金的铸造，在铜合金铸造中已较少应用，用于黑色金属铸造则更少。

（3）压铸　压铸是在压铸机上进行的金属型压力铸造，是生产效率最高的铸造工艺。

压铸机分为热室压铸机和冷室压铸机两种。热室压铸机自动化程度高，材料损耗少，生产效率比冷室压铸机更高，但受机件耐热能力的制约，目前只能用于锌合金、镁合金等低熔点材料的铸件生产。当今广泛使用的铝合金压铸件，由于熔点较高，只能在冷室压铸机上生产。压铸的主要特点是金属液在高压、高速下充填型腔，并在高压下成形、凝固。压铸件的不足之处是：因为金属液在高压、高速下充填型腔的过程中，不可避免地把型腔中的空气夹裹在铸件内部，形成皮下气孔，所以铝合金压铸件不宜热处理，锌合金压铸件不宜表面喷塑（但可喷漆）。否则，铸件内部气孔在做上述处理加热时，将遇热膨胀而致使铸件变形或鼓泡。此外，压铸件的机械切削加工余量也应取得小一些，一般在 0.5mm 左右，既可减轻铸件重量、减少切削加工量以降低成本，又可避免穿透表面致密层，露出皮下气孔，造成工件报废。

（4）熔模精密铸造　熔模精密铸造是一种少切削或无切削的铸造工艺，其应用非常广泛。它不仅适用于各种类型、各种合金的铸造，而且生产出的铸件尺寸精度、表面质量比其他铸造方法更高。

熔模精密铸造是在古代蜡模铸造的基础上发展起来的。作为文明古国，中国是使用这一技术较早的国家之一，远在公元前数百年，我国劳动人民就创造了这种失蜡铸造技术，用来铸造带有各种精细花纹和文字的钟鼎及器皿等制品，如春秋时的曾侯乙墓尊盘等。曾侯乙墓尊盘底座为多条相互缠绕的龙，它们首尾相连、上下交错，形成中间镂空的多层云纹状图案，这些图案用普通铸造工艺很难制造出来，而用失蜡法铸造工艺，可以利用石蜡没有强度、易于雕刻的特点，用普通工具就可以雕刻出所要得到的制品样式，然后附加浇注系统，涂料、脱蜡、浇注，就可以得到铸件成品。

所谓熔模铸造工艺，简单说就是用易熔材料（例如蜡料或塑料）制成可熔性模型（简称熔模或模型），在其上涂覆若干层特制的耐火涂料，经过干燥和硬化形成一个整体型壳后，再用蒸汽或热水从型壳中熔掉模型，然后把型壳置于砂箱中，在其四周填充干砂造型，最后将铸型放入焙烧炉中进行高温焙烧（如采用高强度型壳时，可不必造型而将脱模后的型壳直接焙烧），铸型或型壳经焙烧后，于其中浇注熔融金属液，冷却后，即得到铸件。

熔模铸件尺寸精度较高，一般可达 CT4~6（砂型铸造为 CT10~13，压铸为 CT5~7）。但是由于熔模铸造的工艺过程复杂，影响铸件尺寸精度的因素较多，例如模料的收缩、熔模的变形、型壳在加热和冷却过程中的收缩，以及在凝固过程中铸件的变形等，所以普通熔模铸件的尺寸精度虽然较高，但其一致性仍有待提高。

压制熔模时，采用型腔表面粗糙度值低的压型。此外，型壳由耐高温的特殊黏结剂和耐火材料配制成的耐火涂料涂挂在熔模上制成，与熔融金属液直接接触的型腔内表面粗糙度值低。所以，熔模铸件的表面粗糙度值比一般铸造件低，一般可达 $Ra1.6~3.2\mu m$。

熔模铸造最大的优点是熔模铸件有着很高的尺寸精度和较低的表面粗糙度值，可减少机械加工，只在零件上精度要求较高的部位留少许加工余量即可，甚至某些铸件只留打磨、抛光余量，不必机械加工即可使用。由此可见，采用熔模铸造方法可大量节省加工工时，大幅度节约金属原材料。

熔模铸造的另一优点是，可以铸造各种合金的复杂铸件，特别是可以铸造高温合金铸件。如喷气式发动机的叶片，其流线型外廓与冷却用内腔，用机械加工工艺几乎无法完成。用熔模铸造工艺生产不仅可以做到批量生产，保证了铸件的一致性，而且避免了机械加工后残留刀纹的应力集中。

（5）消失模铸造　消失模铸造技术（EPC 或 LFC）是用泡沫塑料制作出与零件结构和尺寸完全一样的实物模样，经浸涂耐火粘结涂料，烘干后进行干砂造型，振动紧实；然后浇入金属液使模样受热汽化消失，而得到与模样形状一致的金属零件的铸造方法。消失模铸造是一种近无余量、精确成形的技术，它不需要合箱取模，使用无黏结剂的干砂造型，减少了污染。

消失模铸造技术主要有以下几种：

1）压力消失模铸造技术。压力消失模铸造技术是消失模铸造技术与压力凝固结晶技术相结合的铸造技术，它是在带砂箱的压力罐中浇注金属液，使泡沫塑料汽化消失后，迅速密封压力罐，并通入一定压力的气体，使金属液在压力下凝固结晶成形的铸造方法。这种铸造技术的特点是能够显著减少铸件中的缩孔、缩松、气孔等缺陷，提高铸件致密度，改善铸件力学性能。

2）真空低压消失模铸造技术。真空低压消失模铸造技术是将负压消失模铸造方法和低压反重力浇注方法复合而发展的一种铸造技术。真空低压消失模铸造技术的特点：综合了低压铸造与真空消失模铸造的技术优势，在可控的气压下完成充型过程，提高了合金的铸造充型能力；与压铸相比，设备投资小、铸件成本低、铸件可进行热处理强化；而与砂型铸造相比，铸件的精度高、表面粗糙度值低、生产率高、性能好；反重力作用下，直浇口成为补缩短通道，浇注温度的损失小，液态合金在可控的压力下进行补缩凝固，合金铸件的浇注系统简单有效、成品率高、组织致密；真空低压消失模铸造的浇注温度低，适合于多种有色金属合金。

3）振动消失模铸造技术。振动消失模铸造技术是在消失模铸造过程中施加一定频率和振幅的振动，使铸件在振动场的作用下凝固，由于消失模铸造凝固过程中对金属液施加了一定时间的振动，振动力使液相与固相间产生相对运动，而使枝晶破碎，增加液相内结晶核心，使铸件最终凝固，组织细化、补缩提高，力学性能改善。该技术利用振动电动机产生的机械振动，使金属液在动力激励下生核，达到细化组织的目的，是一种操作简便、成本低廉、无环境污染的方法。

4）半固态消失模铸造技术。半固态消失模铸造技术是消失模铸造技术与半固态技术相结合的铸造技术，由于该工艺的特点在于控制液固相的相对比例，也称转变控制半固态成形。该技术可以提高铸件致密度、减少偏析、提高尺寸精度和铸件性能。

5）消失模壳型铸造技术。消失模壳型铸造技术是熔模铸造技术与消失模铸造结合起来的铸造方法。该方法是将用发泡模具制作的与零件形状一样的泡沫塑料模样表面涂上数层耐火材料，待其硬化干燥后，将其中的泡沫塑料模样燃烧消失而制成型壳，经过焙烧，然后进行浇注，而获得较高尺寸精度铸件的一种精密铸造方法。它具有消失模铸造中的模样尺寸大、精密度高的特点，又有熔模精密铸造中结壳精度高、强度大等优点。与普通熔模铸造相比，其特点是泡沫塑料模料成本低廉，模样粘接组合方便，消失容易，克服了熔模铸造模料容易软化而引起的熔模变形的问题，可以生产较大尺寸的各种合金复杂铸件。

6）消失模悬浮铸造技术。消失模悬浮铸造技术是消失模铸造工艺与悬浮铸造结合起来的一种实用铸造技术。该技术工艺过程是金属液浇入铸型后，泡沫塑料模样汽化，夹杂在冒口模型的悬浮剂（或将悬浮剂放置在模样某特定位置，或将悬浮剂与EPS一起制成泡沫模样）与金属液发生物化反应从而提高铸件整体（或部分）组织性能。

（6）细晶铸造　细晶铸造技术或工艺（FGCP）的原理是通过控制普通熔模铸造工艺，强化合金的形核机制，在铸造过程中使合金形成大量结晶核心，并阻止晶粒长大，从而获得平均晶粒尺寸小于$1.6\mu m$的均匀、细小、各向同性的等轴晶铸件，在一定程度上改善铸件抗拉性能和持久性能，并使铸件具有良好的热处理性能。

（7）短流程　短流程铸造工艺是用高炉铁液直接注入电炉中进行升温和调整成分，经变质处理后浇注铸件，较常规铸造流程省去了生铁再进行重熔的环节，达到节能减排、降低成本、提高生产效率的目的。

（二）法兰

1. 法兰的概念

法兰（flange）是由英国人爱尔恰尔特在1809年发明的，还同时提出了法兰的铸造方法，但是在后来的相当一段时间都没有广泛应用，直到20世纪初，法兰才在各种机械设备以及管道连接上广泛应用。

法兰是一种盘状零件，一般是成对使用，两个法兰之间一般用螺栓或螺柱连接。主要用于管道与阀门之间、管道与管道之间以及管道与设备之间的连接，也将具有密封作用的连接零件都称为法兰。

一般法兰上都有圆孔，起到固定作用，如在管道连接处使用时，在两个法兰盘之间加上密封圈，然后用螺栓紧固连接。不同压力的法兰有不同的厚度，使用不同的螺栓。法兰的主要材质有碳钢、不锈钢以及合金钢等。

2. 法兰的种类

法兰的结构相对简单、种类繁多，可以分为整体法兰、平焊法兰、对焊法兰、松套法兰以及螺纹法兰。

（1）整体法兰　整体法兰一般用于压力较大的管道中，一般有一个长颈，多采用一次整体铸造成形，而使用的材料一般为碳钢、不锈钢等。

（2）平焊法兰　平焊法兰又称塔焊法兰，是指在与容器或者管道连接时采用焊接的方式完成，这种法兰具有装配容易、价格便宜的特点，主要用于压力和振动比较小的管道中。

（3）对焊法兰　对焊法兰又称高颈法兰，对焊法兰与其他法兰最大的区别是有一个突出的高颈，突出的高颈壁厚和直径会随着高度增加逐渐与要对接的管壁厚度和直径一致，这样可以增加法兰的强度，对焊法兰主要应用于环境变化比较大的场所，例如高温高压和低温的管道中。

（4）松套法兰　松套法兰又称活套法兰，这种法兰多用于一些有色金属以及不锈钢等管道上，连接也是靠焊接来实现的，由于其可以旋转，容易对准螺栓孔，所以多用在大口径管道和经常需要拆卸的连接处，但松套法兰耐压不高，所以只能用于低压管道的连接。

（5）螺纹法兰　螺纹法兰的法兰盘内有螺纹，需要连接的管道有外螺纹，它是一种非焊接法兰，所以与其他焊接法兰相比较有着安装拆卸方便的优点，在使用温度极高或者极低的环境下不适合使用螺纹法兰，因为螺纹受到热胀冷缩的影响容易发生管道泄漏。

五、思考与联想

非遗文化与传承——中国传统失蜡法

"中国传统失蜡法"是中国古代青铜铸造技术的重要成就之一，先秦时已开始使用，兴盛于隋唐，明清以前为皇家铸造青铜重器的传统工艺。如图3-106所示的曾侯乙尊盘是运用此法制作的典范。

图3-106　曾侯乙尊盘

尊是古代的一种盛酒器，盘则是水器。曾侯乙尊盘，是周王族诸侯国中曾国国君曾侯乙的青铜器，中国首批禁止出国（境）展览文物之一。1978年，曾侯乙尊盘在湖北随州市擂鼓墩曾侯乙墓中出土，收藏于湖北省博物馆。曾侯乙尊盘全套器物通高42cm，重近30kg，尊高30.1cm，口径25cm，盘高23.5cm，口径58cm，深12cm，是春秋战国时期最复杂、最精美的青铜器件之一。曾侯乙尊盘集浑铸、分铸焊接和失蜡法等多种工艺为一体，尊、盘各有34个、38个部件，分别通过56处和44处铸、焊连成一体。曾侯乙尊盘足为四条圆雕的双身龙，龙首、龙体、龙尾蜿蜒曲折，表现出充沛的生命力。曾侯乙尊盘的"零部件"数以百计，构成纷繁复杂的纹样，呈现高低参差和对称排列的整体造型，可谓"巧夺天工"。

目前，中国传统失蜡法铸造技术被列入安徽省第三批非物质文化遗产保护名录。中国传统失蜡法具有重要的历史、文化和科学价值，需要我们的保护和传承，并在此基础上发展、创新、发扬光大。

六、课后思考

1）分析铸造金属壳体和塑料壳体的结构有什么不同。

2）拆解一款其他类型的阀门，分析其结构设计要点。

项目四

果盘一体化结构设计

【知识目标】
1)掌握一体化结构设计的基本原则。
2)掌握一体化结构的特点和应用范围。
3)掌握一体化结构的参数设置原则。

【技能目标】
1)具有丰富的空间设计思维能力。
2)认真制订工作计划、并认真执行的能力。
3)会设计一体化结构。

【素质目标】
1)具有团队协作、勇于创新的精神。
2)具有爱岗敬业、实事求是、精益求精的工作作风。
3)具有良好的表达和沟通能力。

一、项目任务书

【设计任务】

图4-1所示为竹木制作的可折叠收纳的果盘,其造型很有创意,但制作工艺较复杂。依据此果盘的构思,设计一款利用3D打印技术制作的一体化结构果盘。

了解一体化结构的特点和应用范围,掌握一体化结构的设计知识。

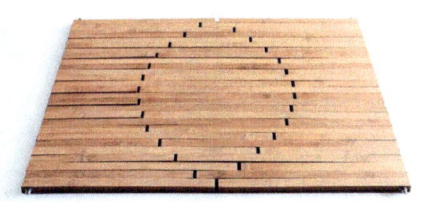

a) 收纳状态　　　　　　　　　　b) 使用状态

图 4-1　可折叠收纳的果盘

【设计要求】

1）采用一体化结构。

2）便于收纳，造型新颖、时尚。

3）采用 ABS 材料制作，应有足够的强度。

4）折叠方便、顺利。

二、知识链接

1. 一体化结构概念

一体化结构是将原来分散的、需要连接、装配、甚至是不同材料的零件集成为一个整体件的结构。

2. 一体化结构的意义

（1）实现产品的轻量化　结构的一体化可以以较少的材料和零件实现所需功能、达到所需强度。将原本通过多个组件装配的复杂部件，进行一体化设计。这种方式不仅实现了零件的整体化结构，还能够避免原始多个零件组合时需要的连接结构（法兰、焊缝等），也可以帮助设计者突破束缚，实现功能最优化设计。

通用汽车使用一体化结构设计和 3D 打印技术，对一款汽车座椅支架进行重新设计后，不锈钢座椅的重量比原有产品轻了 40%，强度提升了 20%，并且仅需 1 个部件，而原有产品则需要来自多个供应商的 8 个零部件。

（2）提升生产效益　一体化结构能减少产品的组装工艺、生产管理环节，从而提升生产效率、降低制造成本。

（3）使功能与结构集成化　法国赛峰公司对一款发电机外壳进行了设计优化，发电机外壳在支承、包容其他零件的同时兼具散热功能。原来由几个零件组成的部件转变为一个功能集成的零件，整体零件数量和制造时间得以减少，如图 4-2 所示。

3. 一体化结构设计的思路

一体化结构的设计思路与方法有以下 3 点：

1）将不同功能的零件合而为一。

2）将因生产工艺因素分离的零件合而为一。

3）将需要装配的零件合而为一。

如图 4-3a 所示的合页铰链机构，原来的设计由 3 个零件（2 个钣金连接件和 1 个轴）组成。图 4-3b 所示的人体骨架 3D 打印模型中的关节铰链、图 4-3c 所示的手机支架的铰链均将 1 个连接件和 1 个轴合而为一，减少了 1 个单独的轴零件。整个产品一体打印成型，减少了组装环节，降低了成本。

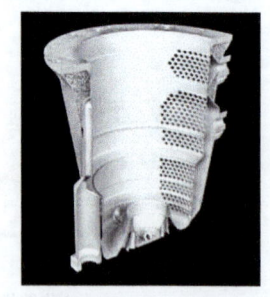

图 4-2　法国赛峰公司的发电机外壳

a) 合页铰链

b) 人体骨架 3D 打印模型

c) 手机支架

图 4-3　一体化结构实例

4. 一体化结构设计的方法

一体化结构的具体设计方法如图 4-4 所示。

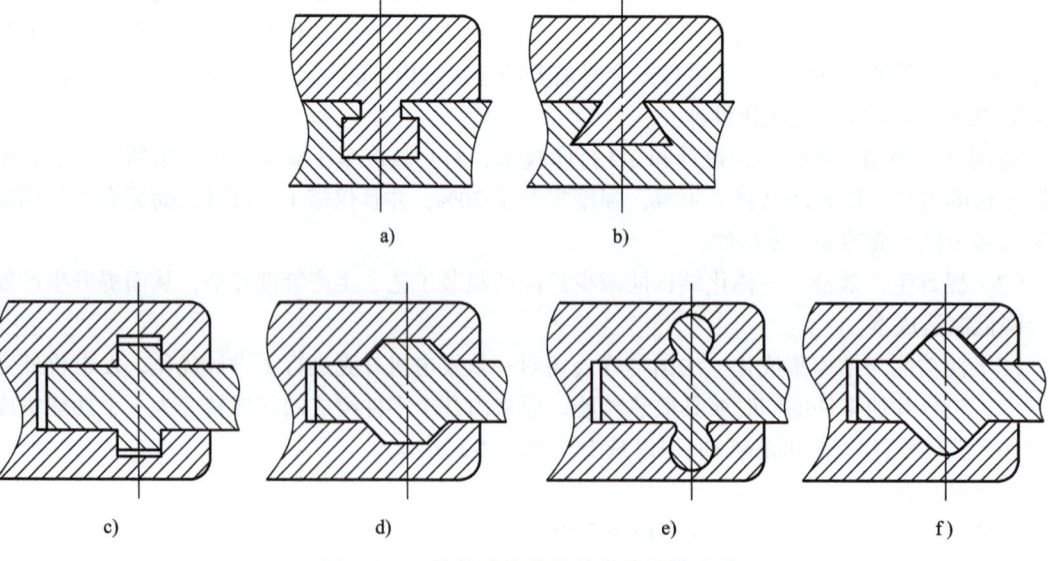

图 4-4　一体化结构设计的具体设计方法

三、项目实施

为使产品各部分能够转动折叠，其连接结构选用铰链结构。为了保证打印件的强度，最小壁厚应大于 2mm。为了确保铰链结构转动灵活，各相对运动的相邻表面间距设计为 0.25mm。

利用 Inventor 软件进行建模。

（一）基本体设计

步骤 1：单击面板中的"项目"选项，打开项目选项，单击"新建"，选择创建二维和三维对象。

步骤 2：在 XY 平面创建拉伸草图，注意原点位置，如图 4-5 所示。

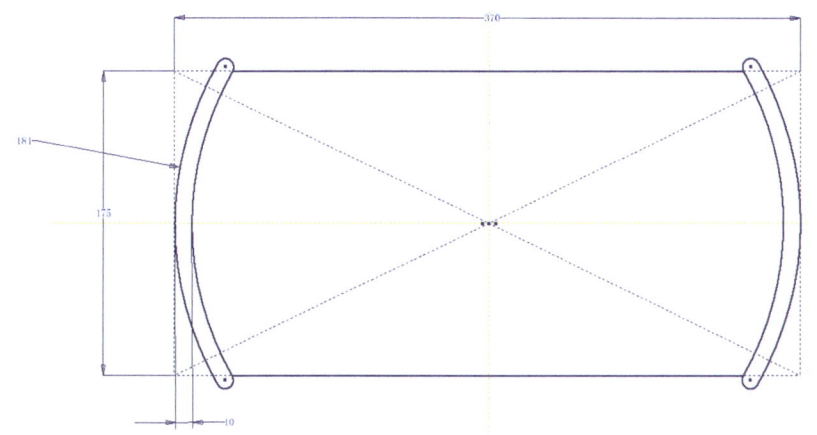

图 4-5　创建拉伸草图

步骤 3：单击"拉伸"，深度 8.4mm，拉伸创建两个实体，如图 4-6 所示。

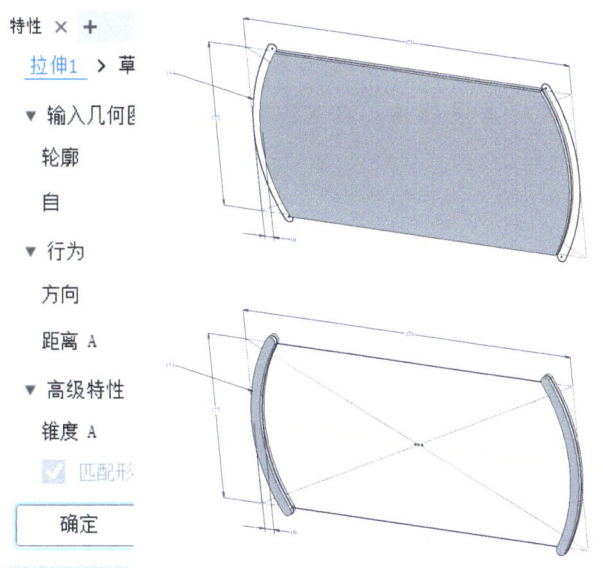

图 4-6　创建两个实体

步骤4：隐藏实体2，对实体1进行布尔求差，宽度1mm，如图4-7所示。

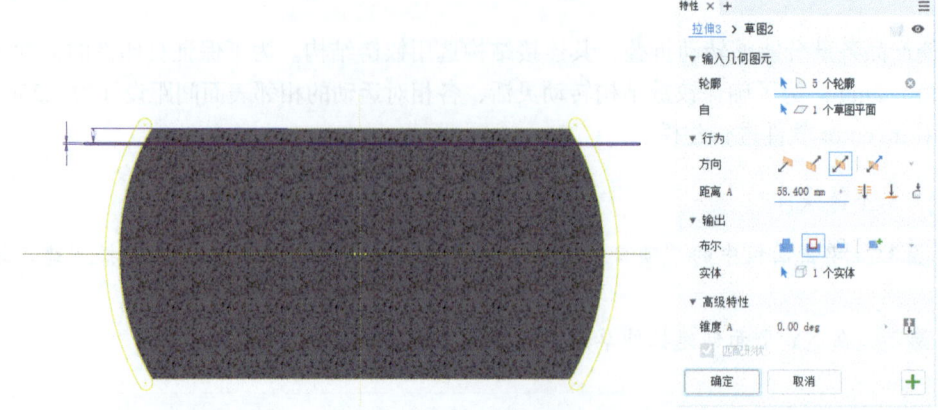

图4-7 布尔求差

步骤5：单击"阵列"，对拉伸3进行阵列，如图4-8所示。

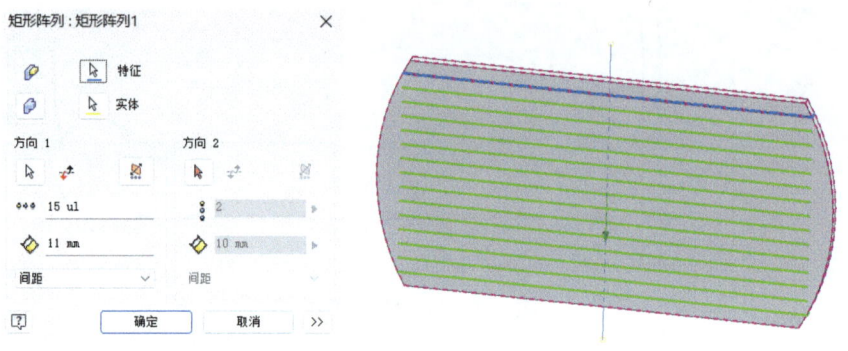

图4-8 阵列

（二）铰链连接结构设计

步骤1：对实体1进行差集拉伸，在XY平面绘制二维草图，注意原点位置，如图4-9所示。

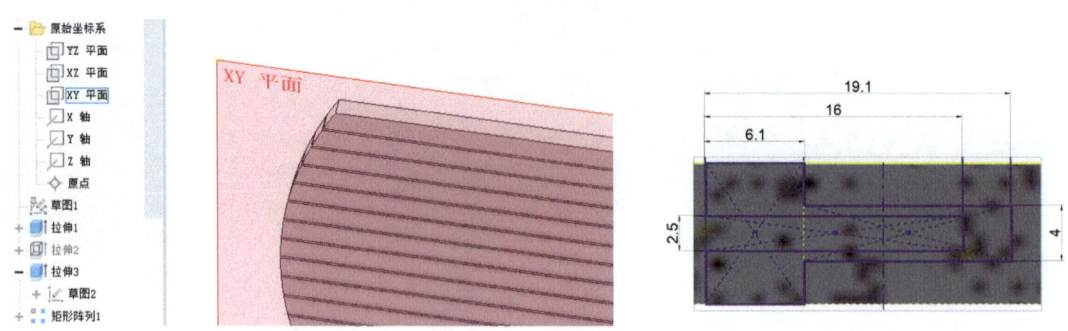

图4-9 绘制二维草图

步骤2：创建拉伸4，选择两边方向拉伸，如图4-10所示。

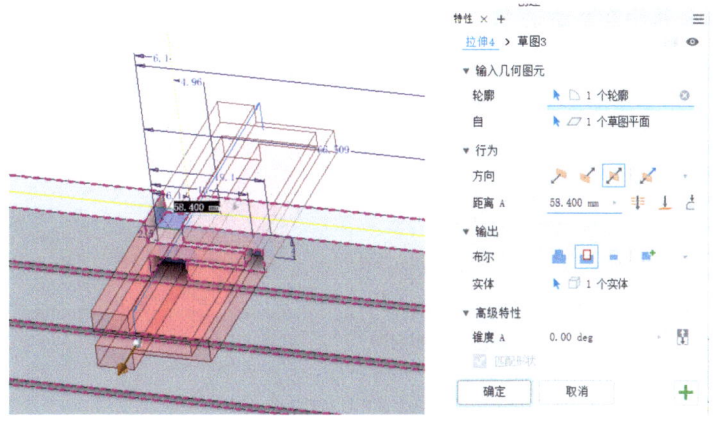

图4-10 创建拉伸4

步骤3：为了转动灵活，对发生触碰的角进行倒圆角处理，如图4-11所示。

步骤4：在指定平面中创建草图，如图4-12所示。

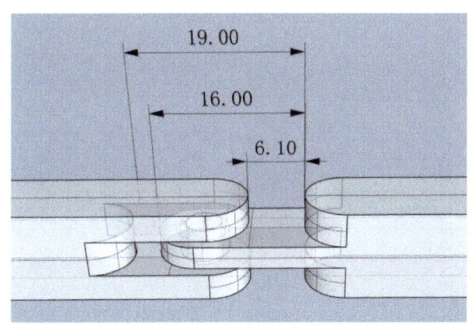

图4-11 倒圆角

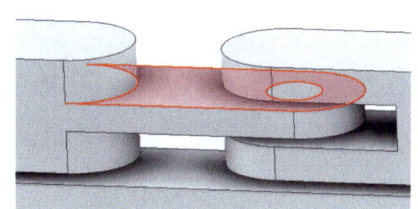

图4-12 创建草图

步骤5：用并集布尔运算，建立铰链连接的轴结构，在圆弧同心圆间距0.76mm处，做直径为4mm的轴，创建拉伸5，如图4-13所示。

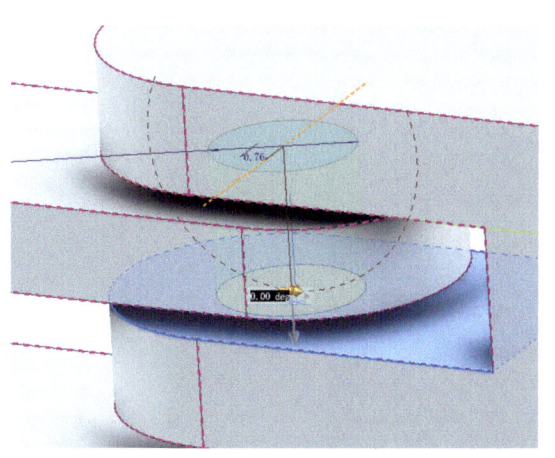
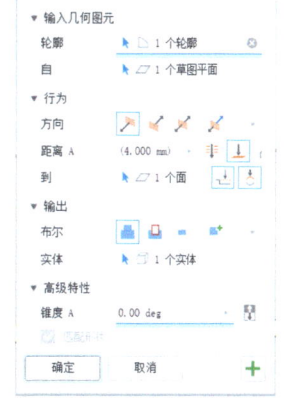

图4-13 创建拉伸5

步骤 6：用差集布尔运算，切出铰链连接的孔结构，孔的直径为 5.5mm，创建拉伸 6，如图 4-14 所示。

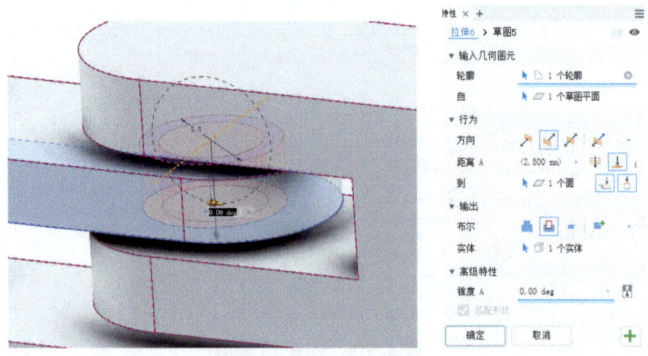

图 4-14　创建拉伸 6

步骤 7：阵列铰链连接结构基本体，进行草图驱动阵列。

步骤 8：在指定平面建立二维草图，投影圆弧，选择点，与圆心距 41.7mm，如图 4-15 所示。

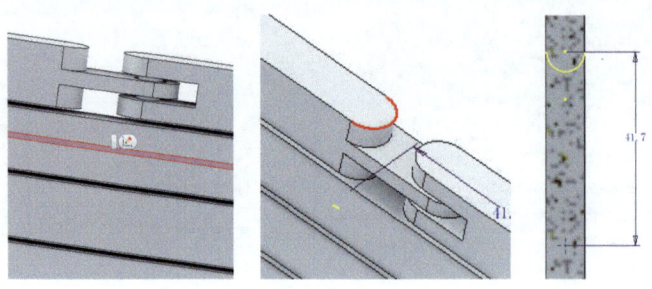

图 4-15　二维草图

步骤 9：单击草图驱动的阵列，选择多个特征，在草图中单击步骤 8 的二维草图点，如图 4-16 所示。

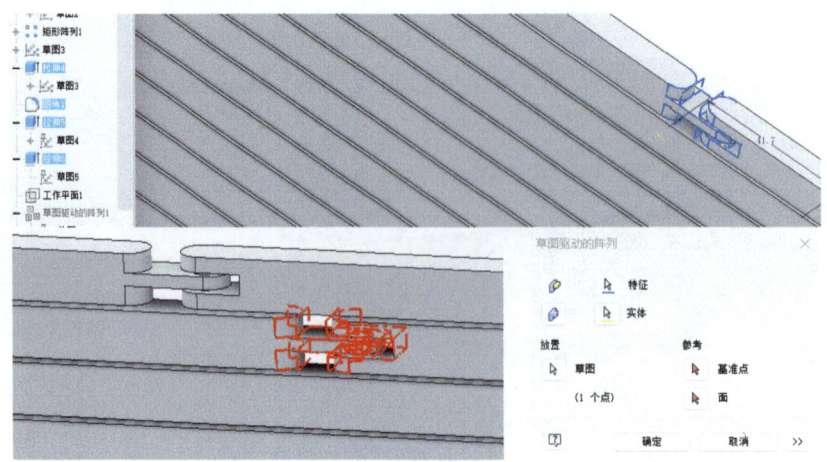

图 4-16　草图驱动的阵列

步骤 10：重复步骤 7~步骤 9，进行第三个特征阵列，如图 4-17 所示。

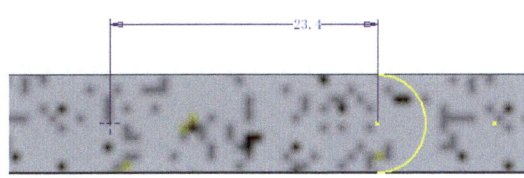 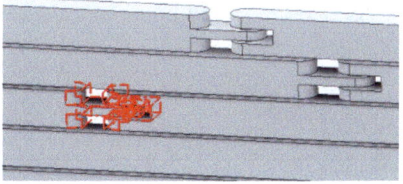

图 4-17　第三个特征阵列

步骤 11：重复步骤 7~步骤 9，进行第四个特征阵列，如图 4-18 所示。

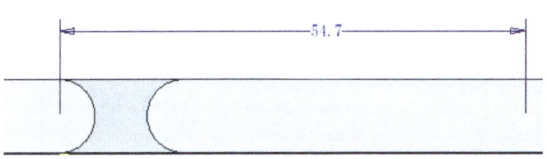 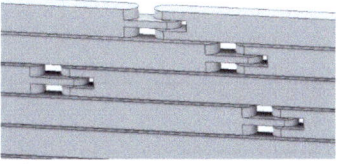

图 4-18　第四个特征阵列

步骤 12：重复步骤 7~步骤 9，进行第五个特征阵列，如图 4-19 所示。

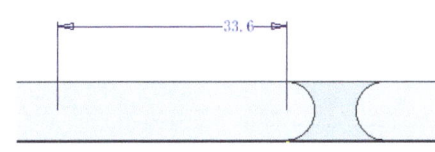 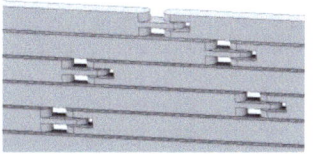

图 4-19　第五个特征阵列

步骤 13：重复步骤 7~步骤 9，进行第六个特征阵列，如图 4-20 所示。

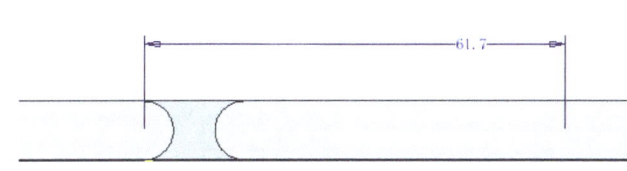 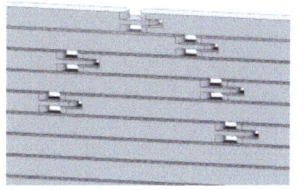

图 4-20　第六个特征阵列

步骤 14：重复步骤 7~步骤 9，进行第七个特征阵列，如图 4-21 所示。

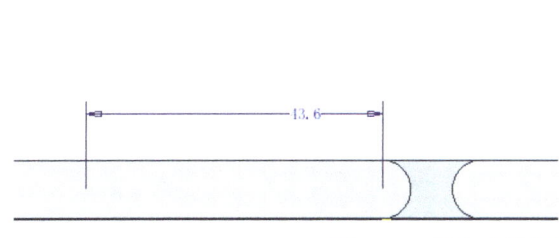 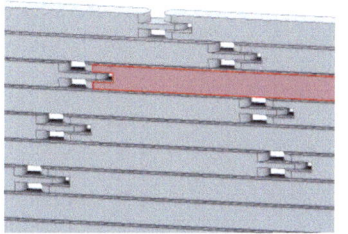

图 4-21　第七个特征阵列

步骤 15：重复步骤 7~步骤 9，进行第八个特征阵列，如图 4-22 所示。

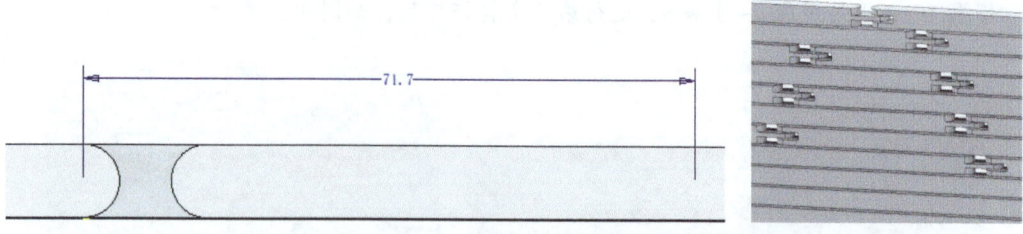

图 4-22　第八个特征阵列

步骤 16：重复步骤 7~步骤 9，进行第九个特征阵列，如图 4-23 所示。

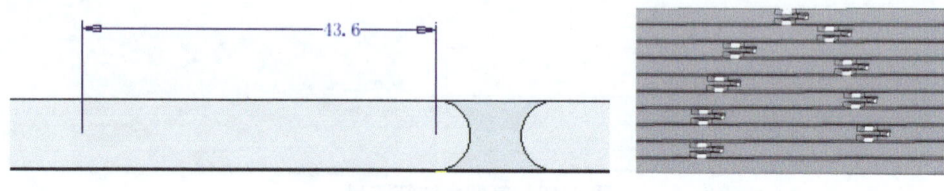

图 4-23　第九个特征阵列

步骤 17：重复步骤 7~步骤 9，进行第十个特征阵列，如图 4-24 所示。

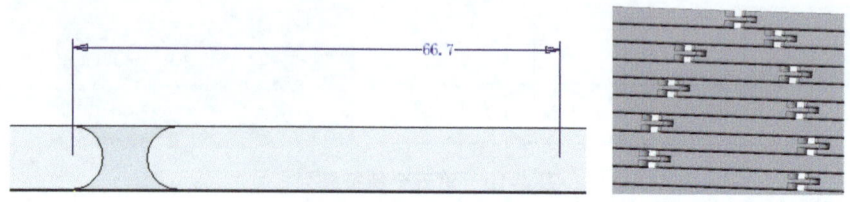

图 4-24　第十个特征阵列

步骤 18：重复步骤 7~步骤 9，进行第十一个特征阵列，如图 4-25 所示。

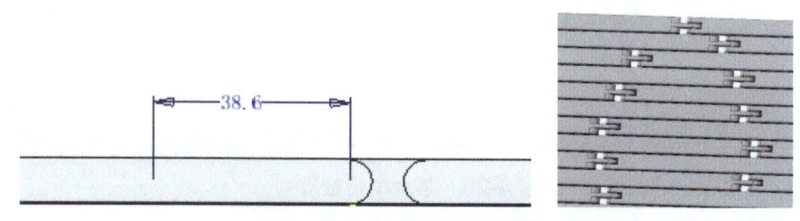

图 4-25　第十一个特征阵列

步骤 19：重复步骤 7~步骤 9，进行第十二个特征阵列，如图 4-26 所示。

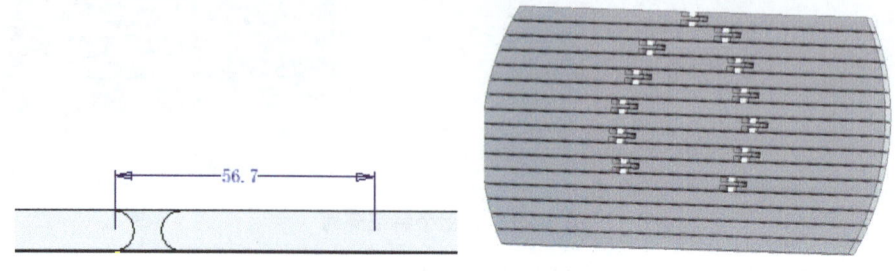

图 4-26　第十二个特征阵列

步骤20：重复步骤7~步骤9，进行第十三个特征阵列，如图4-27所示。

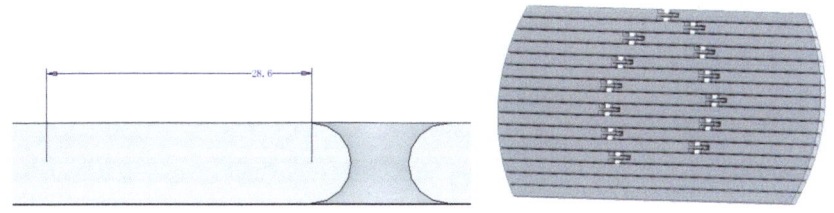

图4-27　第十三个特征阵列

步骤21：重复步骤7~步骤9，进行第十四个特征阵列，如图4-28所示。

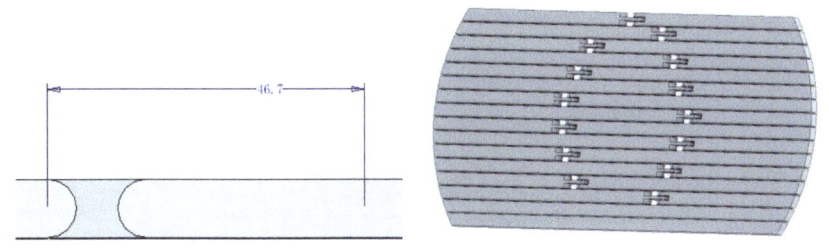

图4-28　第十四个特征阵列

步骤22：重复步骤7~步骤9，进行第十五个特征阵列，如图4-29所示。

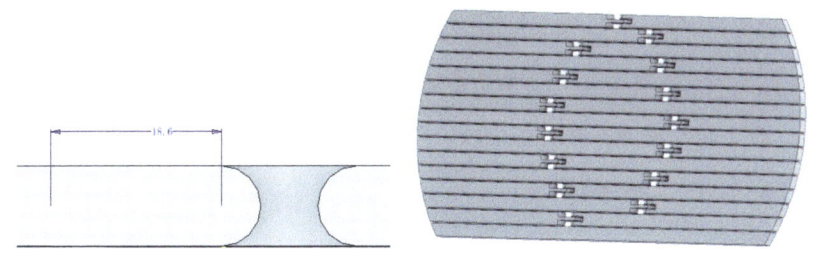

图4-29　第十五个特征阵列

步骤23：根据步骤9，选择多个特征，进行镜像阵列，选择XZ平面为镜像平面，如图4-30所示。

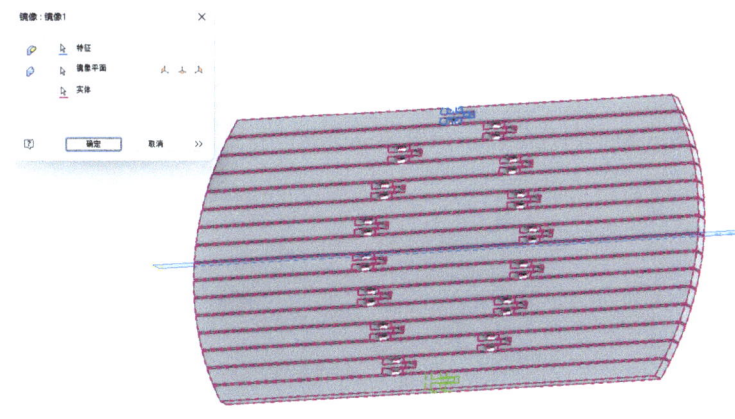

图4-30　镜像阵列

步骤 24：选择 XY 平面，建立两侧特征，如图 4-31 所示。

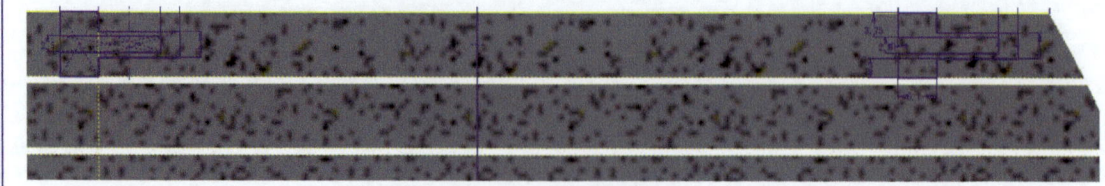

图 4-31　建立两侧特征

步骤 25：创建拉伸 4，选择两边方向拉伸，如图 4-32 所示。

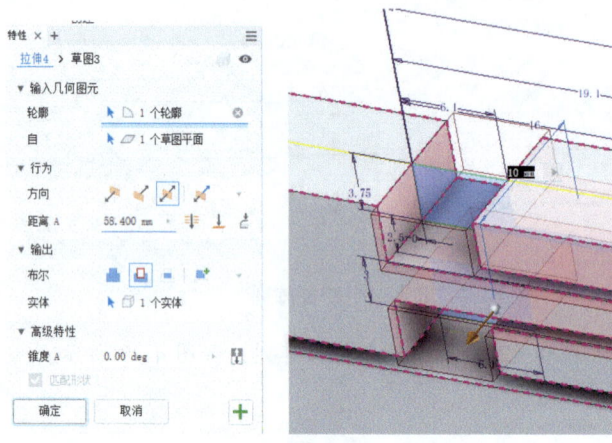

图 4-32　创建拉伸 4

步骤 26：为了转动灵活，对发生接触的角进行倒圆角处理，如图 4-33 所示。

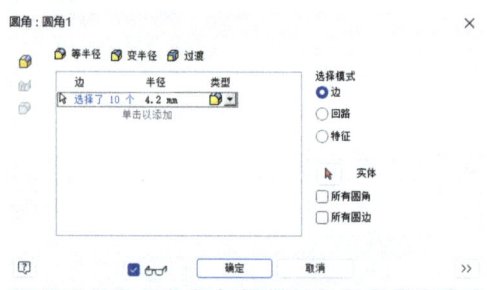

图 4-33　倒圆角

步骤 27：在指定平面中创建草图，如图 4-34 所示。

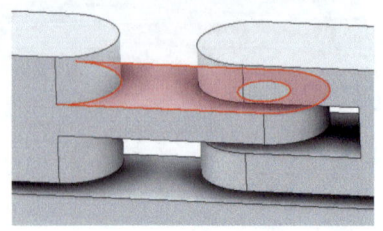

图 4-34　创建草图

步骤 28：用并集布尔运算，建立铰链连接的轴结构，在圆弧同心圆间距 0.76mm 处，做直径为 4mm 的轴，创建拉伸 5，如图 4-35 所示。

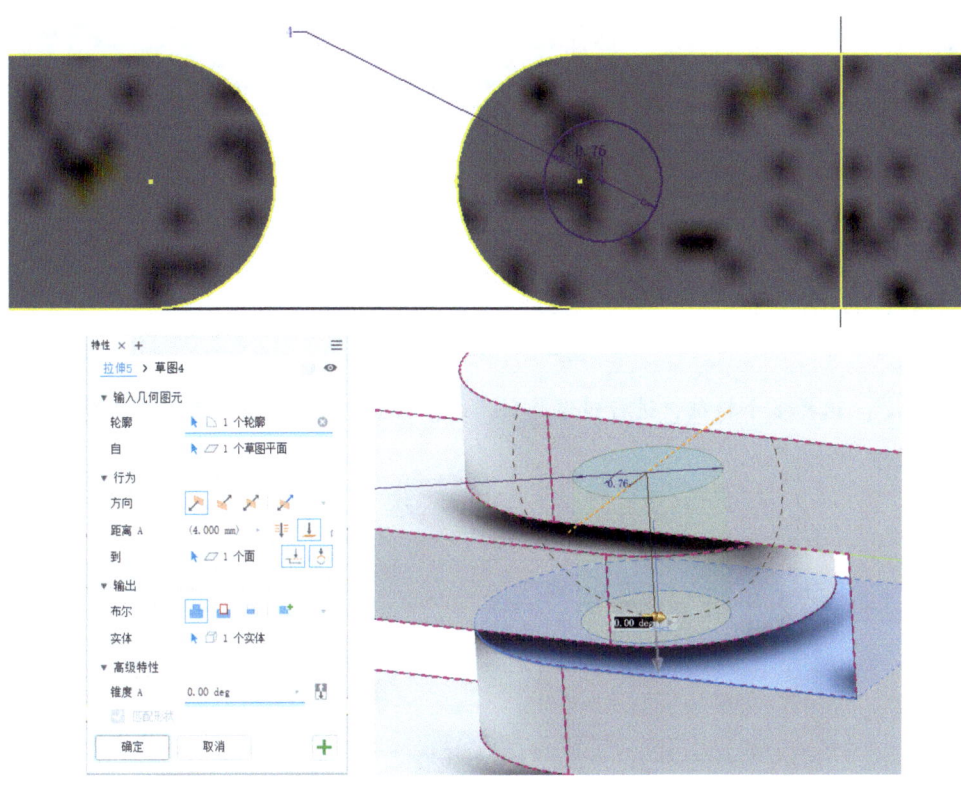

图 4-35　创建拉伸 5

步骤 29：用差集布尔运算，切出铰链连接的孔结构，孔的直径为 5.5mm，创建拉伸 6，如图 4-36 所示。

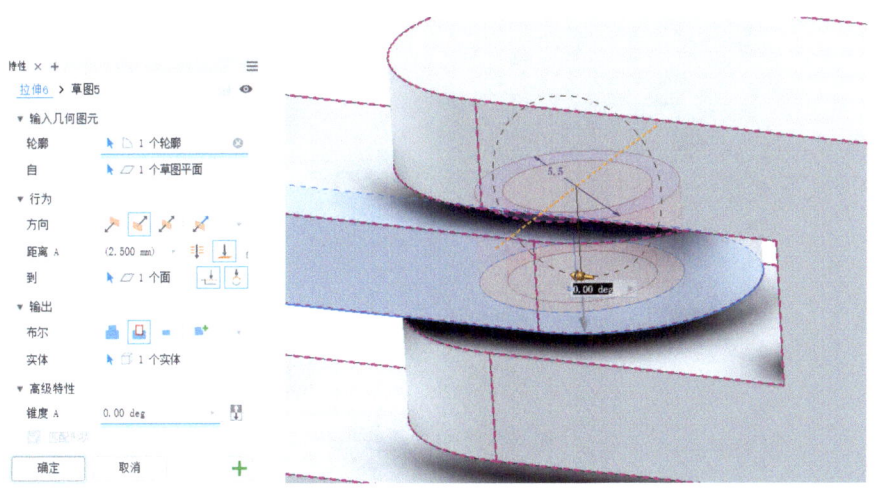

图 4-36　创建拉伸 6

步骤 30：重复步骤 7~步骤 9，进行后面的特征阵列。

步骤31：选择多个特征，进行镜像阵列。选择YZ平面为镜像平面，如图4-37所示。

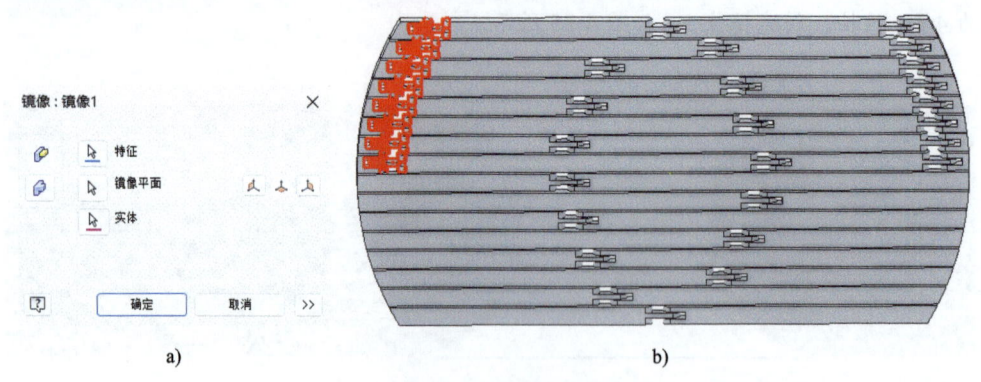

图4-37 镜像阵列

步骤32：选择多个特征，进行镜像阵列，选择XZ平面为镜像平面，完成建模设计，如图4-38所示。

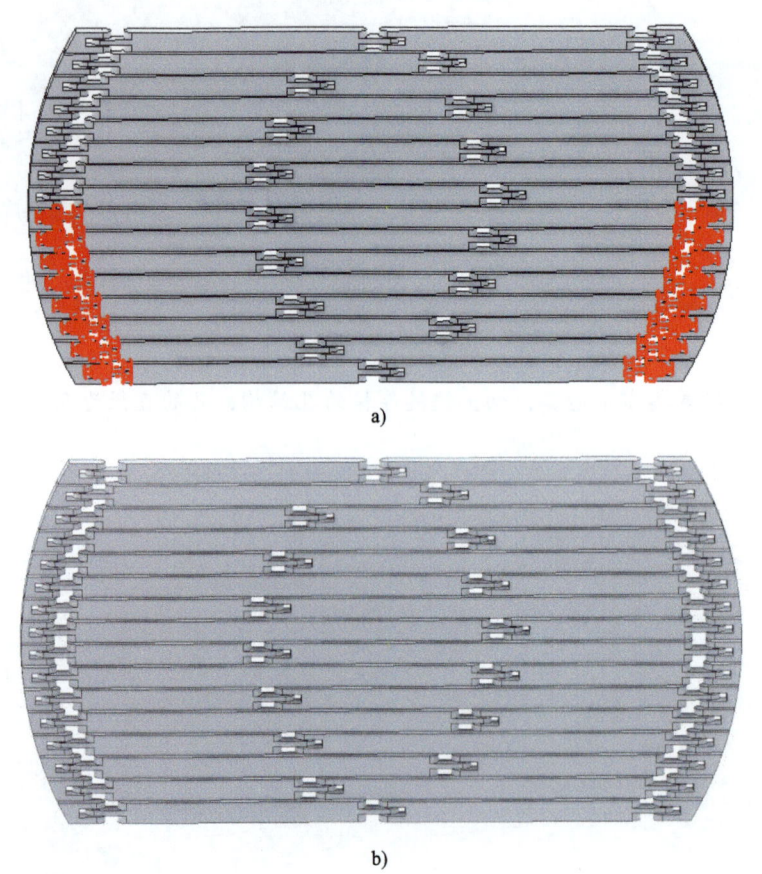

图4-38 完成建模设计

（三）3D打印模型验证设计合理性

将三维模型文件保存为".stl"格式，如图4-39所示。

a)
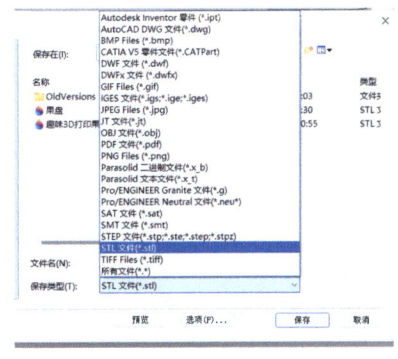
b)

图 4-39 三维模型文件保存

运用创想 CT-300 FDM 打印机，采用渐变色的 ABS 打印材料。

1. 切片处理

将".stl"格式文件导入 3D 打印机切片软件，并按照图 4-40 所示的位置进行摆放，此位置可以减少支承结构，减少打印时间和后处理时间，并保证打印过程中打印机的稳定。

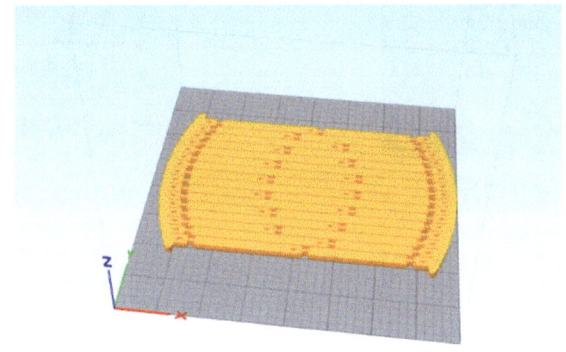

图 4-40 位置摆放

2. 设置底板、支承

因为摆放位置很稳定，且打印件底面是个较大的平面，可以不用设置底板，支承结构也可以选择较疏松的形式。

3. 打印

由于果盘需要具有一定的强度和光洁美观的外表面，设置打印参数时选用打印机可用的最小层厚值。选用有渐变色的 ABS 打印材料，图 4-41 所示为打印过程照片。

图 4-41 打印过程照片

项目四　果盘一体化结构设计

4. 结果展示

图 4-42 所示为打印件照片，图 4-43 所示为折叠过程照片，经折叠验证，本次设计的结构合理。图 4-44 所示为折成盘状的照片，图 4-45 所示为应用场景照片。

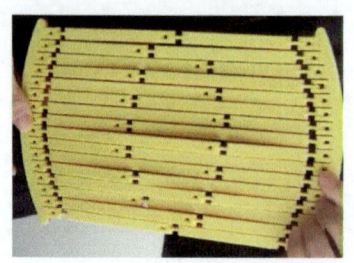

图 4-42　打印件照片

图 4-43　折叠过程照片

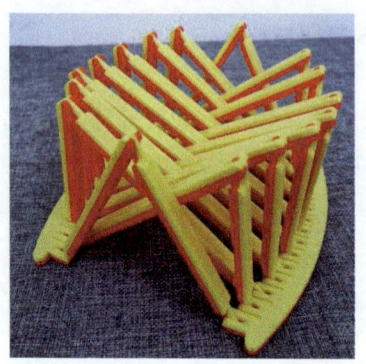

图 4-44　盘状照片

图 4-45　应用场景照片

四、知识拓展

1. 3D 打印基本原理

3D 打印基于"离散+堆积"的思路，利用计算机构建零件的三维模型，然后将该模型按制造工艺所需的设定厚度进行切片分层，即将零件的三维数据离散成一系列的二维图形，并根据二维图形生成相应的扫描路径，最后通过数控系统将专用的材料按照熔化、烧结、挤压、光固化、喷射等方式逐层堆积，制造出三维零件，3D 打印基本原理示意图如图 4-46 所示。

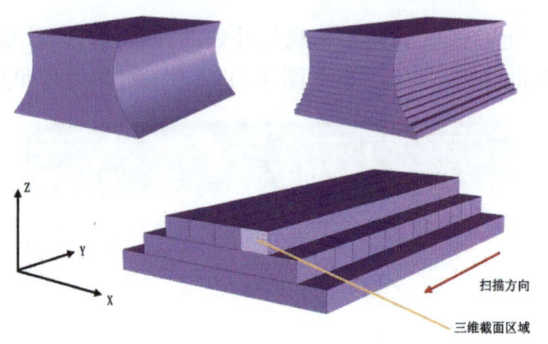

图 4-46　3D 打印基本原理示意图

2. 3D 打印技术的特点

（1）不需要模具　3D 打印技术是一种增材制造技术，不需要模具。这个特点使得 3D 打印适用于产品原型、试制零件、备品备件、个性化定制、零件修复、医疗植入物、医疗导板、牙科产品、耳机产品等小批量个性化产品。

（2）制造成本对产品结构的复杂性不敏感　3D 打印可以制造复杂形状的产品，包括一体化结构、仿生学设计、异形结构、轻量化点阵结构、薄壁结构、梯度合金、复合材料、超材料等。其制造成本与产品结构的复杂程度关系不大，而传统制造工艺，产品的制造成本与产品结构的复杂程度关系密切，且成正比。

3. 结构轻量化设计

（1）结构轻量化的概念　结构轻量化的概念起源于赛车运动，赛车车身重量减轻，可以带来更好的操控性，起步时加速性能更好。随着"节能环保"成为人们广泛关注的话题，轻量化广泛应用到普通汽车领域，在提高操控性的同时还能节油。汽车的油耗主要取决于发动机的排量和汽车的总质量，在保持汽车整体品质、性能和造价不变，甚至优化的前提下，降低汽车自身重量可以提高输出功率，提升操控性，提高车速，降低油耗，减少废气排放量。

有关研究表明，若汽车整车质量降低 10%，燃油效率可提高 6%~8%；若滚动阻力减少 10%，燃油效率可提高 3%。由此可见，伴随轻量化而来的突出优点就是油耗显著降低。汽车车身约占汽车总质量的 30%，空载情况下，约 70% 的油耗用在车身质量上，因此车身的轻量化对减轻汽车自重，提高整车燃料经济性至关重要。同时，轻量化材料对冲撞能量的吸收，又可以提高碰撞安全性。因此汽车轻量化已成为汽车产业发展中的一项关键性研究课题。

（2）结构轻量化设计原则　结构轻量化设计应遵循以下原则：

1）确保结构安全可靠。

2）选用高性能的轻质材料。

3）优化结构形式和布局。

4）考虑制造、维修和回收的便捷性。

（3）结构轻量化设计方法　通过 3D 打印技术实现结构轻量化的主要途径有以下两种：

1）中空夹层 + 薄壁加筋结构。中空夹层结构通常由薄壁作为面板，内芯加筋形成交错支承的结构，整体呈空心，在承受弯曲载荷时，面板主要承受拉应力和压应力，内芯主要承担剪应力和部分压应力。这样的结构具有一定的弯曲刚度与强度，并且具有质量轻、耐疲劳、降噪和隔热等优点，如图 4-47 所示。

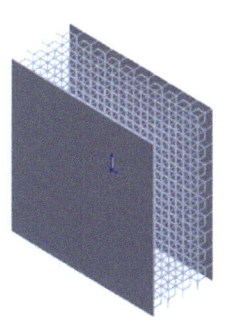 

图 4-47　中空夹层结构

以Shiro工作室推出的拐杖产品为例。为了在不影响结构完整性的前提下，尽可能降低拐杖自身重量，Shiro工作室利用生成设计技术，开发了一种内部多孔的拐杖"ENEA"，其形态模仿了松质骨组织。"ENEA"是世界上第一款完全采用3D打印制造的拐杖。它的把手采用了三轴线的几何形态，也正是这样的设计使其可以无须任何额外支承物就能稳固地垂直竖立在地面上，不易倒伏，对于年长或是行动不便的使用者而言，这样的设计尤为贴心，如图4-48所示。

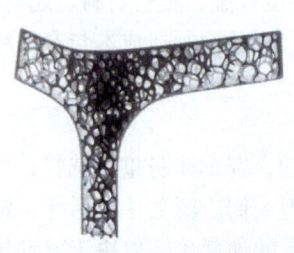

图4-48　ENEA

2）异形拓扑优化结构。拓扑优化是将指定区域离散成足够多的子区域，然后在给定的约束条件下（一定的载荷、性能指标、需要省去的材料百分比等），借助有限元分析技术对结构的强度和模态进行分析，确定子区域的去留，最终留下来的区域构成最优方案，是一种对材料分布进行优化以提高材料利用率的方法。摩托车骨架的拓扑优化设计如图4-49所示。

图4-49　摩托车骨架的拓扑优化设计

4.设计流程

结构轻量化设计流程可分为以下几个阶段：

1）需求分析。

2）方案设计。

3）详细设计。

4）设计验证与优化。

5）设计成果验收。

5.结构轻量化设计在工程领域的应用

（1）航空航天领域　在航空航天领域，结构轻量化设计方法已成功应用于飞机、火箭等设备的研制。通过采用高性能材料、优化结构形式等方法，大大提高了飞行器的性能和可靠性。

（2）汽车制造领域　汽车制造领域是结构轻量化设计的重要应用场景。通过使用高强度钢、铝合金等轻质材料以及先进的造车工艺，实现了汽车整车的轻量化，从而降低了能耗、提高了续航里程。

（3）建筑领域　在建筑领域，结构轻量化设计方法也被广泛应用于桥梁、塔架等钢结构建筑。通过优化设计方案，选用轻质高效材料，实现了建筑结构的轻量化，降低了成本，提高了施工效率。

6. 结构轻量化设计的挑战与展望

（1）材料研发　随着高性能的轻质材料的研究不断深入，新型材料的性能和应用范围将进一步拓展。

（2）制造工艺创新　先进的制造工艺对结构轻量化设计的实现具有重要意义。同学们在以后的工作中需要不断探索新的制造工艺，提高生产效率、降低成本。

（3）结构优化算法改进　结构优化算法是实现结构轻量化设计的关键。随着计算机计算能力的提升、算法的改进，结构优化算法将更加高效、精确，为结构设计提供有力支持。

五、思考与联想

基于 3D 打印技术的鲁班凳的传承与创新

传说，鲁班凳是两千多年前由木匠鼻祖鲁班发明的，又名"一块料"。它由一整块木板制作而成，不用一钉一铆，打开可以当小板凳，合上就是睡觉的枕头，如图 4-50 所示。

a) 凳子状态

b) 枕头状态

图 4-50　鲁班凳

鲁班凳结构复杂，其制作工艺更是精细繁杂。首先需要选择木料、画结构线，制作时需要经过锯、凿、刹、抠、磨、钻等多道工序，后期还需要打磨、上蜡等工艺才能最终完成。其原理是"以缺补缺"的方法，掰开合上，四块木头两两相连、环环相扣。鲁班凳的结构既是榫又是卯，榫卯工艺，匠心精髓，看似其一，关乎其二，你中有我，我中有你，互补共生，缺一不可，体现着我国古人朴素的天人合一思想。

3D 打印的一体化结构与鲁班凳的"一块料"结构完美契合。用新技术、新材料诠释古人的思想，既提高了效率、又降低了劳动强度，为文化的传承与创新开拓了新途径。图 4-51 所示为 3D 打印的一体化结构的鲁班凳。

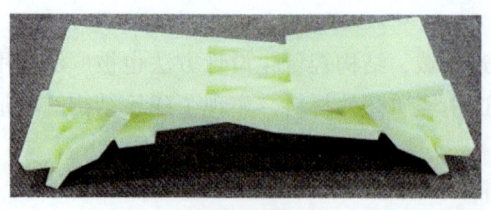

a) 凳子状态

b) 枕头状态

图 4-51　3D 打印的鲁班凳

六、课后思考

1）一体化结构的优点和局限性有哪些？

2）借鉴本项目中果盘的设计思路，设计一款具有一体化结构的产品。

附 录

附录 A 综合练习题

一、单项选择题

1. 产品的结构是指产品各组成元素之间的连接方式和各元素本身的（　　）。
   A. 几何构成形式　　B. 元素　　　　　C. 结构　　　　　　D. 尺寸

2. 产品结构设计的基本要求是用简洁的形状、合适的材料、精巧的连接、合理的元素布局实现产品的（　　）。
   A. 外观　　　　　　B. 造型　　　　　C. 功能　　　　　　D. 以上均不是

3. 塑料件的不可拆固定连接方式有热熔连接、拉钉连接和（　　）等。
   A. 超声波焊接　　　B. 卡扣连接　　　C. 螺钉连接　　　　D. 以上都对

4. 设在转角处的卡扣位应尽量（　　）转角。
   A. 靠近　　　　　　B. 远离　　　　　C. 设置在　　　　　D. 以上都对

5. 零件装配时，由（　　）是最理想的装配方向。
   A. 上向下　　　　　B. 下向上　　　　C. 左向右　　　　　D. 右向左

6. 良好的可装配性的常用设计方法包括：减少零件数量、增加零件装配需要的定位和导向结构、减少零件装配过程中的调节操作、零件装配模块化和（　　）等。
   A. 使用螺栓连接　　B. 使用螺钉连接　C. 使用铆钉连接　　D. 装配防错

7. 一般来说，由于 PCB 强度比较低，装配时，往往需要 PCB 自动定位后再用螺钉来固定。常用的定位方法有四周增加限位结构和（　　）两种。
   A. 使用卡扣结构　　B. 使用定位柱　　C. 使用自铆结构　　D. 使用导向槽

8. （　　）保证零件具有唯一正确的装配位置，阻止零件被装配到不正确的位置，是装配防错设计的基本原则。
   A. 设计定位柱　　　B. 设计防错特征　C. 设计导向槽　　　D. 设计导向柱

9. 常用的四种装配方式的装配成本由高向低排列，正确的顺序是（　　）。

A. 拉钉→卡扣→螺钉→螺栓和螺母　　　　B. 卡扣→螺钉→拉钉→螺栓和螺母
C. 卡扣→拉钉→螺钉→螺栓和螺母　　　　D. 螺栓和螺母→螺钉→拉钉→卡扣

10. 下列装配方式中装配成本最低的是（　　）
A. 拉钉　　　　B. 卡扣　　　　C. 螺钉　　　　D. 螺栓和螺母

11. 下列装配方式中装配成本最高的是（　　）
A. 拉钉　　　　B. 卡扣　　　　C. 螺钉　　　　D. 螺栓和螺母

12. 对于塑料零件装配时，使用自攻螺钉代替机械螺钉可避免在注塑时嵌入（　　），减少零件数量，降低成本。
A. 螺母　　　　B. 螺钉　　　　C. 垫片　　　　D. 垫圈

13. 手机卡设计成缺一个角的长方形，而不是长方形，其目的是（　　）。
A. 利于安装　　B. 造型美观　　C. 制作成本低　　D. 方便制作

14. 产品的防错标识可以指导操作人员装配、维修或者指导消费者使用操作。这些标识包括文字、（　　）和鲜艳的颜色等。
A. 不同的触感　B. 警示牌　　　C. 标签　　　　D. 符号

15. 有线鼠标的出线孔采用上下壳体对碰成孔的结构，其目的除了降低模具成本外，还（　　）。
A. 利于装配　　B. 造型美观　　C. 防止线的抽出　D. 方便使用

16. 为有效地隔断产品内部空间与外界的导通，阻隔灰尘、静电，保证面壳和底壳的定位和限位，一般情况下塑料材质的面壳和底壳的接合处应设计（　　）结构。
A. 卡扣　　　　B. 美工槽　　　C. 支柱　　　　D. 止口

17. 为了美化产品的外观，一般情况下塑料材质的面壳和底壳的接合处应设计（　　）结构。
A. 卡扣　　　　B. 美工槽　　　C. 支柱　　　　D. 止口

18. 为保证按键的运动顺畅，按键与壳体之间须设计一定的间隙，间隙尺寸一般取（　　）mm。
A. 0.1~0.2　　　B. 0.2~0.5　　　C. 0.5~0.6　　　D. 0.6~1.0

19. 如果注塑件壁厚不合理，则零件内部会产生（　　）等不良现象。
A. 气孔　　　　B. 缩水　　　　C. 翘曲　　　　D. 熔接痕

20. 如果注塑件壁厚不合理，则零件表面会产生（　　）、缩水等不良现象。
A. 气孔　　　　B. 变形　　　　C. 凹陷　　　　D. 凸起

21. 塑料件加强筋的最大厚度应该（　　）塑料件壁厚。
A. 小于　　　　B. 大于　　　　C. 等于　　　　D. 以上都对

22. 塑料件加强筋高度的最大值应（　　）塑料件壁厚。
A. 小于　　　　B. 小于或等于　C. 等于　　　　D. 以上均不对

23. 塑料件支柱的高度最大值应小于塑料件壁厚的（　　）倍。
A. 1　　　　　B. 2　　　　　C. 3　　　　　D. 5

24. 在保证塑料件功能的前提下，可以通过优化设计，减少和避免（　　）。
A. 与脱模方向垂直的侧孔　　　　B. 与脱模方向平行的侧孔
C. 与脱模方向平行的孔　　　　　D. 以上均不是

25.通常设计师通过（　　）来提高塑料件的强度。
A.增加塑料件的壁厚和加强筋　　　　B.增加加强筋
C.增加塑料件的壁厚　　　　　　　　D.以上均不对

26.为了增加塑料件的强度，最好的方法是增加（　　）。
A.多个较薄且低的加强筋　　　　　　B.单个较厚的加强筋
C.塑料件的壁厚　　　　　　　　　　D.单个较厚且较高的加强筋

27.塑料件上的通风孔应优先设计成（　　）孔。
A.圆形　　　　B.正方形　　　　C.三角形　　　　D.长方形

28.为了保证塑料件的顺利脱模，需要设计（　　）。
A.美工槽　　　B.止口　　　　C.脱模斜度　　　D.咬花

29.卡扣的结构需要保证卡扣具有足够的强度和（　　），使得卡扣在装配或拆卸过程中不会发生折断而失效。
A.高度　　　　B.斜度　　　　C.宽度　　　　D.悬臂长度

30.定位柱高度应（　　）卡扣的高度，保证定位柱和定位孔先于卡扣装配特征接触，为零件的装配过程提供导向。
A.低于　　　　B.等于　　　　C.高于　　　　D.以上都对

31.为了模具成本较低，钣金件上孔的形状优先选用（　　）。
A.圆形　　　　B.正方形　　　　C.三角形　　　　D.长方形

32.钣金件的冲孔的大小一般至少为钣金厚度的（　　）倍。
A.1　　　　B.1.3　　　　C.2　　　　D.2.5

33.钣金件成形特征与折弯边的最小距离为钣金件厚度的（　　）倍加上折弯半径或成形半径。
A.1　　　　B.1.5　　　　C.2　　　　D.2.5

34.为了得到理想的零件形状，钣金件折弯高度至少应为钣金厚度的（　　）倍加上折弯半径。
A.1　　　　B.1.5　　　　C.2　　　　D.2.5

35.关于钣金的折弯半径，下列说法中（　　）是对的。
A.越大越好　　B.越小越好　　C.为0最好　　D.以上均不对

36.针对平板式钣金件，可以采用增加加强筋、折弯、（　　）或翻边来提高钣金件的强度。
A.反折压平　　B.钣金厚度　　C.毛边　　D.止裂槽

37.钣金件常用的装配方式有卡扣、铆钉、螺钉、（　　）等。
A.点焊　　　　B.拉钉　　　　C.自铆　　　　D.以上都对

38.钣金件在局部弯曲某一段边缘时，为避免折弯处出现裂纹，可（　　）。
A.离开尺寸突变处进行折弯　　　　B.在折弯前在直角的折弯处预先冲制工艺孔
C.预先切出工艺槽　　　　　　　　D.以上都对

39.起伏成形是钣金件常见的结构，主要用于加工加强筋、（　　）等。
A.局部凹槽　　B.文字　　　　C.花纹　　　　D.以上都对

40.铸铁材料具有易成形和（　　）等优点。
A.减振　　　　B.耐磨　　　　C.自润滑　　　D.以上都对

41. 当轴上有两个以上的键槽时，应将键槽置于（　　）方向上，槽宽应尽量统一，以利于加工。
   A. 同一　　　　　　B. 不同　　　　　　C. 相反　　　　　　D. 错位45°的两个
42. 在磨削轴的表面时，为了保证磨削质量，在此段圆柱与相邻的圆柱之间，应留有（　　）。
   A. 砂轮越程槽　　　B. 退刀槽　　　　　C. 让刀槽　　　　　D. 排屑槽
43. 3D打印技术的制造成本与产品结构的复杂程度（　　）。
   A. 成正比关系　　　B. 成反比关系　　　C. 关系不大　　　　D. 以上均不对
44. 鲁班凳（鲁班枕）是两千多年前由木匠鼻祖鲁班发明的，由（　　）块木板制作而成。
   A. 四　　　　　　　B. 三　　　　　　　C. 二　　　　　　　D. 一
45. 结构轻量化设计方法已成功应用于航空航天、（　　）等领域。
   A. 汽车制造　　　　B. 建筑　　　　　　C. 汽车　　　　　　D. 以上都对

二、判断题

1. 合理的产品结构设计是指能够方便地进行制造和装配。（　　）
2. 不合理的结构设计往往会造成零件制造的成本较高，开发周期较长。（　　）
3. 产品结构工艺性不受生产批量的大小、生产条件因素的制约。（　　）
4. 在一个产品中，零件越少装配关系越简单，产品的装配效率越高、装配质量越高、制造成本越低。（　　）
5. 零件的设计在满足其功能的前提下，结构应当越简单越好。零件结构越简单，越容易制造、成本越低、出现缺陷的可能性越低、零件质量越高。（　　）
6. 好的产品设计只需考虑功能要求，不需考虑其可制造性和可装配性。（　　）
7. 为了保证装配精度，在同一方向两个零件只能有一个面接触。（　　）
8. 注塑件的厚度越厚，其强度越高，表面质量越好。（　　）
9. 注塑件必须要设计美工槽。（　　）
10. 注塑件使用卡扣连接的设计代替螺钉结构，可以节约成本。（　　）
11. 为了提高注塑产品结构的强度，减少变形，应尽量避免大面积平板结构，合理设置翻边和凹凸结构。（　　）
12. 设计注塑产品时要注意"加胶容易、减胶难"的问题。对一些需要进行紧配合的产品，一般可先把孔和轴的尺寸均做得大些，后续再调整模具。（　　）
13. 钣金件的桥状起伏成形可以作为卡扣对零件进行固定。（　　）
14. 钣金件的压肋特征应设计为对称布局。（　　）
15. 为了提高折弯强度，钣金件的折弯结构尽量附着在较短的边上。（　　）
16. 铸件壁厚应尽可能均匀，或者在厚薄间设计过渡结构。（　　）
17. 阶梯轴的设计避免了过长配合增加的装配难度。（　　）
18. 为了便于轴承的拆卸，轴承内圈的高度应小于轴肩的高度。（　　）
19. 设计齿轮的结构时，通常先按齿轮的直径大小选定合适的结构形式，比如实心式齿轮、孔板式齿轮等。（　　）
20. 轴上车制螺纹部分的直径，必须符合外螺纹大径的标准系列值。（　　）

21. 轴和轴上装配的零件只需考虑轴向的定位与固定，不许考虑周向的定位与固定。（   ）
22. 减少机械加工面积，可减少加工工时、降低机械加工成本。（   ）
23. 铸造件应尽量避免在曲面或斜壁上钻孔。（   ）
24. 一体化结构能减少产品的组装工艺、生产管理环节，从而提升生产效率、降低制造成本。（   ）
25. 轻量化概念起源于赛车运动，重量减轻，可以为赛车带来更好的操控性，起步时加速性能更好。（   ）
26. 结构的一体化设计可以帮助设计者突破束缚，实现功能最优化设计。（   ）
27. 通用汽车使用一体化结构设计和 3D 打印技术，对一款汽车座椅支架进行重新设计后，不锈钢座椅的重量比原有的设计重了很多。（   ）
28. 3D 打印技术是一种增材制造技术，不需要模具。（   ）
29. 3D 打印技术不适合个性化定制。（   ）
30. 拓扑优化是一种对材料分布进行优化，以提高材料利用率的方法。（   ）

三、简答题

1. 产品的结构具体是指什么？
2. 产品结构设计是指什么？
3. 产品结构设计应遵循的原则有哪些？
4. 零件的结构工艺性是指什么？
5. 为什么应贯彻标准化、统一化的设计原则？
6. 一个产品为什么需要由多个零件组成？
7. 简述防呆设计的目的和方法。
8. 简述钣金件的加工工艺。
9. 简述轻量化结构设计的意义和方法。
10. 举例说明一体化结构设计的优点。

附录 B 综合练习题答案

一、单项选择题

题号	答案	题号	答案	题号	答案
1	A	16	D	31	A
2	C	17	B	32	B
3	A	18	B	33	B
4	A	19	A	34	C
5	A	20	B	35	D
6	D	21	A	36	A
7	B	22	D	37	D
8	B	23	D	38	D
9	D	24	A	39	D
10	B	25	B	40	D
11	D	26	A	41	A
12	A	27	A	42	A
13	A	28	C	43	C
14	D	29	D	44	D
15	A	30	C	45	D

二、判断题

题号	答案	题号	答案	题号	答案
1	√	11	√	21	×
2	√	12	×	22	√
3	×	13	√	23	√
4	√	14	√	24	√
5	√	15	×	25	√
6	×	16	√	26	√
7	√	17	√	27	×
8	×	18	×	28	√
9	×	19	√	29	×
10	√	20	√	30	√

三、简答题

略。

附录 C　二维码资源列表

名称	二维码	名称	二维码
一体化结构设计（1）3D 打印的特点		塑料件结构设计（2）塑料件的装配结构	
一体化结构设计（2）一体化结构概念		扩音器结构设计（1）电路板	
一体化结构设计（3）产品的轻量化、实现瘦身		扩音器结构设计（2）喇叭	
一体化结构设计（4）减少产品的组装、提升效率		扩音器结构设计（3）前盖	
一体化结构设计（5）一体化结构设计的设计思路		扩音器结构设计（4）后盖	
一体化结构设计（6）鲁班凳		扩音器结构设计（5）开关	
一体化结构设计（7）果盘		扩音器结构设计（6）电池盖	
塑料件结构设计（1）塑料件的形状结构		扩音器结构设计（7）便携夹	

（续）

名称	二维码	名称	二维码
扩音器结构设计（8）装配		球阀设计（7）装配图	
扩音器结构设计（9）爆炸图		盘类零件结构设计：V带轮结构设计	
球阀设计（1）球芯		联轴器（1）联轴器的分类	
球阀设计（2）阀体		联轴器（2）刚性联轴器	
球阀设计（3）阀杆		联轴器（3）挠性联轴器	
球阀设计（4）阀盖		联轴器（4）其他联轴器	
球阀设计（5）螺纹压环		螺纹连接（1）螺纹的形成及主要参数	
球阀设计（6）扳手		螺纹连接（2）螺纹连接的类型	

（续）

名称	二维码	名称	二维码
螺纹连接（3）螺纹连接的预紧与防松		课桌结构设计（8）爆炸图	
课桌结构设计（1）侧桌板		轴类零件结构设计（1）轴的结构设计基本要求	
课桌结构设计（2）侧桌板的工艺槽编辑及倒圆角		轴类零件结构设计（2）轴上零件的定位与固定	
课桌结构设计（3）侧桌板的冲压模设置		钣金件结构设计（1）钣金件的结构	
课桌结构设计（4）内桌板		钣金件结构设计（2）钣金件的装配结构	
课桌结构设计（5）桌腿与桌脚		铸造类零件结构设计	
课桌结构设计（6）桌面		键连接（1）连接的分类与特点	
课桌结构设计（7）装配图		键连接（2）普通平键的分类与特点	

附录

参考文献

[1] 张仲凤. 设计材料及加工工艺 [M]. 北京: 机械工业出版社, 2024.

[2] 冯方. Creo 7.0 基础教程 [M]. 北京: 机械工业出版社, 2023.

[3] 韩玉娟. 塑料模具制造技术 [M]. 北京: 机械工业出版社, 2024.

[4] 宋巧莲. 机械制图与 AutoCAD 绘图 [M]. 2 版. 北京: 机械工业出版社, 2024.

[5] 王英杰, 彭敏. 机械基础 [M]. 3 版. 北京: 机械工业出版社, 2024.

[6] 牛小铁, 杨晓雪. 3D 打印技术 [M]. 北京: 机械工业出版社, 2023.